非営利法人の消費税インボイス制度Q&A

―事業ごとの影響と対応―

税理士・行政書士 **田中 正明** 著

税務研究会出版局

はしがき

　令和5年10月から消費税のインボイス制度が始まります。

　消費税は事業者が売上に係る消費税額から自身が支払った消費税額を控除して納付する税金です。この支払った消費税額の控除（仕入税額控除）は、平成元年4月の消費税の導入以来、請求書等の書類と一定の事項を記載した帳簿を保存することで認められており、この書類の交付者については特に制限はありませんでした。

　インボイス制度導入後は登録番号を記載したインボイス（適格請求書等）の交付を受けて保存しなければ、原則として仕入税額控除が認められなくなります（適格請求書等保存方式）。

　このインボイスを交付する事業者は、事前に適格請求書発行事業者の登録を行っていなければならず、消費税の納付が免除される免税事業者はその登録ができません。

　公益法人、社会福祉法人、NPO法人等の非営利法人は、従来から非課税売上げの比重が高かったり、事業規模が小さいこと等から、消費税の免税事業者であることが多く、その関係者にはインボイス制度を知らないという方も多数見受けられます。

　しかし、インボイス制度が導入されると、非営利法人から物品の購入やサービスの提供を受ける事業者は、インボイスの交付を受けられなければ仕入税額控除ができなくなります。一方、免税事業者との取引が多い課税事業者である非営利法人の場合は、インボイスの交付を受けられないことで消費税の負担が大きくなります。

　このように、インボイス制度の導入は、非営利法人の経営環境にも大きな影響を与えることが予想されます。

　そこで本書では、非営利法人のインボイス制度への対応に向けて、第1章では非営利法人における消費税の仕組みを、第2章では仕入税額控除とインボイス制度を解説します。

そして、第3章で具体的な非営利法人における事業ごとのインボイス対応を検討していきます。また、第4章では電子的なインボイスの保存や帳簿の電子化などの電子帳簿保存法についても解説します。

　本書が非営利法人のインボイス対応の一助になれば幸いです。

　最後に、本書の編集にご尽力いただいた税務研究会出版局の桑原妙枝子氏、冨木敦氏に、心からお礼申し上げる次第です。

令和4年10月

税理士・行政書士　田中　正明

目　次

第3章　非営利法人における事業ごとの インボイス対応

第4章　非営利法人におけるインボイス制度と　　　電子帳簿保存法対応

―――― 凡　　例 ――――

本書の主な法令・通達の略称は下記のとおりです。

消法……消費税法

消令……消費税法施行令

消規……消費税法施行規則

新消法…令和 5 年 10 月 1 日施行後の消費税法

新消令…令和 5 年 10 月 1 日施行後の消費税法施行令

消基通…消費税法基本通達

法法……法人税法

法令……法人税法施行令

地法……地方税法

地規……地方税法施行規則

電帳法…電子計算機を使用して作成する国税関係帳簿書類の保存方法等
　　　　の特例に関する法律

電帳規…電子計算機を使用して作成する国税関係帳簿書類の保存方法等
　　　　の特例に関する法律施行規則

［使用例］

消法 2 ①二＝消費税法第 2 条第 1 項第 2 号

(注)　本書は、令和 4 年 8 月 31 日現在の法令・通達等によっています。

第1章

非営利法人における
消費税の仕組み

第**1**節

非営利法人の概要

Q1　非営利法人の種類

> **Q**　非営利法人とは、どのような法人なのでしょうか。
>
> **A**　「非営利法人」とは、営利を目的としない法人をいいます。

解説

(1)　営利と非営利

　営利を目的としないことを「非営利」といいますが、その定義は必ずしも明確ではありません。一般的には、利益を獲得できるが剰余金を分配できない、又は法人の財産（持分）が誰にも帰属しないことをいいます。しかし、持分が存在していたり、剰余金を分配できるが制限のあるときも、非営利に含まれると解釈されている場合があります（[図表1]参照）。

[図表1] 非営利の定義

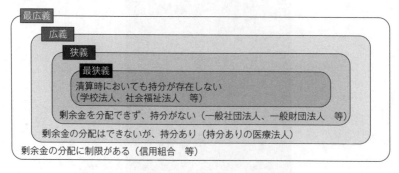

- 最広義
  - 広義
    - 狭義
      - 最狭義
        - 清算時においても持分が存在しない（学校法人、社会福祉法人　等）
      - 剰余金を分配できず、持分がない（一般社団法人、一般財団法人　等）
    - 剰余金の分配はできないが、持分あり（持分ありの医療法人）
  - 剰余金の分配に制限がある（信用組合　等）

(2)　非営利法人の比較

主な非営利法人を比較すると、次のようになります（[**図表2**] 参照）。

[図表2]　非営利法人の比較

	一般社団法人	一般財団法人	公益社団法人	公益財団法人	特定非営利活動法人
設立根拠法	一般社団財団法*[1]	一般社団財団法*[1]	一般社団財団法*[1] 公益認定法*[2]	一般社団財団法*[1] 公益認定法*[2]	特定非営利活動促進法
社団・財団の区分	社団	財団	社団	財団	社団
営利・非営利性	狭義	狭義	最狭義	最狭義	最狭義
事業目的	原則制限なし	原則制限なし	公益目的事業（不特定多数の者の利益の増進）の経営	公益目的事業（不特定多数の者の利益の増進）の経営	特定非営利活動（不特定多数の者の利益の増進）の経営
成立手続	定款の認証と登記	定款の認証と登記	定款の認証と登記及び認定	定款の認証と登記及び認定	定款の認証と登記
所管行政機関	（定款の認証）公証人	（定款の認証）公証人	（定款の認証）公証人 （公益認定）内閣総理大臣、都道府県知事	（定款の認証）公証人 （公益認定）内閣総理大臣、都道府県知事	都道府県知事*[3]、指定都市の長
役員選任機関	社員総会	評議員会	社員総会	評議員会	社員総会
代表者	代表理事	代表理事	代表理事	代表理事	理事
残余財産の帰属	定款の定め又は社員総会の決議	定款の定め又は評議会の決議	他の公益社団法人等	他の公益社団法人等	他の特定非営利活動法人等
法人税法上の種類	普通法人公益法人等	普通法人公益法人等	公益法人等	公益法人等	公益法人等
法人数	70,380	7,581	4,171	5,491	51,640

＊1　一般社団法人及び一般財団法人に関する法律
＊2　公益社団法人及び公益財団法人の認定等に関する法律
＊3　条例による事務処理特例制度を活用して移譲した場合は、市町村長

	社会福祉法人	学校法人	宗教法人	医療法人	社会医療法人
設立根拠法	社会福祉法	私立学校法	宗教法人法	医療法	医療法
社団・財団の区分	財団	財団	財団	社団 財団	社団 財団
営利・非営利性	最狭義	最狭義	最狭義	狭義 持分ありは広義	最狭義
事業目的	社会福祉事業の経営	学校の設置	宗教団体の法人格付与	病院、診療所、介護老人保健施設又は介護医療院の開設	病院、診療所、介護老人保健施設又は介護医療院の開設
成立手続	定款の認可と登記	寄附行為の認可と登記	規則の認証と登記	定款又は寄附行為の認可と登記	定款又は寄附行為と登記及び認定
所管行政機関	都道府県知事、市長、指定都市の長、厚生労働大臣	文部科学大臣、都道府県知事	都道府県知事、文部科学大臣	都道府県知事	都道府県知事
役員選任機関	評議員会	評議員会	規則の定め	社員総会 評議員会	社員総会 評議員会
代表者	理事長	理事長	代表役員	理事長	理事長
残余財産の帰属	他の社会福祉法人等	他の学校法人等	他の宗教団体等	他の医療法人等	他の医療法人等
法人税法上の種類	公益法人等	公益法人等	公益法人等	普通法人	公益法人等
法人数	21,196	7,972	180,544	58,113	347

◇◇◇

参　考

関連Q&A：Q5 非営利法人の仕入税額控除の特例計算

◇◇◇

消費税の概要

Q2 消費税の概要と計算

> **Q** 消費税の概要と税額の計算の方法を教えてください。

> **A** 消費税（地方消費税を含みます。以下同じ。）は間接税ですので、申告・納付は課税事業者が行います。

解説

(1) 納税義務者

消費税は間接税であり、最終的な税の負担者は一般消費者ですが、原則として、その納税義務者は資産の譲渡、貸付けや役務の提供及び特定課税仕入れを行う「課税事業者」（法人及び個人事業者）になります（消法5）。

(2) 消費税率と軽減税率制度

消費税は令和元年10月に標準税率が10％に引き上げられ、同時に飲食料品等に軽減税率制度（税率8％）が導入されました。この軽減税率の対象となるのは、酒類及び外食を除く「飲食料品」と定期購読契約が締結された週2回以上発行される「新聞」です（平成28改正法附則34）。

なお、社会保障の安定財源の確保等を図る税制の抜本的な改革を行うための消費税法の一部を改正する等の法律（以下「消費税改正法」といいます。）の経過措置による資産の譲渡等については、旧税率（8％）が適用されます（消法29、旧消法29、消費税改正法附則16、**[図表1]** 参照）。

[図表 1]　税率

適用区分	令和元年9月末まで	令和元年10月1日以降	
		標準税率	軽減税率
消費税率	6.3%	7.8%	6.24%
地方消費税率	1.7% （消費税額の 17/63）	2.2% （消費税額の 22/78）	1.76% （消費税額の 22/78）
合計税率	8.0%	10.0%	8.0%

(注)　平成元年4月から平成9年3月まで：消費税率　3%（一部　4.5%、6%）
　　　平成9年4月から平成26年3月まで：消費税率　4%、地方消費税率　1%、合計税率　5%

(3)　消費税・地方消費税の計算の概要

　法人である課税事業者の消費税及び地方消費税の確定申告の納税額は、特定課税仕入れ及び課税貨物に係る消費税を除き、原則として、次のように計算します。

①　消費税の課税標準額と消費税額

　その課税期間の課税資産の譲渡等の対価の額が消費税の課税標準額になります（消法28①、45①一、消費税改正法附則1、平成28改正法附則34）。この課税資産の譲渡等の対価の額を消費税の適用税率の異なるごとに区分して、税率を乗じて計算した税額を合計して「消費税額」を計算します（消法29、45①二）。

②　消費税の税額控除と差引税額等

　消費税の適用税率の異なるごとに区分して計算した次に掲げる金額の合計額を、消費税の課税標準額に対する消費税額から控除して、「控除不足還付税額」又は「差引税額」を計算します（消法45①三～五）。

イ　国内において行う課税仕入れについて、その課税期間中に国内において行った課税仕入れに係る消費税額又は一定の調整をした税額の合計額（消法30～37の2）。

ロ　国内において行った課税資産の譲渡等につき、売上げに係る対価の返還等をした場合には、その課税期間中の売上げに係る対価の返還等

の金額に係る消費税額の合計額（消法 38）。

ハ　国内において行った特定課税仕入れにつき、その特定課税仕入れに係る対価の返還等を受けた場合には、その課税期間中の特定課税仕入れに係る対価の返還等に係る消費税額の合計額（消法 38 の 2）。

ニ　国内において課税資産の譲渡等を行った場合において、その課税資産の譲渡等の相手方に対する債権につき、貸倒れの事実が生じたため、貸倒れとなったときは、その課税期間中の貸倒れに係る消費税額の合計額（消法 39）。

③　消費税の納付税額又は中間納付還付税額

その課税期間につき中間申告書を提出している場合には、差引税額から中間納付額を控除して、「納付税額」又は「中間納付還付税額」を計算します（消法 45 ①六・七）。

④　地方消費税の課税標準額

消費税の「控除不足還付税額」又は「差引税額」が地方消費税の課税標準額になります（地法 72 の 82、72 の 88、地規 7 の 2 の 5 ①三）。

⑤　地方消費税の譲渡割額

地方消費税の課税標準額を地方消費税の適用税率の異なるごとに区分して、税率を乗じて計算した税額を合計して「譲渡割額」を計算します（地法 72 の 83、地規 7 の 2 の 5 ①四）。

⑥　地方消費税の納付譲渡割額又は中間納付還付譲渡割額

その課税期間につき中間申告書を提出している場合には、譲渡割額から中間納付額を控除又は加算して、「納付譲渡割額」又は「中間納付還付譲渡割額」を計算します（地法 72 の 88、地規 7 の 2 の 5 ①五〜七）。

参 考

Q2

消法 5、28、29、30〜39、45 ①

旧消法 29

　　　消費税改正法附則1、16

　　　平成28改正法附則34

　　　地法72の82、72の83、72の88

　　　地規7の2の5①

　関連Q＆A：Q3　課税の対象（課税売上げ・非課税売上げ）

　　　　　　　　Q4　仕入税額控除（課税売上割合と控除方式）

◇◇◇

Q3　課税の対象（課税売上げ・非課税売上げ）

Q 消費税は、どのような取引に課税されるのでしょうか。

A 消費税は、次の取引のうち非課税となるもの以外に課されます。

- 国内において事業者が行った資産の譲渡等（特定資産の譲渡等に該当するものを除きます。）
- 特定仕入れ
- 保税地域から引き取られる外国貨物

解説

(1)　課税売上げ

　課税される資産の譲渡等（以下「課税売上げ」といいます。）とは、次の四つの要件を全て満たすもの（以下「資産の譲渡等」といいます。）で、「非課税売上げ」以外のものをいいます（消法2①八・九、4①、[**図表1**]参照）。

① 国内で行う取引であること。

② 事業として行う取引であること。

　法人が行う資産の譲渡及び貸付け並びに役務の提供は、その全てが「事業として」に該当します（消基通5-1-1）。

③ 対価を得て行う取引であること。

　資産の譲渡及び貸付け並びに役務の提供に対して反対給付を受けることをいいますから、無償による資産の譲渡及び貸付け並びに役務の提供は、資産の譲渡等に該当しません（消基通5-1-2）。

　ただし、法人が資産をその役員に対して贈与した場合におけるその贈与は、事業として対価を得て行われた資産の譲渡とみなされます（消法4⑤二）。

④　資産の譲渡、資産の貸付け、役務の提供であること。

　「資産」とは、取引の対象となる一切の資産をいいますから、棚卸資産又は固定資産のような有形資産のほか、権利その他の無形資産が含まれます（消基通5-1-3）。

[図表1] 課税資産の譲渡等（課税売上げ）

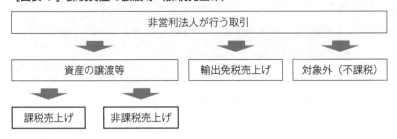

(2)　非課税売上げ

　資産の譲渡等には該当しますが、資本財や支払手段の譲渡等の消費税の性格になじまないもの及び社会政策上の理由により、**[図表2]** に掲げる資産の譲渡等（以下「非課税売上げ」といいます。」）は、非課税とされます（消法6①、別表第1）。

(3)　輸出免税売上げ

　免税事業者以外の事業者が国内において行う課税資産の譲渡等のうち、本邦からの輸出として行われる資産の譲渡又は貸付けその他一定のものに該当するもの（以下「輸出免税売上げ」といいます。）については、消費税が免除されます（消法7①)。

(4)　特定仕入れ・課税貨物
①　特定仕入れ

　事業として他の者から受けた特定資産の譲渡等をいいます（消法2①八の二〜八の五、4①、**[図表3]** 参照)。

［図表 2］非課税売上げ

号	資本財・支払手段の譲渡等による非課税	号	社会政策上の理由による非課税
1	土地（土地の上に存する権利を含む。）の譲渡及び貸付け	6	社会保険医療等に係る資産の譲渡等
2	有価証券等の譲渡	7	介護保険サービス等に係る資産の譲渡等、社会福祉事業等に係る資産の譲渡等
3	利子、保証料、合同運用信託等に係る信託報酬、保険料	8	助産に係る資産の譲渡等
4	郵便切手、印紙等、証紙、物品切手等の譲渡	9	埋葬料、火葬料
5	行政・司法手数料等、外国為替手数料	10	身体障害者用物品の譲渡等
		11	学校に係る授業料、入学金、施設設備費等
		12	教科用図書の譲渡
		13	住宅の貸付け

（注）各号とも非課税の対象とならない資産の譲渡等があります。

［図表 3］特定仕入れ

特定資産の譲渡等	
・事業者向け電気通信利用役務の提供 　国外事業者が行う電気通信利用役務の提供のうち、その電気通信利用役務の提供に係る役務の性質又はその役務の提供に係る取引条件等からその役務の提供を受ける者が通常事業者に限られるもの	・特定役務の提供 　資産の譲渡等のうち、国外事業者が行う演劇その他の役務の提供で、電気通信利用役務の提供に該当するものを除く

（注）　電気通信利用役務の提供
　　　　資産の譲渡等のうち、電気通信回線（いわゆるインターネット）を介して行われる著作物の提供又はその著作物の利用の許諾に係る取引その他の電気通信回線を介して行われる役務の提供（電話、電信その他の通信設備を用いて他人の通信を媒介する役務の提供を除きます。）であって、他の資産の譲渡等の結果の通知その他の他の資産の譲渡等に付随して行われる役務の提供以外のものをいいます。

②　課税貨物

　関税法に規定する保税地域から引き取られる同法に規定する外国貨物（同法に規定する信書を除きます。）のうち、次に掲げるもの以外のものをいいます（消法2①二・十・十一、4②、6②、別表第2）。

- 有価証券等
- 郵便切手類
- 印紙
- 証紙
- 物品切手等
- 身体障害者用物品
- 教科用図書

参　考

Q3

　消法2①二・八〜十一、4①②⑤二、6①②、7①、別表第1、別表第2

　消基通5-1-1〜5-1-3

関連Q＆A：Q2　消費税の概要と計算

Q4　仕入税額控除（課税売上割合と控除方式）

> 当法人が行う事業について、消費税に関する収益及び費用は次のとおりです（全て税込み、標準税率10％）。
>
> 課税売上げ　　11,000,000円
>
> 非課税売上げ　40,000,000円
>
> 課税仕入れ　　22,000,000円（うち、課税売上げに直接対応する金額　5,500,000円）
>
> 納付すべき消費税の税額は、課税売上げに係る税額から課税仕入れに係る税額を控除して算出するとのことです。当法人の場合は課税仕入れの金額が課税売上げの金額より多いので、申告すれば還付を受けることになるのでしょうか。
>
> Ⓐ　課税仕入れに係る税額は課税売上げに対応するものと非課税売上げに対応するものに区分して控除し、課税売上げと非課税売上げに共通する課税仕入れに係る税額は課税売上割合を乗じて、課税売上げから控除します。
>
> したがって、還付ではなく申告・納付をすることになります。

解説

(1)　本則課税における仕入税額控除

①　仕入税額控除

　消費税の計算においては、原則として、消費税の課税標準額に対する消費税額から、消費税の適用税率の異なるごとに区分して計算した国内において行った課税仕入れに係る消費税額等の合計額を控除（以下「仕入税額控除」といいます。）して、「控除不足還付税額」又は「差引税額」を計算します（消法30①、45①三～五）。

　これを一般に「本則課税方式」といいます。

　この場合において、その課税期間における課税売上高が5億円を超えるとき又はその課税期間における課税売上割合が100分の95に満たないときは、課税売上げに対応しない仕入税額控除を制限する必要があります（消法30②）。

　この消費税の課税標準額に対する消費税額から控除する消費税額等の合計額を計算する方式には、「個別対応方式」と「一括比例配分方式」とがあります（消法30②一・二）。

②　課税売上割合

　課税売上割合とは、その事業者がその課税期間中に国内において行った資産の譲渡等（特定資産の譲渡等に該当するものを除きます。）の対価の額の合計額のうちにその事業者が当該課税期間中に国内において行った課税資産の譲渡等の対価の額の合計額の占める割合をいいます（消法30⑥、消令48、**[計算式1]** 参照）。

　なお、課税売上割合は、事業者がその課税期間中に国内において行った資産の譲渡等の対価の額（税抜き）の合計額に占める課税資産の譲渡等の対価の額（税抜き）の合計額の割合とされていますから、課税売上割合の計算を事業所単位又は事業部単位等で行うことは原則として認められません（消基通11-5-1）。

[計算式1]　課税売上割合

$$課税売上割合 = \frac{課税売上高（税抜き）の合計}{課税売上高（税抜き）の合計 + 非課税売上高の合計 + 免税売上高の合計}$$

イ　合計額

　課税売上高（税抜き）、非課税売上高及び免税売上高のいずれの合計額についても、その売上げに係る対価の額の合計額から売上げに係る対価の返還等の金額（課税売上高については税抜きの金額）の合計額を控除します（消令48①）。

ロ　非課税取引

　非課税売上高に係る資産の譲渡等には、事業者が行う次に掲げる資産

の譲渡を含みません（消法別表第1二、消令9①四・④、10③一・六、48②）。

・　支払手段、暗号資産又は特別引出権の譲渡
・　貸付金、預金、売掛金その他の金銭債権のうち資産の譲渡等を行った者がその資産の譲渡等の対価として取得したものの譲渡
・　国債等、譲渡性預金証書、約束手形その他財務省令で定める証券又は証書（「現先取引債券等」といいます。）の現先取引の現先取引債券等を買い戻す場合におけるその現先取引債券等の譲渡

ハ　現先取引の利子相当額

　現先取引において現先取引債券等を売り戻した場合には、その売戻しにおける非課税売上高に係る資産の譲渡等の対価の額は、その現先取引債券等のその売戻しに係る対価の額からその現先取引債券等のその購入に係る対価の額を控除した残額になります（消令48③）。

ニ　有価証券等の譲渡

　有価証券（ゴルフ場利用株式等を除きます。）その他政令で定める権利（以下「有価証券等」といいます。）の譲渡をした場合（現先取引を除きます。）又は金銭債権（資産の譲渡等を行った者がその資産の譲渡等の対価として取得したものを除きます。）の譲渡をした場合には、その譲渡における非課税売上高に係る資産の譲渡等の対価の額は、その有価証券等又は金銭債権の譲渡の対価の額の100分の5に相当する金額とします（消法別表第1二、消令9①一・三・②、48⑤）。

ホ　国債等の償還差損

　国債等の償還金額が取得価額に満たない場合には、非課税売上高は、その金額から、その取得価額からその償還金額を控除した金額（その国債等が償還有価証券に該当する場合には、調整差損を含みます。）を控除した残額とします（消令48⑥、法令139の2①）。

ヘ　不課税

　消費税が不課税となる見舞金、祝金、寄附金、保険金、配当金又は補助金等は、課税売上割合の計算上、分母及び分子のいずれにも算入しま

せん（「95％ルール」の適用要件の見直しを踏まえた仕入控除税額の計算方法等に関する Q & A（以下「95％ルール Q & A」といいます。）〔Ⅰ〕問3-4 (2)）。

(2)　個別対応方式

次の①～③に、課税仕入れ等の用途を区分して次の計算式による仕入控除税額を計算します（消法30②一、**[計算式2]**参照）。

> **[計算式2]**
>
> 控除対象仕入税額 ＝ 下記①の税額 ＋ 下記③の税額 × 課税売上割合

①　課税売上高にのみ要する課税仕入れ等

課税資産の譲渡等にのみ要する課税仕入れ等（以下「課税売上対応分」といいます。）とは、課税資産の譲渡等を行うためにのみ必要な課税仕入れ等をいい、例えば、次に掲げるものの課税仕入れ等がこれに該当します（消基通11-2-12本文）。

なお、その課税仕入れ等を行った課税期間において、その課税仕入れ等に対応する課税資産の譲渡等があったかどうかは問いません（消基通11-2-12なお書）。

- ・　そのまま他に譲渡される課税資産
- ・　課税資産の製造用にのみ消費し、又は使用される原材料、容器、包紙、機械及び装置、工具、器具、備品等
- ・　課税資産に係る倉庫料、運送費、広告宣伝費、支払手数料又は支払加工賃等

②　非課税売上高にのみ要する課税仕入れ等

非課税となる資産の譲渡等を行うためにのみ必要な課税仕入れ等をいいます。

非課税資産の譲渡等にのみ要するものとは、非課税となる資産の譲渡等を行うためにのみ必要な課税仕入れ等（以下「非課税売上対応分」といいます。）をいい、例えば、次に掲げるものの課税仕入れ等がこれに

該当します（消法 30 ②一、消基通 11-2-15）。

　なお、非課税資産の譲渡等にのみ要したものではありませんから、その課税仕入れ等を行った課税期間において当該課税仕入れ等に対応する非課税資産の譲渡等があったかどうかは問いません（95％ルール Q ＆ A〔Ⅰ〕問 10）。

- ・　販売用の土地の造成費用
- ・　販売用の土地の取得に係る仲介手数料
- ・　土地だけの譲渡に係る仲介手数料
- ・　賃貸用住宅の建築費用
- ・　住宅の賃貸に係る仲介手数料
- ・　有価証券の売却時・購入時の売買手数料

③　課税売上高・非課税売上高に共通して対応する課税仕入れ等

　課税資産の譲渡等とその他の資産の譲渡等に共通して要するものに該当する課税仕入れ等（以下「共通対応分」といいます。）であっても、例えば、原材料、包装材料、倉庫料、電力料等のように生産実績その他の合理的な基準により課税売上対応分と非課税売上対応分とに区分することが可能なものについてその合理的な基準により区分している場合には、その区分したところにより個別対応方式を適用することとして差し支えありません（消基通 11-2-19）。

　なお、例えば、寄附の募集に当たって募集案内を刷る印刷業者へ支払う印刷費、クラウドファンディングの掲載サイトに支払う手数料等のように、資産の譲渡等に該当しない取引に要する課税仕入れ等は、共通対応分に該当するものとして取り扱います（消基通 11-2-16）。

[図表 1] 個別対応方式

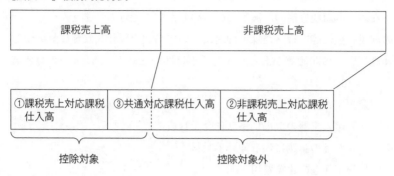

(3)　一括比例配分方式

　課税仕入れ等に係る消費税額の全体に対して課税売上割合を乗じて計算します（消法 30 ②二、[図表 2] 参照）。

　なお、この一括比例配分方式を選択した場合には、2 年間以上継続して適用した後でなければ、個別対応方式に変更することはできません（消法 30 ⑤）。

[図表 2] 一括比例配分方式

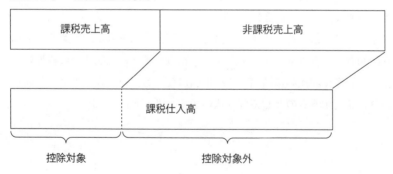

(4)　事例の場合

　ご質問の法人の課税売上割合は、次のとおり、20％になります。

$$\frac{11,000,000\,\text{円} \times \dfrac{100}{110}}{11,000,000\,\text{円} \times \dfrac{100}{110} + 40,000,000\,\text{円}} = 0.2 \ (20\%)$$

　この課税売上割合により計算した控除対象仕入税額は、次のとおり、個別対応方式と一括比例配分方式のいずれの場合でも課税標準額に対する消費税額を下回るので、消費税を納付することになります。

①　課税標準額に対する消費税額

$$\left(11,000,000\,\text{円} \times \frac{100}{110}\right) \times \frac{7.8}{100} = 780,000\,\text{円}$$

②　控除対象仕入税額

イ　個別対応方式

$$5,500,000\,\text{円} \times \frac{7.8}{110}$$
$$+ \left(22,000,000\,\text{円} \times \frac{7.8}{110} - 5,500,000\,\text{円} \times \frac{7.8}{110}\right) \times 20\%$$
$$= 624,000\,\text{円}$$

ロ　一括比例配分方式

$$\left(22,000,000\,\text{円} \times \frac{7.8}{110}\right) \times 20\% = 312,000\,\text{円}$$

参　考

Q4

　　消法 30 ①②一・二・⑤⑥、45 ①三〜五、別表第 1 二

　　消令 9 ①一・三・四・②④、10 ③一・六、48 ①②③⑤⑥

　　法令 139 の 2 ①

　　消基通 11-2-12、11-2-15、11-2-16、11-2-19、11-5-1

　　95％ルール Q & A〔I〕問 3、問 10

関連Q＆A：Q 2 消費税の概要と計算

　　　　　　　Q 5 非営利法人の仕入税額控除の特例計算

Q5 非営利法人の仕入税額控除の特例計算 //////////

Q 当法人は設立したばかりの一般社団法人です。就労支援事業を含む、障害福祉サービス事業の経営を目的としています。当年度は、施設整備中のため障害福祉サービス事業の指定を受けず、物品販売のみを試行的に開始しました。当年度の収益及び費用の見込みは次のとおりです（全て税込み、標準税率10％、一括比例配分方式を採用）。

課税売上げ　　　　990,000円

非課税売上げ　100,000円

課税仕入れ　　　22,055,000円（用途区分はしていない）

施設整備に係る補助金　16,500,000円（課税仕入れに使途を特定）

寄附金　　　　19,000,000円（使途不特定）

　人件費については、ボランティアとして行ったため、支払がありません。

　当年度の課税売上割合は90％で、課税仕入れの金額が課税売上げの金額より多いので、課税事業者を選択した場合、消費税の還付を受けることができるでしょうか。

···

A 課税仕入れ等の金額のうち、補助金と寄附金が充てられた部分の金額に係る税額については仕入税額控除が認められません。

　したがって、課税事業者を選択した場合、還付はなく、納付することになります。

解説

(1)　特例計算の趣旨

　消費税の納税額は、その課税期間中の課税売上げ等に係る消費税額からその課税期間中の課税仕入れ等に係る消費税額（仕入控除税額）を控除して計算します（消法30①）。

　一般の事業者とは異なり、公益法人等においては、多額の補助金、会費、寄附金等の収入を得て、課税仕入れ等に充てられることがあります。

　この場合に本則課税により消費税の申告を認めると、課税されない補助金等の収入で課税仕入れ等を賄うことにより、課税仕入れ等に係る消費税額の控除又は還付を受けて、法人が想定外の利益を得る結果となります。

　このようなことを避けるために、このような収入（特定収入）の額が資産の譲渡等と特定収入の額の合計額に占める割合が僅少でない場合は、消費税額を仕入控除税額から控除する調整が必要になります（消法60④）。

(2)　特定収入割合と仕入税額控除の制限

①　特定収入割合と特例計算の要否

　[計算式1] の特定収入割合が5%を超える場合は、仕入税額控除につき特例計算を行う必要があります（消法60④、消令75③、**[図表1]** 参照）。

　なお、「特定収入」とは、資産の譲渡等の対価以外の収入で特定のものをいいます（**Q6** 参照）。

　ただし、簡易課税制度を適用している場合は、実額による仕入税額控除は行わないので、特例計算の対象になりません（消法60④、消令75③）。

[計算式1] 特定収入割合

$$特定収入割合 = \frac{特定収入の合計}{課税売上げの合計 + 非課税売上げの合計 + 特定収入の合計}$$

[図表1]　非営利法人における仕入税額控除の計算

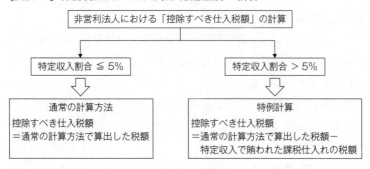

②　特例計算の方法

　仕入税額控除について行う特例計算は、課税売上割合によって計算式が異なります。

イ　課税売上割合が95%未満で「個別対応方式」を採用している場合

控除対象仕入税額［A］	=	通常の計算方法で算出した税額［B］	−	特定収入で賄われた課税仕入れの税額［C］

$$[B] = \left\{ \boxed{\begin{array}{c}課税売上げに対応\\する課税仕入れ\\（税込）\end{array}} \times \frac{7.8}{110}_{注1} + \left\{ \boxed{\begin{array}{c}課税売上げ・非課税\\売上げに共通する課\\税仕入れ（税込）\end{array}} \times \frac{7.8}{110}_{注1} \times \boxed{\begin{array}{c}課税売\\上割合\end{array}} \right\} \right.$$

$$[C] = \left\{ \boxed{\begin{array}{c}[D]\\課税売上げに対応\\する課税仕入れに\\使途が特定された\\特定収入\end{array}} \times \frac{7.8}{110}_{注1} + \left\{ \boxed{\begin{array}{c}[E]\\課税売上げ・非課税\\売上げに共通する課\\税仕入れ（税込）\end{array}} \times \frac{7.8}{110}_{注1} \times \boxed{\begin{array}{c}課税\\売上\\割合\end{array}} \right\} \right.$$

$$+ \left\{ [B] - ([D]+[E]) \times \boxed{調整割合}_{注2} \right\}$$

ロ　課税売上割合が95％未満で「一括比例配分方式」を採用している場合

$$
\boxed{\text{控除対象仕入税額 [G]}} = \boxed{\text{通常の計算方法で算出した税額 [H]}} - \boxed{\begin{array}{l}\text{特定収入で賄われた課税}\\\text{仕入れの税額 [I]}\end{array}}
$$

$$
\text{[H]} = \boxed{\begin{array}{l}\text{課税仕入れ}\\\text{(税込)}\end{array}} \times \frac{7.8}{110}_{\text{注1}} \times \boxed{\begin{array}{l}\text{課税売}\\\text{上割合}\end{array}}
$$

$$
\text{[I]} = \boxed{\begin{array}{l}\text{[J]}\\\text{課税仕入れに使途}\\\text{が特定された特定}\\\text{収入}\end{array}} \times \frac{7.8}{110}_{\text{注1}} \times \boxed{\begin{array}{l}\text{課税売}\\\text{上割合}\end{array}} + \left\{ ([H]-[J]) \times \boxed{\text{調整割合}_{\text{注2}}} \right\}
$$

ハ　課税売上割合が95％以上で「全額控除」となる場合

$$
\boxed{\text{控除対象仕入税額 [K]}} = \boxed{\text{通常の計算方法で算出した税額 [L]}} - \boxed{\begin{array}{l}\text{特定収入で賄われた課税}\\\text{仕入れの税額 [M]}\end{array}}
$$

$$
\text{[L]} = \boxed{\begin{array}{l}\text{課税仕入れ}\\\text{(税込)}\end{array}} \times \frac{7.8}{110}_{\text{注1}}
$$

$$
\text{[M]} = \boxed{\begin{array}{l}\text{課税仕入れに}\\\text{使途が特定さ}\\\text{れた特定収入}\end{array}} \times \frac{7.8}{110}_{\text{注1}}
$$

（注1）軽減税率適用分は 6.24/108、旧税率（8％）適用分は 6.3/108

（注2）調整割合 = $\dfrac{\text{使途不特定の特定収入の合計額}}{\text{課税売上げの合計}+\text{非課税売上げの合計}+\text{使途不特定の特定収入の合計額}}$

(3)　事例の場合

　事例の場合における特例計算の要否と一括比例配分方式により計算した「控除対象仕入税額」は次のとおりです。

① 特例計算の要否

$$\frac{16,500,000\text{円} + 19,000,000\text{円}}{990,000\text{円} \times \frac{100}{110} + 100,000\text{円} + 16,500,000\text{円} + 19,000,000\text{円}} = 0.972 > 5\%$$

∴ 特例計算が必要

② 特例計算による控除対象仕入税額

・ 課税売上割合

$$\frac{990,000\text{円} \times \frac{100}{110}}{990,000\text{円} \times \frac{100}{110} + 100,000\text{円}} = 0.9$$

・ 調整割合

$$\frac{19,000,000\text{円}}{990,000\text{円} \times \frac{100}{110} + 100,000\text{円} + 19,000,000\text{円}} = 0.95$$

$$22,055,000\text{円} \times \frac{7.8}{110} \times 0.9 = 1,407,510\text{円} \quad [\text{H}]$$

$$16,500,000\text{円} \times \frac{7.8}{110} \times 0.9 = 1,053,000\text{円} \quad [\text{J}]$$

1,053,000円 [J] + (1,407,510円 [H] − 1,053,000円 [J]) × 0.95
= 1,389,784円　[I]

・ 控除対象仕入税額
1,407,510円 [H] − 1,389,784円 [I] = 17,726円　[G]

参　考

Q5

消法 30 ①、60 ④

消令 75 ③

関連Q＆A：Q6 特例計算の対象法人と特定収入の範囲

Q6 特例計算の対象法人と特定収入の範囲 ////////

> **Q** 公益法人等は特定収入割合が5％を超えると仕入税額控除が減額される特例計算の対象となるとのことです。
>
> 　どのような法人がこの特例計算の対象とされるのでしょうか。また、「特定収入」とは、どのような収入をいうのでしょうか。
>
> ....
>
> **A** 特例計算の対象となる法人は、消費税法別表第3に掲げる法人及び人格のない社団等並びに特定非営利活動法人（NPO）です。
>
> 　また「特定収入」とは、資産の譲渡等の対価以外の収入で特定のものをいいます。

解説

(1) 特例計算の対象法人

　特定収入割合が5％を超えると仕入税額控除が減額される特例計算の対象となる法人は、消費税法別表第三に掲げる法人及び人格のない社団等並びに特定非営利活動法人（NPO）です（消法60④、消法別表第3、特定非営利活動促進法70②）。

　消費税法別表第3に掲げる法人のうち、本書で取り上げる法人は［**図表1**］のとおりです。

［図表１］特例計算の対象法人

名称	根拠法
一般財団法人	一般社団法人及び一般財団法人に関する法律
一般社団法人	
医療法人（医療法第42条の2第1項に規定する社会医療法人に限る。）	医療法
学校法人（私立学校法（第64条第4項（専修学校及び各種学校）の規定により設立された法人を含む。）	私立学校法
公益財団法人	一般社団法人及び一般財団法人に関する法律及び公益社団法人及び公益財団法人の認定等に関する法律
公益社団法人	
社会福祉法人	社会福祉法
宗教法人	宗教法人法

(2)　特定収入の範囲

①　特定収入割合

　Q5(2)①（21頁）を参照。

②　不課税収入の分類

　特定収入に係る仕入税額控除の特例の計算においては、資産の譲渡等の対価以外の収入が特定収入に該当するかどうかの判定が必要になります。

　この特定収入とは、資産の譲渡等の対価以外の収入のうち、**［図表２］**左欄に掲げる収入をいいます（消法60④、消基通16-2-1）。

　ただし、非営利法人において、**［図表２］**右欄に掲げる収入に該当するものを除きます（消法60④、消令75①）。

［図表2］不課税収入の分類

特定収入	特定収入から除かれる収入
イ　補助金 ロ　負担金（資産の譲渡等の対価に該当しないものに限る） ハ　寄附金 ニ　出資に対する配当金 ホ　保険金 ヘ　損害賠償金 ト　会費等（資産の譲渡等の対価に該当しないものに限る） チ　上記以外の収入で資産の譲渡等の対価に該当しないもの リ　借入金等の債務の全部又は一部が免除された場合の、その免除された債務の額	イ　借入金等 ロ　預金、貯金及び預り金 ハ　貸付回収金 ニ　返還金及び還付金 ホ　法令、交付要綱等において、特定支出のためにのみ使用することとされている収入 ヘ　国又は地方公共団体が合理的な方法により資産の譲渡等の対価以外の収入の使途を明らかにした文書において、特定支出のためにのみ使用することとされている収入

③　特定支出

　［図表2］右欄ホの「特定支出」とは、次に掲げる支出以外の支出をいいます（消令75①六イ）。

- ・　課税仕入れの支払のための支出
- ・　課税貨物の引取りのための支出
- ・　特定課税仕入れの支払のための支出
- ・　借入金の返済等のための支出

　具体的には、例えば、役員報酬、職員給料、法定福利費等の人件費や支払利息が特定支出に該当します。

④　借入金の免除の課税期間

　借入金等に係る債務の全部又は一部の免除があった場合における特定収入に係る仕入税額控除の特例の計算の適用については、その免除に係る債務の額に相当する額は、その債務の免除があった日の属する課税期間における特定収入とします（消令75②）。

Q6

　　消法 60 ④、別表第 3

　　消令 75 ①②

　　消基通 16-2-1

関連Q＆A：Q 5 非営利法人の仕入税額控除の特例計算

Q7　簡易課税制度

Q　当法人は就労支援事業を含む障害福祉サービス事業を行っており、消費税に関する収益及び費用は次のとおりです（全て税込み：税率 10%）。

・　翌年度（令和 5 年度）の課税売上げの見込み
33,000,000 円

・　翌年度の非課税売上げの見込み
70,000,000 円

・　翌年度の課税仕入れの見込み
22,000,000 円（用途区分はしていない）

・　前々年度（令和 2 年度）の課税売上げ
66,000,000 円

・　前年度（令和 3 年度）の課税売上げ
44,000,000 円

　　ここ数年は就労支援事業が縮小しており、課税売上げが大幅に減少しています。

　　従前から消費税の申告は本則課税の一括比例配分方式で行ってきましたが、簡易課税制度を選択して申告することはできるでしょうか。

A　翌年度の基準期間である前年度の課税売上高が 5,000 万円以下ですので、当年度中に 簡易課税制度選択届出書を納税地の税務署長に提出すれば、翌年度から簡易課税制度の適用を受けることができます。

解説

(1) 簡易課税制度

① 制度の概要

　消費税の計算においては、原則として、消費税の課税標準額に対する消費税額から、消費税の適用税率の異なるごとに区分して計算した国内において行った課税仕入れに係る消費税額等の合計額を控除（以下「仕入税額控除」といいます。）して、「控除不足還付税額」又は「差引税額」を計算します（消法30①、45①三～五）。

　これを一般に「本則課税方式」といいます（**Q4**参照）。

　しかし、その課税期間の基準期間の課税売上高が5,000万円以下で、簡易課税制度の適用を受ける旨の届出書（消費税簡易課税制度選択届出書）を提出している事業者は、その届出書を提出した日の属する課税期間の翌課税期間以後の課税期間について実際の課税仕入れ等の税額を計算することなく、課税売上高から仕入控除税額の計算を行うことができる簡易課税制度の適用を受けることができます（消法37①）。

　この制度においては、仕入控除税額を課税売上高に「みなし仕入率」に乗じて計算した金額とします。この場合、売上げを卸売業、小売業、製造業等、サービス業等、不動産業及びその他の事業の六つに区分し、それぞれの区分ごとのみなし仕入率を適用します。

② みなし仕入率

　簡易課税制度における「みなし仕入率」は、次のとおりです（消法37①一、消令57①⑤、**[図表1]**参照）。

[図表1] 事業区分とみなし仕入率

事業区分	みなし仕入率	該当する事業
第1種事業	90%	卸売業
第2種事業	80%	小売業、農林水産業（飲食料品の譲渡）
第3種事業	70%	農林水産業（飲食料品の譲渡以外）、鉱業、建設業、製造業、電気業、ガス業、熱供給業、水道業
第4種事業	60%	第1種、第2種、第3種、第5種及び第6種事業以外の事業（飲食店業等）
第5種事業	50%	運輸・通信業、サービス業（飲食店業以外）、金融・保険業
第6種事業	40%	不動産業

(2)　仕入控除税額の計算

①　基本的な計算の方法

イ　第1種事業から第6種事業までのうち1種類の事業だけを営む事業者の場合（消法37①一、消令57①、[計算式1] 参照）

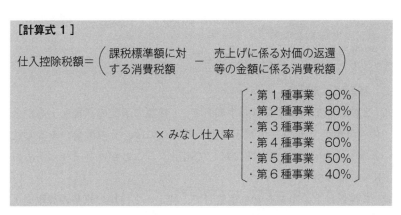

ロ　第1種事業から第6種事業までのうち2種類以上の事業を営む事業の場合

　(イ)　原則法（消法37①一、消令57②、[計算式2] 参照）

［計算式２］

仕入控除税額＝$\left(\begin{array}{c}\text{課税標準額に対}\\\text{する消費税額}\end{array} - \begin{array}{c}\text{売上げに係る対価の返還}\\\text{等の金額に係る消費税額}\end{array}\right)$

$$\times \frac{\begin{array}{l}\text{第1種事}\\\text{業に係る}\\\text{消費税額}\end{array}\times90\%+\begin{array}{l}\text{第2種事}\\\text{業に係る}\\\text{消費税額}\end{array}\times80\%+\begin{array}{l}\text{第3種事}\\\text{業に係る}\\\text{消費税額}\end{array}\times70\%+\begin{array}{l}\text{第4種事}\\\text{業に係る}\\\text{消費税額}\end{array}\times60\%+\begin{array}{l}\text{第5種事}\\\text{業に係る}\\\text{消費税額}\end{array}\times50\%+\begin{array}{l}\text{第6種事}\\\text{業に係る}\\\text{消費税額}\end{array}\times40\%}{\begin{array}{l}\text{第1種事業に}\\\text{係る消費税額}\end{array}+\begin{array}{l}\text{第2種事業に}\\\text{係る消費税額}\end{array}+\begin{array}{l}\text{第3種事業に}\\\text{係る消費税額}\end{array}+\begin{array}{l}\text{第4種事業に}\\\text{係る消費税額}\end{array}+\begin{array}{l}\text{第5種事業に}\\\text{係る消費税額}\end{array}+\begin{array}{l}\text{第6種事業に}\\\text{係る消費税額}\end{array}}$$

　㈹　簡便法

　次のいずれにも該当しない場合は、**［計算式３］** により計算しても差し支えありません。

・　貸倒回収額がある場合

・　売上対価の返還等がある場合で、各種事業に係る消費税額からそれぞれの事業の売上対価の返還等に係る消費税額を控除して控除しきれない場合

［計算式３］

仕入控除税額＝

$$\begin{array}{l}\text{第1種事}\\\text{業に係る}\\\text{消費税額}\end{array}\times90\%+\begin{array}{l}\text{第2種事}\\\text{業に係る}\\\text{消費税額}\end{array}\times80\%+\begin{array}{l}\text{第3種事}\\\text{業に係る}\\\text{消費税額}\end{array}\times70\%+\begin{array}{l}\text{第4種事}\\\text{業に係る}\\\text{消費税額}\end{array}\times60\%+\begin{array}{l}\text{第5種事}\\\text{業に係る}\\\text{消費税額}\end{array}\times50\%+\begin{array}{l}\text{第6種事}\\\text{業に係る}\\\text{消費税額}\end{array}\times40\%$$

② **特例による計算**

イ　2種類以上の事業を営む事業者で、1種類の事業の課税売上高が全体の課税売上高の75％以上を占める場合には、その事業のみなし仕入率を全体の課税売上げに対して適用することができます（消法37①一、消令57③一）。

ロ　3種類以上の事業を営む事業者で、特定の2種類の事業の課税売上高の合計額が全体の課税売上高の75％以上を占める事業者については、その2業種のうちみなし仕入率の高い方の事業に係る課税売上高については、そのみなし仕入率を適用し、それ以外の課税売上高につ

いては、その2種類の事業のうち低い方のみなし仕入率をその事業以外の課税売上げに対して適用することができます（消法37①一、消令57③二）。

　例えば、3種類以上の事業を営む事業者の第1種事業及び第2種事業に係る課税売上高の合計が全体の課税売上高の75％以上を占める場合は次のとおりです（[**計算式4**] 参照）。

[**計算式4**]

仕入控除税額＝（課税標準額に対する消費税額－売上げに係る対価の返還等の金額に係る消費税額）

$$\times \frac{第1種事業に係る消費税額\times90\%+\left(売上げに係る消費税額-第1種事業に係る消費税額\right)\times80\%}{売上げに係る消費税額}$$

(ロ)　簡便法

　次のいずれにも該当しない場合は、[**計算式5**] により計算しても差し支えありません。

・　貸倒回収額がある場合
・　売上対価の返還等がある場合で、各種事業に係る消費税額からそれぞれの事業の売上対価の返還等に係る消費税額を控除して控除しきれない場合

[**計算式5**]

$$仕入控除税額＝第1種事業に係る消費税額\times90\%+\left[売上げに係る消費税額-第1種事業に係る消費税額\right]\times80\%$$

③　**事業区分をしていない場合の取扱い**

　2種類以上の事業を営む事業者が課税売上げを事業ごとに区分していない場合には、この区分をしていない部分については、その区分していない事業のうち一番低いみなし仕入率を適用して仕入控除税額を計算します（消法37①一、消令57④）。

～～～～～～～～～～～～～～～～～～～～～～～～～～～～～～～～

参　考

Q7

　消法 30 ①、37 ①一、45 ①三～五

　消令 57 ①～⑤

関連Ｑ＆Ａ：Q16 簡易課税制度の選択の特例

～～～～～～～～～～～～～～～～～～～～～～～～～～～～～～～～

Q8　申告単位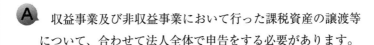

> **Q**　当法人は、法人税法上の収益事業に該当する事業も行っていることから、収益事業と非収益事業について区分経理し、法人税の申告を行っています。このように会計単位を別々にしている場合には、消費税も収益事業の会計単位についてのみ申告すればよいのでしょうか。
>
> 　また、非収益事業の会計単位についても申告の必要がある場合、それぞれ会計単位ごとに消費税の申告をすればよいのでしょうか。
>
> **A**　収益事業及び非収益事業において行った課税資産の譲渡等について、合わせて法人全体で申告をする必要があります。

解説

(1)　消費税の申告単位

　公益法人等の非収益事業から生じた所得には、法人税は課税されません。一方、消費税においては、非収益事業に属する資産の譲渡等を行った場合であっても、それが国内における課税資産の譲渡等である限り、事業者である公益法人等が行ったものですから、課税の対象となります（消法4①）。

　また、消費税は国内において課税資産の譲渡等を行った事業者を納税義務者としていますが、基準期間における課税売上高が1,000万円以下の場合には、原則として、その課税期間の納税義務は免除されます。この基準期間における課税売上高も、事業者を単位として判定することとされています（消法9①）。

　さらに、消費税の申告も、事業者を単位として行うこととされています（消法42、45）。

　国若しくは地方公共団体が一般会計に係る業務として行う事業又は国若しくは地方公共団体が特別会計を設けて行う事業については、その一般会計又は特別会計ごとに一の法人が行う事業とみなして申告します（消法60①）。しかし、このような取扱いは公益法人等には適用されませんから、収益事業と非収益事業について各別に申告することは認められません（質疑応答事例 / 消費税 国等に対する特例1）。

　したがって、公益法人等のその課税期間の基準期間における課税売上高が1,000万円を超える場合には、その課税期間中に収益事業及び非収益事業において行った課税資産の譲渡等について、合わせて法人全体で申告をする必要があります。

　同様に、一般社団法人等で本部と支部がある場合において、支部が本部とは独立して事業を行って活動しているときであっても、本部と支部おいて行った課税資産の譲渡等について、合わせて法人全体で申告をする必要があります。

◇◇

参　考

Q8

　消法4①、9①、42、45、60①

　質疑応答事例 / 消費税 国等に対する特例1

関連Q＆A：Q9 課税事業者・免税事業者

◇◇

第2章

仕入税額控除と
インボイス制度

課税事業者と現行制度

Q9　課税事業者・免税事業者

> **Q** 当法人は、就労支援事業を行う社会福祉法人です。前年
> 度の4月に他の特定非営利活動法人から事業を引き継いだ
> ため、前年度の課税売上高は2,500万円（9月までの課税資
> 産の譲渡等の対価の額の合計額1,200万円、給与等支払額
> 6,000万円）でした。
> 　消費税の納税義務者になるのは前々年度の課税売上高が
> 1,000万円を超える場合ということですから、当法人は翌年
> 度から消費税の申告・納付をすればいいのでしょうか。
>
> **A** 前年度の4月から9月までの期間（特定期間）の課税売上
> 高が1,000万円を超えているので、当年度から消費税の納税
> 義務者になります。

解説

(1)　免税事業者

①　納税義務の免除

　その課税期間に係る基準期間における課税売上高が1,000万円以下で
ある事業者については、その課税期間中に国内において行った課税資産
の譲渡等及び特定課税仕入れにつき、消費税を納める義務が免除されま
す（消法9①）。

　なお、基準期間とは、法人のその事業年度の前々事業年度をいい、そ

の前々事業年度が1年未満である場合はその事業年度開始の日の2年前の日の前日から同日以後1年を経過する日までの間に開始した各事業年度を合わせた期間をいいます（消法2①十四）。

② **基準期間における課税売上高**

基準期間における課税売上高は、基準期間が1年の場合、基準期間中に国内において行った課税資産の譲渡等の対価の額の合計額から同期間中に行った売上げに係る対価の返還等の税抜き金額を控除した金額をいいます（消法9②一）。

基準期間が1年以下の場合、次により計算した金額をいいます（消法9②二）。

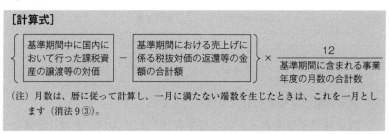

[計算式]

（注）月数は、暦に従って計算し、一月に満たない端数を生じたときは、これを一月とします（消法9③）。

ただし、基準期間である課税期間において免税事業者であった事業者が、その基準期間である課税期間中に国内において行った課税資産の譲渡等については消費税等が課されていません。したがって、その事業者の基準期間における課税売上高の算定に当たっては、免税事業者であった基準期間となる課税期間の課税資産の譲渡等の対価の額、すなわち、その課税売上金額がそのまま基準期間の課税売上高となることになります（消基通1-4-5）。

③ **課税事業者の選択と取りやめ**

イ　選択

その事業者が消費税課税事業者選択届出書を納税地の所轄税務署長に提出した場合には、その提出をした日の属する課税期間の翌課税期間以後の課税期間は、その課税期間の基準期間における課税売上高が1,000万円以下であっても、課税事業者になります（消法9④）。

ロ　選択の取りやめと制限

（i）原則

　　消費税課税事業者選択届出書を提出した法人は、下記 **［図表1］** イの翌課税期間の初日から2年を経過する日の属する課税期間の初日以後でなければ、消費税課税事業者選択不適用届出書を提出することができません（消法9⑤⑥）。すなわち、課税事業者になってから2年間は免税事業者になることができません。

［図表1］原則的な選択の取りやめと制限

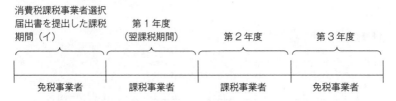

消費税課税事業者選択 届出書を提出した課税 期間（イ）	第1年度 （翌課税期間）	第2年度	第3年度
免税事業者	課税事業者	課税事業者	免税事業者

（ii）調整対象固定資産の仕入れ等による制限

　　消費税課税事業者選択届出書を提出した法人は、下記 **［図表2］** イの翌課税期間の初日からから同日以後2年を経過する日までの間に開始した各課税期間（簡易課税制度の適用を受ける課税期間を除きます。）中に国内における調整対象固定資産の課税仕入れ又は調整対象固定資産に該当する課税貨物の保税地域からの引取り（以下「調整対象固定資産の仕入れ等」といいます。）を行った場合には、その調整対象固定資産の仕入れ等の日の属する課税期間の初日から3年を経過する日の属する課税期間の初日以後でなければ、消費税課税事業者選択不適用届出書を提出することができません（消法9⑦）。すなわち、調整対象固定資産の仕入れ等の日の属する課税期間の初日から3年間は免税事業者になることができません（消法9⑦）。

　　なお、調整対象固定資産とは、棚卸資産以外の建物及びその附属設備、構築物、機械及び装置、船舶、航空機、車両及び運搬具、工具、器具及び備品、鉱業権その他の資産で、その税抜きの取得価額が、一

の取引の単位につき 100 万円以上のものをいいます（消法2①十六、消令5）。

［図表2］調整対象固定資産の仕入れ等による制限

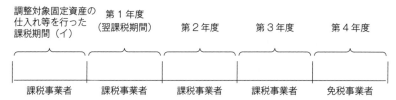

(2)　**免税事業者判定の特例**
①　**特定期間の課税売上高による免除の特例**
イ　免除の特例

　法人のその事業年度の基準期間における課税売上高が1,000万円以下である場合においても、その事業年度に係る特定期間における課税売上高が1,000万円を超えるときは、その法人のその事業年度における課税資産の譲渡等及び特定課税仕入れについては、消費税は免除されず、課税事業者になります（消法9の2①）。

ロ　特定期間

　その法人の前事業年度の月数に応じて、次に掲げる期間になります。

(i)　その事業年度の前事業年度が8か月以上である場合：

　　その前事業年度開始の日以後6か月の期間（消法9の2④二、**[図表3]**参照）

[図表３] 前事業年度が８か月以上である場合

a. 事業年度が１年

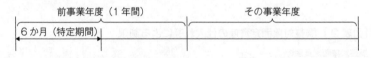

b. 事業年度が法人の設立１期目が８か月以上の場合

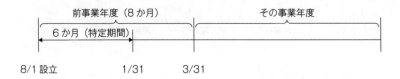

(ⅱ) その事業年度の前事業年度が８か月以下である場合（消法９の２④
三、⑤、消令20の６①一、**[図表４]** 参照）

[図表４] 前事業年度が８か月以下である場合

a. 月の途中で設立した場合で前事業年度（７か月半）の決算期末が月の末日のとき

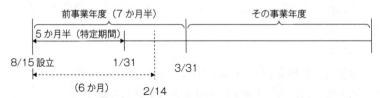

※ 法人設立の日から６か月後は２月14日となりますが、前事業年度の決算
期末が月末であるため、６か月後（２月14日）の前月の末日である１月31
日が特定期間の末日となります。したがって、前事業年度の８月15日から
１月31日までの期間が特定期間となり、その期間の課税売上高（又は給与
等支払額）で判定することとなります（質疑応答事例／消費税 納税義務者
3～5）。

ハ 特定期間の課税売上高

特定期間における課税売上高とは、次のいずれかの金額をいいます。

（ⅰ）特定期間中に国内において行った課税資産の譲渡等の対価の額の合

計額から、特定期間中に行った売上げに係る税抜対価の返還等の金額を控除した残額（消法9の2②）

(ⅱ)　特定期間中に支払った給与等支払額：

　　法人が特定期間中に支払った所得税法施行規則第100条第1項第1号に規定する給与等の金額の合計額をいいます（消法9の2③、消規11の2）。具体的には所得税の課税対象とされる給与、賞与等が該当し、所得税が非課税とされる通勤手当、旅費等は該当せず、未払額は含まれません（消基通1-5-23）。

　　ご質問の法人の場合、前年度の4月から9月までの課税資産の譲渡等の対価の額の合計額は1,200万円、給与等支払額は6,000万円で、いずれも1,000万円を超えているので、当年度から消費税の納税義務者になります。

②　①以外の免除の特例

　①以外で、合併があった場合又は高額特定資産を取得した場合にも納税義務の免除の特例があります。

参　考

Q9

　消法2①十四・十六、4①、9①〜⑦、9の2①〜⑤

　消令5、20の6①一

　消規11の2

　消基通1-4-5、1-5-23

　質疑応答事例／消費税　納税義務者3〜5

関連Q&A：Q3 課税の対象（課税売上げ・非課税売上げ）

　　　　　　Q12 免税事業者等との取引における仕入税額控除と経過措置

　　　　　　Q16 簡易課税制度の選択の特例

Q10　区分記載請求書等保存方式（現行の仕入税額控除の方式）

Q　本則課税において仕入税額控除を行う場合、一定の記載がある請求書や領収書と帳簿の記載が必要とのことです。具体的には、どのような記載が必要なのでしょうか。

A　軽減税率の導入に伴う複数税率制度の下、適正な課税を確保する観点から令和5年10月1日に「適格請求書等保存方式」が導入されるまでの間は、事業者への事務負担等を考慮し、簡素な方法として「区分記載請求書等保存方式」が導入され、軽減税率対象品目や税率など一定の事項が記載された請求書等の保存と帳簿の記載が必要となります。

解説

(1)　区分記載請求書等保存方式

①　帳簿及び請求書等に記載されるべき事項

　令和元年10月1日から令和5年9月30日までの間は、仕入税額控除の要件について、令和元年9月30日までの請求書等保存方式を基本的に維持しつつ、軽減税率の適用対象となる商品の仕入れかそれ以外の仕入れかの区分を明確にするための記載事項を追加した帳簿及び請求書等の保存が要件とされました。

　これを「区分記載請求書等保存方式」といいます。

　具体的には、**[図表1]** の記載が必要です（平成28年改正法附則34②）。

[図表 1]　区分記載請求書等保存方式の記載事項

帳簿	区分記載請求書等
①　課税仕入れの相手方の氏名又は名称 ②　課税仕入れを行った年月日 ③　課税仕入れに係る資産又は役務の内容（課税仕入れが他の者から受けた軽減対象資産の譲渡等に係るものである場合には、資産の内容及び軽減対象資産の譲渡等に係るものである旨） ④　課税仕入れに係る支払対価の額	①　書類の作成者の氏名又は名称 ②　課税資産の譲渡等を行った年月日 ③　課税資産の譲渡等に係る資産又は役務の内容（課税資産の譲渡等が軽減対象資産の譲渡等である場合には、資産の内容及び軽減対象資産の譲渡等である旨） ④　税率ごとに合計した課税資産の譲渡等の対価の額（税込価格） ⑤　書類の交付を受ける当該事業者の氏名又は名称

　なお、課税貨物の引取りに係る仕入税額控除については、課税貨物に係る課税標準である金額や引取りに係る消費税等の額が記載された輸入許可通知書等を保存するとともに、課税貨物に係る消費税等の額を帳簿に記載し保存することが要件とされています（消法 30 ⑧⑨三）。

② **記載例**

　「軽減対象資産の譲渡等である旨」の記載については、軽減対象資産の譲渡等であることが客観的に明らかであるといえる程度の表示がされていればよく、個々の取引ごとに 10% や 8% の税率が記載されている場合のほか、例えば、**[図表 1]～[図表 3]** も「軽減対象資産の譲渡等である旨」の記載があると認められます（消費税の軽減税率制度に関する取扱通達（以下「軽減通達」といいます。）18、消費税の軽減税率制度に関する Q & A（制度概要編）（以下「軽減税率 Q & A 制度概要編」といいます。）問 13）。

[図表1]

【記号・番号等を使用した場合の区分記載請求書等の記載例】

	請求書	
㈱○○御中		××年11月30日
11月分 131,200円 税込		
日付	品名	金額
11/1	小麦粉　※　①	5,400円
11/1	キッチンペーパー	2,200円
11/2	牛肉　※　①	10,800円
⋮	⋮	
	合計	131,200円
②	10%対象	88,000円
	8%対象	43,200円
※は軽減税率対象品目　③		
		一般社団法人　△△協会

① 軽減税率対象品目には「※」などを記載
② 税率ごとに合計した課税資産の譲渡等の対価の額（税込み）を記載
③ 「※」が軽減税率対象品目であることを示すことを記載

[図表2]

【同一請求書内で、税率ごとに商品を区分して区分記載請求書等を発行する場合の記載例】

	請求書	
㈱○○御中		××年11月30日
11月分 131,200円 税込		
日付	品名	金額
11/1	米	5,400円
11/1	牛肉	10,800円
⋮	⋮	
	8%対象	43,200円
11/2	キッチンペーパー	2,200円
⋮	⋮	
	10%対象	88,000円
	合計	131,200円
		一般社団法人　△△協会

[図表3]

【税率ごとに区分記載請求書等を分けて発行する場合の記載例】

○　軽減税率対象分　　　　　　　　　○　軽減税率対象分以外

請求書

（軽減税率対象）

㈱○○御中　　　××年11月30日
11月分　43,200円 税込

日付	品名	金額
11/1	米	5,400円
11/1	牛肉	10,800円
⋮	⋮	⋮
	合計	43,200円

一般社団法人　△△協会

請求書

㈱○○御中　　　××年11月30日
11月分　88,000円 税込

日付	品名	金額
11/2	キッチンペーパー	2,200円
⋮	⋮	⋮
	合計	88,000円

一般社団法人　△△協会

③　追記

　令和元年10月1日から、軽減税率が適用される取引について仕入税額控除を行うために保存すべき請求書等には、「軽減対象資産の譲渡等である旨」及び「税率ごとに合計した課税資産の譲渡等の対価の額」が記載されている必要があります。ただし、これらの項目の記載がない請求書等を交付された場合であっても、その請求書等の交付を受けた事業者が、その取引の事実に基づいて、これらの項目を追記し、これを保存することで、仕入税額控除を行うことが認められます（平成28年改正法附則34③）。

　なお、保存すべき区分記載請求書等の記載事項のうち、請求書等の交付を受けた事業者による追記が認められているのは「軽減対象資産の譲渡等である旨」及び「税率ごとに合計した課税資産の譲渡等の対価の額」のみとなっていますので、他の項目について追記や修正を行うことはできません（軽減通達19）。

④　帳簿のみの記載

　例えば、3万円未満の取引に係る仕入税額控除については、請求書等の保存がなくても法令に規定する事項が記載された帳簿の保存のみで適

用することができます（消法 30 ⑦、消令 49 ①一）。

参　考

Q10

消法 30 ⑦

消令 49 ①一

平成 28 年改正法附則 34 ②③

軽減通達 18、19

軽減税率 Q & A 制度概要編問 13

関連Q&A：Q 4 仕入税額控除（課税売上割合と控除方式）

Q11 適格請求書等保存方式（インボイス制度）

Q12 免税事業者等との取引における仕入税額控除と経
過措置

インボイス制度の概要

Q11 適格請求書等保存方式（インボイス方式）

Q 令和5年10月1日から、さらに請求書や領収書の記載が変わることになるようです。

具体的には、どのように記載すればよいのでしょうか。

A 複数税率制度の下、適正な課税を確保する観点から令和5年10月1日に「適格請求書等保存方式」（インボイス制度）が導入され、適格請求書発行事業者の登録番号、正確な適用税率や消費税額など一定の事項が記載された請求書等が必要となります。

解説

(1) 適格請求書等保存方式（インボイス方式）

① 制度の概要

令和5年10月からは「適格請求書等保存方式」が導入されます。導入後は原則として、適格請求書がない場合は仕入税額控除ができなくなります（新消法30）。この適格請求書の発行には、登録申請が必須となります（新消法57の2①②）。

② 適格請求書発行事業者の登録制度

適格請求書等保存方式においては、仕入税額控除の要件として、原則、適格請求書発行事業者から交付を受けた適格請求書の保存が必要になります。

　適格請求書を交付しようとする課税事業者は、納税地を所轄する税務署長に適格請求書発行事業者の登録申請書を提出し、適格請求書発行事業者として登録を受ける必要があり、税務署長は氏名又は名称及び登録番号等を適格請求書発行事業者登録簿に登載し、登録を行います（新消法57の2①②④）。

　この登録申請書は、適格請求書等保存方式の導入の2年前である令和3年10月1日から提出することができます（平成28年改正法附則1八、44①）。

　また、相手方から交付を受けた請求書等が適格請求書に該当することを客観的に確認できるよう、適格請求書発行事業者登録簿に登載された事項については、インターネットを通じて公表されることになっています（新消令70の5）。

　なお、消費税の免税事業者は、この適格請求書発行事業者の登録はできません（消費税の仕入税額控除制度における適格請求書等保存方式に関する取扱通達（以下「インボイス通達」といいます。）2-1）。

③　適格請求書及び帳簿の記載事項

　帳簿及び適格請求書には、**[図表1]** の記載をする必要があります（新消法57の4①、消費税の仕入税額控除制度における適格請求書等保存方式に関するQ&A（以下「インボイスQ&A」といいます。）問43、**[図表2]** 参照）。

④　適格簡易請求書

　小売業、飲食店業等の不特定多数の者を相手に事業を行う場合には、適格請求書に代えて適格簡易請求書を交付することができます（新消法57の4②、新消令70の11）。

　適格請求書とは異なり適格簡易請求書は、適格請求書の記載要件のうち「書類の交付を受ける事業者の氏名又は名称」が不要です。また、「税率ごとに合計した消費税額等」は「適用税率」のみの記載とすることができます（インボイスQ&A問47、**[図表3]** 参照）。

[図表1] 適格請求書等保存方式の記載事項

帳簿	適格請求書
①　課税仕入れの相手方の氏名又は名称 ②　課税仕入れを行った年月日 ③　課税仕入れに係る資産又は役務の内容（課税仕入れが他の者から受けた軽減対象資産の譲渡等に係るものである場合には、資産の内容及び軽減対象資産の譲渡等に係るものである旨） ④　課税仕入れに係る支払対価の額	①　適格請求書発行事業者の氏名又は名称及び<u>登録番号</u> ②　課税資産の譲渡等を行った年月日 ③　課税資産の譲渡等に係る資産又は役務の内容（課税資産の譲渡等が軽減対象資産の譲渡等である場合には、資産の内容及び軽減対象資産の譲渡等である旨） ④　<u>課税資産の譲渡等の税抜価額又は税込価額を税率ごとに区分して合計した金額及び適用税率</u> ⑤　<u>税率ごとに区分した消費税額等</u> ⑥　<u>書類の交付を受ける事業者の氏名又は名称</u>

注）下線は、区分記載請求書からの追加された事項

[図表2] 適格請求書の記載例

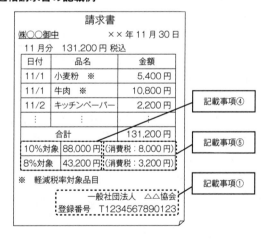

- 51 -

[図表3] 適格請求書と適格簡易請求書の記載事項の比較

適格請求書	適格簡易請求書
① 適格請求書発行事業者の氏名又は名称及び登録番号	① 適格請求書発行事業者の氏名又は名称及び登録番号
② 課税資産の譲渡等を行った年月日	② 課税資産の譲渡等を行った年月日
③ 課税資産の譲渡等に係る資産又は役務の内容（課税資産の譲渡等が軽減対象資産の譲渡等である場合には、資産の内容及び軽減対象資産の譲渡等である旨）	③ 課税資産の譲渡等に係る資産又は役務の内容（課税資産の譲渡等が軽減対象資産の譲渡等である場合には、資産の内容及び軽減対象資産の譲渡等である旨）
④ 課税資産の譲渡等の税抜価額又は税込価額を税率ごとに区分して合計した金額及び適用税率	④ 課税資産の譲渡等の税抜価額又は税込価額を税率ごとに区分して合計した金額
⑤ 税率ごとに区分した消費税額等	⑤ 税率ごとに区分した消費税額等又は適用税率
⑥ 書類の交付を受ける事業者の氏名又は名称	

（注）下線が適格請求書と適格簡易請求書の内容の相違する事項。

[図表4] 適格簡易請求書の記載例

【適用税率のみを記載する場合】

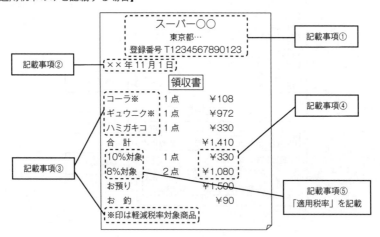

【税率ごとに区分した消費税額等のみを記載する場合】

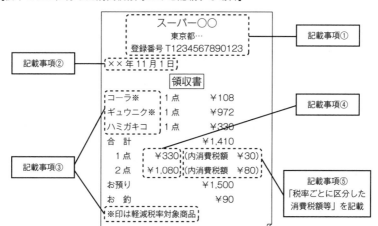

⑤　仕入税額控除

イ　適格請求書の交付義務

　適格請求書発行事業者は、他の事業者（免税事業者を除きます。）から求められたときは、適格請求書又は適格簡易請求書を交付しなければなりません（新消法57の4①②、新消令70の11）。

　なお、電磁的記録での交付もできます（新消法57の4①⑤）。

　また、適格請求書又は適格簡易請求書を発行した適格請求書発行事業者は、交付した書類の写し又は電磁的記録を保存しなければなりません（新消法57の4⑥）。

ロ　適格請求書の交付義務が免除される取引

　適格請求書発行事業者には、国内において課税資産の譲渡等を行った場合に、相手方（課税事業者に限ります。）からの求めに応じて適格請求書の交付義務が課されます（新消法57の4①）。

　ただし、次の取引は、適格請求書発行事業者が行う事業の性質上、適格請求書を交付することが困難なため、適格請求書の交付義務が免除されます（新消令70の9②）。

・　3万円未満の公共交通機関（船舶、バス又は鉄道）による旅客の

運送

・　出荷者等が卸売市場において行う生鮮食料品等の販売（出荷者から委託を受けた受託者が卸売の業務として行うものに限ります。）

・　生産者が農業協同組合、漁業協同組合又は森林組合等に委託して行う農林水産物の販売（無条件委託方式かつ共同計算方式により生産者を特定せずに行うものに限ります。）

・　3万円未満の自動販売機及び自動サービス機により行われる商品の販売等

・　郵便切手類のみを対価とする郵便・貨物サービス（郵便ポストに差し出されたものに限ります。）

ハ　仕入税額控除の要件と例外

　原則として「適格請求書発行事業者」から交付を受けた「適格請求書」又は「適格簡易請求書」の保存が、仕入税額控除の要件となります（新消法30⑦）。

　ただし、例外的に「帳簿のみの保存により仕入税額控除が認められる取引」があります。次の場合には適格請求書等の交付及び保存が不要で、一定の事項が記載された帳簿のみの保存により仕入税額控除が認められます（新消法30⑦、新消令49①、新消規15の7）。

・　公共交通機関からのもの（3万円未満のものに限ります。）

・　入場券等が使用の際に回収されるもの

・　古物営業^(注)

・　質屋

・　宅地建物取引業^(注)

・　再生資源又は再生部品^(注)

・　自動販売機等（3万円未満のものに限ります。）

・　郵便・貨物サービス（ポストに投函されたものに限ります。）

・　従業員等の出張旅費等

（注）　相手方が適格請求書発行事業者でない場合で、棚卸資産として購入する場合に限ります。

　なお、税込みの支払額が 3 万円未満の場合には、請求書等の保存を要せず、法定事項が記載された帳簿の保存のみでよいこととされる制度は廃止されます（新消法 30 ⑦）。

<hr />

参　考

Q11

　　平成 28 年改正法附則 1 八、44 ①

　　新消法 30、57 の 2 ①②④、57 の 4 ①②⑤⑥

　　新消令 70 の 5、70 の 9 ②、70 の 11

　　新消規 15 の 7

　　インボイス通達 2-1

　　インボイス Q & A 問 43、47

関連Q&A：Q 4 仕入税額控除（課税売上割合と控除方式）

　　　　　　　Q12 免税事業者等との取引における仕入税額控除と経過措置

　　　　　　　Q13 適格請求書発行事業者の登録手続（課税事業者）

　　　　　　　Q14 適格請求書発行事業者の登録手続（免税事業者）

<hr />

Q12 免税事業者等との取引における仕入税額控除と経過措置

> **Q** 当法人は、免税事業者から商品の仕入れを行っています。
> インボイス制度導入後も、免税事業者からの仕入れについて仕入税額控除を受けることができるのでしょうか。
>
> **A** 適格請求書発行事業者については免税事業者を除くこととされていますから、免税事業者からの仕入れ（課税資産の譲渡等）については仕入税額を控除することができません。ただし、経過措置として一定期間は仕入れの一部について仕入税額控除が認められます。

解説

(1) 免税事業者等との取引における仕入税額控除

① 区分記載請求書等保存方式

令和 5 年 9 月 30 日までの区分記載請求書等保存方式の下では、免税事業者等からの課税仕入れについては、仕入税額控除の適用を受けることができます（軽減税率 Q & A 制度概要編問 15）。

② 適格請求書等保存方式（インボイス方式）

免税事業者及び適格請求書発行事業者に未登録の課税事業者（以下「免税事業者等」といいます。）は適格請求書を発行することができないため、課税事業者は免税事業者等からの仕入れに係る消費税額について仕入税額控除を適用することができません。

(2) 経過措置

① 経過措置の期間と控除割合

適格請求書等保存方式開始後も **[図表 1]** に掲げる期間は、免税事

業者等からの課税仕入れであっても、仕入税額相当額に **[図表 1]** に
掲げる割合を乗じた金額を仕入税額とみなして控除できる経過措置が設
けられています（平成 28 年改正法附則 52、53）。

[図表 1] 免税事業者からの仕入れの仕入税額控除

期　　　間	割　　合
令和 5 年 10 月 1 日から令和 8 年 9 月 30 日まで	80%
令和 8 年 10 月 1 日から令和 11 年 9 月 30 日まで	50%

② 　経過措置を適用するための請求書及び帳簿の記載事項

　帳簿及び区分記載請求書等には、**[図表 2]** の記載をする必要があり
ます（インボイス Q & A 問 89）。

[図表 2] 経過措置を適用するための記載事項

帳　　簿	区分記載請求書等
① 　課税仕入れの相手方の氏名又は名称 ② 　課税仕入れを行った年月日 ③ 　課税仕入れに係る資産又は役務の内容（課税仕入れが他の者から受けた軽減対象資産の譲渡等に係るものである場合には、資産の内容及び軽減対象資産の譲渡等に係るものである旨）及び<u>経過措置の適用を受ける課税仕入れである旨</u>（注 1） ④ 　課税仕入れに係る支払対価の額	① 　書類の作成者の氏名又は名称 ② 　課税資産の譲渡等を行った年月日 ③ 　課税資産の譲渡等に係る資産又は役務の内容（課税資産の譲渡等が軽減対象資産の譲渡等である場合には、資産の内容及び軽減対象資産の譲渡等である旨）（注 2） ④ 　税率ごとに合計した課税資産の譲渡等の対価の額（税込価格）（注 2） ⑤ 　書類の交付を受ける当該事業者の氏名又は名称

（注 1）　③の「経過措置の適用を受ける課税仕入れである旨」の記載については、個々の取
　　　引ごとに「80％控除対象」、「免税事業者からの仕入れ」などと記載する方法のほか、
　　　例えば、本経過措置の適用対象となる取引に、「※」や「☆」といった記号・番号等を
　　　表示し、かつ、これらの記号・番号等が「経過措置の適用を受ける課税仕入れである
　　　旨」を別途「※（☆）は 80％控除対象」などと表示する方法も認められます。
（注 2）　適格請求書発行事業者以外の者から受領した請求書等の内容について、③かっこ書
　　　きの「資産の内容及び軽減対象資産の譲渡等である旨」及び④の「税率ごとに合計し
　　　た課税資産の譲渡等の税込価額」の記載がない場合に限り、受領者が自ら請求書等に
　　　追記して保存することが認められます。なお、提供された請求書等に係る電磁的記録
　　　を整然とした形式及び明瞭な状態で出力した書面に追記して保存している場合も同様
　　　に認められます。

参　考

Q12

　平成 28 年改正法附則 52、53

　軽減税率 Q & A 制度概要編問 15

　インボイス Q & A 問 89

関連Q&A：Q 4　仕入税額控除（課税売上割合と控除方式）

　　　　　　Q18　インボイス制度導入による免税事業者との取引への影響

Q13 適格請求書発行事業者の登録手続（課税事業者）

> **Q** 当法人は消費税の課税事業者ですが、インボイス制度の開始に当たって、適格請求書を交付するためにはどのような手続を行う必要があるのでしょうか。
>
> **A** 令和 5 年 10 月 1 日から適格請求書を交付するためには、原則として、令和 5 年 3 月 31 日までに適格請求書発行事業者の登録申請を行い、適格請求書発行事業者になる必要があります。

解説

(1)　適格請求書発行事業者の登録申請

①　登録申請書の提出・登録通知・公表

　適格請求書発行事業者の登録を受けようとする課税事業者は、納税地を所轄する税務署長に登録申請書を提出する必要があります（新消法 57 の 2 ②、インボイス通達 2-1）。

　この登録申請手続は、e-Tax 又は書面によって行うことができます。e-Tax の利用には電子証明書（マイナンバーカード等）の取得などの事前準備が必要ですが、税理士による代理送信の場合には、事業者の電子証明書は不要です（インボイス Q ＆ A 問 2）。

　登録申請書の提出を受けた税務署長は、登録拒否要件に該当しない場合には、適格請求書発行事業者登録簿に法定事項を登載して登録を行い、登録を受けた事業者に対して、その旨を通知することとされています（新消法 57 の 2 ③④⑤⑦、インボイス Q ＆ A 問 5）。

　また、適格請求書発行事業者の情報は、「国税庁適格請求書発行事業者公表サイト」において公表されます。

②　登録の効力

　登録の効力は、通知の日にかかわらず、適格請求書発行事業者登録簿に登載された日（以下「登録日」といいます。）から生じます。このため、登録日以降の取引については、相手方（課税事業者に限ります。）の求めに応じ、適格請求書を交付する義務があります（インボイス通達2-4、インボイスＱ＆Ａ問5）。

③　提出期限

　適格請求書等保存方式が開始される令和5年10月1日から登録を受けようとする事業者は、令和5年3月31日までに納税地を所轄する税務署長に登録申請書を提出する必要があります（平成28年改正法附則44①、インボイスＱ＆Ａ問7、**[図表1]**参照）。

　ただし、令和5年3月31日まで(注)に登録申請書を提出できなかったことにつき困難な事情がある場合に、令和5年9月30日までの間に登録申請書にその困難な事情を記載して提出し、税務署長により適格請求書発行事業者の登録を受けたときは、令和5年10月1日に登録を受けたこととみなされます（平成28年改正令附則15）。なお、「困難な事情」については、その困難の度合いは問いません（インボイス通達5-2）。

　また、「困難な事情」の記載がない登録申請書を提出して令和5年10月2日以後に登録を受けた場合の登録日は、その登録を受けた日となります。

(注)　特定期間の課税売上高又は給与等支払額の合計額が1,000万円を超えたことにより課税事業者となる場合は、令和5年6月30日までになります（消法9の2①）。

［図表 1］登録申請のスケジュール

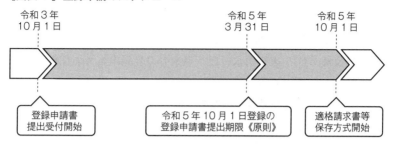

④　課税期間の中途での登録

　課税事業者は、課税期間の途中であっても、登録申請書を提出し、登録を受けることができます。登録申請書を提出し登録を受けた場合、登録の効力は、登録日から生じます（インボイス Q ＆ A 問 6）。

　ただし、令和 5 年 10 月 1 日より前に登録の通知を受けた場合であっても、登録の効力は登録日である令和 5 年 10 月 1 日から生じることとなります。

⑤　適格請求書の交付

　適格請求書を交付できるのは、登録を受けた適格請求書発行事業者に限られますが、適格請求書発行事業者の登録を受けるかどうかは事業者の任意です（新消法 57 の 2 ①、57 の 4 ①）。

　また、適格請求書発行事業者は、販売する商品に軽減税率対象品目があるかどうかを問わず、取引の相手方（課税事業者に限ります。）から交付を求められたときには、適格請求書を交付しなければなりません。

参　考

Q13

　消法 9 の 2 ①

　新消法 57 の 2 ①〜⑤・⑦、57 の 4 ①

　平成 28 年改正法附則 44 ①

平成 28 年改正令附則 15

インボイス通達 2-1、2-4、5-2

インボイス Q ＆ A 問 2、問 5〜7

関連Q＆A：Q15 適格請求書発行事業者の登録申請書の作成上の注
意点

Q16 簡易課税制度の選択の特例

Q17 登録の取りやめ

Q14 適格請求書発行事業者の登録手続（免税事業者）

Q 　当法人は消費税の免税事業者ですが、インボイス制度の開始に当たって、適格請求書を交付するためにはどのような手続を行う必要があるのでしょうか。

A 　令和5年10月1日から適格請求書を交付するためには、原則として、令和5年3月31日までに適格請求書発行事業者の登録申請を行い、適格請求書発行事業者になる必要があります。
　　ただし、貴法人の場合は消費税課税事業者選択届出書を提出する必要はありません。

解説

(1) 適格請求書発行事業者の登録申請

① 免税事業者が令和5年10月1日から令和11年9月30日までの日の属する課税期間中に登録を受ける場合

　免税事業者が令和5年10月1日から令和11年9月30日までの日の属する課税期間中に登録を受けることとなった場合には、登録日から課税事業者となる経過措置が設けられています（平成28年改正法附則44④、インボイス通達5-1、インボイスQ＆A問8）。

　この場合、令和5年10月1日より前に登録の通知を受けた場合であっても、登録の効力は登録日から生じることとなります。

　したがって、この経過措置の適用を受けることとなる場合は、登録日から課税事業者となり、登録を受けるに当たり、別途、消費税課税事業者選択届出書を提出する必要はありません。

　なお、経過措置の適用を受けて適格請求書発行事業者の登録を受けた

場合、基準期間の課税売上高にかかわらず、登録日から課税期間の末日までの期間について、消費税の申告が必要となります。

② 登録日の属する課税期間が令和5年10月1日を含まない場合

　この経過措置の適用を受ける登録日の属する課税期間が令和5年10月1日を含まない場合は、登録日の属する課税期間の翌課税期間から登録日以後2年を経過する日の属する課税期間までの各課税期間については免税事業者となることはできません（平成28年改正法附則44⑤、インボイスQ&A問8）。

③ 経過措置の適用を受けない課税期間の登録

　この経過措置の適用を受けない課税期間に登録を受ける場合については、原則どおり、消費税課税事業者選択届出書を提出し、課税事業者となる必要があります（インボイスQ&A問8）。

　なお、免税事業者が課税事業者となることを選択した課税期間の初日から登録を受けようとする場合は、その課税期間の初日の前日から起算して1か月前の日までに、登録申請書を提出しなければなりません（新消法57の2②、新消令70の2）。

(2)　適格請求書発行事業者登録後の留意事項

① 棚卸資産に係る仕入税額控除

　令和5年10月1日から登録を受けることとなった場合において、登録日の前日である令和5年9月30日に、免税事業者であった期間中に国内において譲り受けた課税仕入れに係る棚卸資産や保税地域からの引取りに係る課税貨物で棚卸資産に該当するものを有しているときは、その棚卸資産又は課税貨物に係る消費税額について仕入税額控除の適用を受けることができます（平成28年改正令附則17、インボイスQ&A問9）。

② 基準期間における課税売上高が1,000万円以下となる課税期間の申告義務

　その課税期間の基準期間における課税売上高が1,000万円以下の事業者は、原則として、消費税の納税義務が免除され、免税事業者となりま

す。

　しかしながら、適格請求書発行事業者は、その基準期間における課税
売上高が 1,000 万円以下となった場合でも免税事業者となりません（新
消法 9 ①、インボイス通達 2-5）。

　したがって、適格請求書発行事業者である者は、翌課税期間（適格請
求書等保存方式の開始後）に免税事業者となることはありません。

参　考

Q14

　　新消法 9 ①、57 の 2 ②

　　平成 28 年改正法附則 44 ④⑤

　　新消令 70 の 2

　　平成 28 年改正令附則 17

　　インボイス通達 2-5、5-1

　　インボイス Q & A 問 8、問 9

関連Q & A：Q15 適格請求書発行事業者の登録申請書の作成上の注
　　　　　　　　　意点

　　　　　　　　Q16 簡易課税制度の選択の特例

　　　　　　　　Q17 登録の取りやめ

Q15 適格請求書発行事業者の登録申請書の作成上の注意点

Q 適格請求書発行事業者の登録申請書を作成するに当たっては、どのような点に注意したらよいでしょうか。

A 国税庁では、提出された適格請求書発行事業者の登録申請書の内容に誤りが多いため、記載例を公表しています。

解説

(1) 登録申請書の作成上の注意点

登録申請書に記載誤り等がある場合は、記載内容の確認などが必要となるため、登録通知まで時間がかかることになります。

(2) 登録申請書の記載例

国税庁では、適格請求書発行事業者の登録申請の作成について、記載例を公表しています（[**図表1**] 参照)。

[図表1]

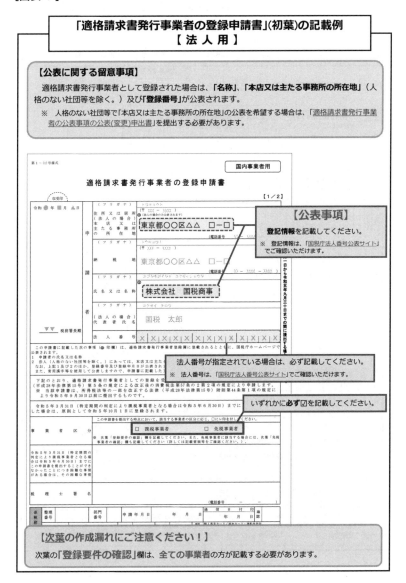

「適格請求書発行事業者の登録申請書」(初葉)の記載例
【 法 人 用 】

「適格請求書発行事業者の登録申請書」(次葉)の記載例【 法 人 用 】

初葉の「事業者区分」欄で「**免税事業者**」を選択した方は、**どちらか**を選択し、記載してください。

免税事業者の方は、適格請求書発行事業者となった場合、登録がされた日以降の取引について消費税の申告が必要となります。

※　申請書の提出時点では免税事業者の方が、令和5年9月30日までに課税事業者となる場合は、登録がされた日以降ではなく、課税事業者となった日以降の取引について消費税の申告が必要となります。

申請書の提出時点で**課税事業者**の方が、令和5年9月30日までに**免税事業者**となった場合でも、適格請求書発行事業者として登録された日以降は、再び課税事業者となり、登録がされた日以降の取引について消費税の申告が必要となります。

参　考

関連Q＆A：Q13 適格請求書発行事業者の登録手続（課税事業者）

Q14 適格請求書発行事業者の登録手続（免税事業者）

Q16 簡易課税制度の選択の特例

Q　免税事業者が令和 5 年 10 月 1 日から令和 11 年 9 月 30 日までの日の属する課税期間中に適格請求書発行事業者の登録を受ける場合には、登録を受けた日から課税事業者になるとのことですが、その課税期間から簡易課税制度の適用を受けることができますか。

A　免税事業者が適格請求書発行事業者の登録を受ける場合は、登録日の属する課税期間中にその課税期間から簡易課税制度の適用を受ける旨を記載した「消費税簡易課税制度選択届出書」を提出することにより、その課税期間から、簡易課税制度の適用を受けることができる特例が設けられています。

解説

(1)　課税事業者の簡易課税制度の選択

　簡易課税制度の適用を受けるためには、原則として納税地を所轄する税務署長に適用しようとする課税期間の開始の日の前日までに「消費税簡易課税制度選択届出書」を提出することが必要です（消法 37 ①）。

(2)　免税事業者が適格請求書発行事業者の登録をした場合の特例

　免税事業者が令和 5 年 10 月 1 日から令和 11 年 9 月 30 日までの日の属する課税期間中に適格請求書発行事業者の登録を受けることとなった場合には、登録日から課税事業者となる経過措置が設けられています（平成 28 年改正法附則 44 ④、インボイス通達 5-1）。

　この経過措置の適用を受ける事業者が、登録日の属する課税期間中にその課税期間から簡易課税制度の適用を受ける旨を記載した「消費税簡

易課税制度選択届出書」を、納税地を所轄する税務署長に提出した場合には、その課税期間の初日の前日に消費税簡易課税制度選択届出書を提出したものとみなされます（平成 28 年改正令附則 18）。

　したがって、ご質問の場合、登録日の属する課税期間中にその課税期間から簡易課税制度の適用を受ける旨を記載した「消費税簡易課税制度選択届出書」を提出することにより、その課税期間から、簡易課税制度の適用を受けることができます（インボイス Q & A 問 10、**[図表 1]** 参照）。

[図表 1]

《消費税簡易課税制度選択届出書の提出に係る特例》
　（例）免税事業者である法人が令和 5 年 10 月 1 日から登録を受けた場合で、令和 5 年
　　　 11 月 1 日から 12 月 31 日の事業年度の申告において簡易課税制度の適用を受けるとき

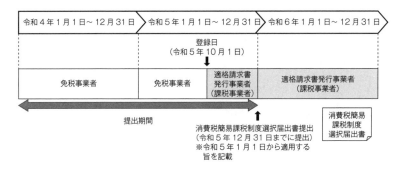

参考

Q16

　消法 37 ①

　平成 28 年改正法附則 44 ④

　平成 28 年改正令附則 18

　インボイス通達 5-1

　インボイス Q & A 問 10

関連Q＆A：Q7　簡易課税制度
　　　　　　Q14 適格請求書発行事業者の登録手続（免税事業者）

Q17　登録の取りやめ

> **Q**　当法人は3月決算法人であり、令和5年10月1日に適格請求書発行事業者の登録を受けていましたが、令和8年4月1日から適格請求書発行事業者の登録を取りやめたいと考えています。この場合、どのような手続が必要ですか。
>
> **A**　令和8年3月1日までに登録取消届出書を提出する必要があります。

解説

(1)　適格請求書発行事業者の登録の取消届出

①　原則

　適格請求書発行事業者は、納税地を所轄する税務署長に「適格請求書発行事業者の登録の取消しを求める旨の届出書」(以下「登録取消届出書」といいます。)を提出することにより、適格請求書発行事業者の登録の効力を失わせることができます(新消法57の2⑩一)。

　なお、この場合、原則として、登録取消届出書の提出があった日の属する課税期間の翌課税期間の初日に登録の効力が失われることとなります(新消法57の2⑩一、インボイスQ&A問14、**[図表1]**参照)。

[図表1]

《適格請求書発行事業者の登録の取消届出》

（例1）　適格請求書発行事業者である法人（3月決算）が令和7年2月1日に登録取消届出書
を提出した場合

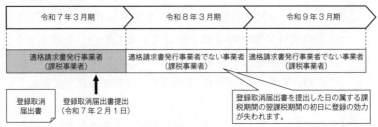

② 　翌々課税期間からの取消

　登録取消届出書を、その提出のあった日の属する課税期間の末日から起算して30日前の日から、その課税期間の末日までの間に提出した場合は、その提出があった日の属する課税期間の翌々課税期間の初日に登録の効力が失われることとなります（新消法57の2⑩一、インボイスQ&A問14）。

　したがって、ご質問の場合については、令和8年3月1日までに登録取消届出書を提出する必要があります（**[図表2]** 参照）。

[図表2]

（例2）　適格請求書発行事業者である法人（3月決算）が令和7年3月15日に登録取消届出書を提出した場合（届出書を、その提出のあった日の属する課税期間の末日から起算して30日前の日から、その課税期間の末日までの間に提出した場合）

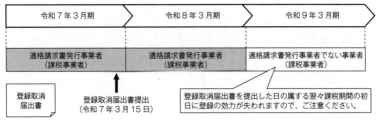

⑵　登録の取消後、免税事業者となる場合

①　課税選択届出書を提出している事業者

　課税選択届出書を提出している事業者の場合、適格請求書発行事業者の登録の効力が失われた後の課税期間について、基準期間の課税売上高が 1,000 万円以下であるなどの理由により事業者免税点制度の適用を受ける（免税事業者となる）ためには、適用を受けようとする課税期間の初日の前日までに「消費税課税事業者選択不適用届出書」を提出する必要があります。

　例えば上記 [**図表 1**]（課税選択届出書を提出している法人）の場合、令和 8 年 3 月期について事業者免税点制度の適用を受けるためには、登録取消届出書を提出した令和 7 年 2 月 1 日から令和 7 年 3 月 31 日までの間に「消費税課税事業者選択不適用届出書」を提出する必要があります。

②　免税事業者が適格請求書発行事業者の登録申請書のみ提出していた場合

　免税事業者が適格請求書発行事業者の登録に当たって、「消費税課税事業者選択届出書」を提出せず、適格請求書発行事業者の登録申請書のみ提出していた場合は、適格請求書発行事業者の登録の効力が失われた後の課税期間については、基準期間の課税売上高が 1,000 万円以下であるなどの理由があるときは、当然に免税事業者となります。

参　考

Q17

　新消法 57 の 2 ⑩一

　インボイス Q & A 問 14

関連Q&A：Q13 適格請求書発行事業者の登録手続（課税事業者）

　　　　　　Q14 適格請求書発行事業者の登録手続（免税事業者）

第3章

非営利法人における
事業ごとのインボイス対応

第3章の各節のアイコンは取り上げる Q に関連する法人を示しています。

社会福祉法人	…… 社会福祉法人	宗教法人	…… 宗教法人
公益法人	…… 一般財団法人・一般社団法人・公益財団法人・公益社団法人	医療法人	…… 医療法人（社会医療法人を含む）
NPO法人	…… 特定非営利活動法人	社会医療法人	…… 社会医療法人
学校法人	…… 学校法人		

第 1 節

免税事業者等との取引（全般）

社会福祉法人　公益法人　NPO法人　学校法人　宗教法人

Q18 インボイス制度導入による免税事業者等との取引への影響

> **Q**　当法人は消費税の課税事業者です。インボイス制度導入によって、免税事業者との取引では仕入税額控除が制限されるということですが、どのような影響が出るのでしょうか。
>
> ----
>
> **A**　本則課税により仕入税額控除を行っている課税事業者では、免税事業者や適格請求書等を発行できない事業者との取引によって税負担が増えることが考えられます。

解説

(1) 令和 5 年 9 月 30 日までの取引

　免税事業者であっても区分記載請求書等を発行することができるため、課税事業者はこれを保存して帳簿の記載を行えば、免税事業者からの仕入に係る消費税額の全額についても仕入税額控除を適用して納付税額を計算することができます（平成 28 年改正法附則 34 ②、**[図表 1]** 参照）。

［図表1］現行の免税事業者との取引における仕入税額控除

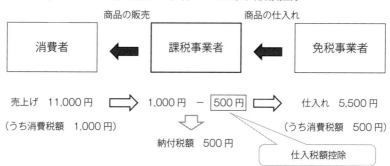

(2)　令和5年10月1日以降の取引

①　免税事業者等

　免税事業者及び消費税の課税事業者であっても適格請求書発行事業者の登録がされていない事業者（以下「免税事業者等」といいます。）は、適格請求書等を発行することができません。

②　インボイス制度導入後の取引

イ　令和5年10月1日から令和8年9月30日までの期間

　免税事業者等は適格請求書を発行することができません。このため、本来、課税事業者は免税事業者等からの仕入に係る消費税額について仕入税額控除を適用することができません（新消法30⑦）。

　ただし、経過措置により、免税事業者等からの仕入れであっても、令和5年10月1日から令和8年9月30日までの期間は、免税事業者等から区分記載請求書等の交付を受け、これを保存して帳簿の記載を行えば、その仕入税額の80％について仕入税額控除を適用して納付税額を計算することができます（平成28年改正法附則52、インボイスＱ＆Ａ問89）。

ロ　令和8年10月1日から令和11年9月30日までの期間

　免税事業者等は適格請求書を発行することができません。このため、本来、課税事業者は免税事業者等からの仕入れに係る消費税額について

仕入税額控除を適用することができません（新消法30⑦）。

　ただし、経過措置により、免税事業者等からの仕入れであっても、令和8年10月1日から令和11年9月30日までの期間は、免税事業者等から区分記載請求書等の交付を受け、これを保存して帳簿の記載を行えば、その仕入税額の50％について仕入税額控除を適用して納付税額を計算することができます（平成28年改正法附則53、インボイスＱ＆Ａ問89）。

ハ　令和11年10月1日以降

　令和11年10月1日以降は経過措置がなくなるため、免税事業者等からは適格請求書の交付を受けることができません。このため、課税事業者は免税事業者等からの仕入れに係る消費税額について仕入税額控除を適用することができません（新消法30⑦）。

(3)　免税事業者等との取引の影響

　消費税に関し本則課税により仕入税額控除を行っている課税事業者は、令和5年10月1日以降免税事業者等からの仕入れ等の取引がある場合は、上記(2)のとおり、消費税の納税負担が増えることになります（[**図表2**]参照）。

　このため、インボイス制度導入後は、この納税負担を容認しない限り、何らかの対策を考える必要があります。

[図表2] インボイス制度導入後の免税事業者との取引における仕入税額控除

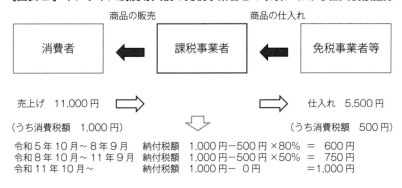

令和5年10月～8年9月　　納付税額　1,000円－500円×80% ＝ 600円
令和8年10月～11年9月　　納付税額　1,000円－500円×50% ＝ 750円
令和11年10月～　　　　　納付税額　1,000円－ 0円　　　＝1,000円

 参　考

Q18

平成28年改正法附則52、53

新消法30⑦

インボイスQ＆A問89

関連Q＆A：Q12 免税事業者等との取引における仕入税額控除と経
　　　　　　　　過措置

　　　　　　Q19 免税事業者等との取引における基本的な対応

Q19 免税事業者等との取引における基本的な対応

> **Q** 当法人は消費税を本則課税により仕入税額控除を行っている課税事業者です。インボイス制度導入によって免税事業者等との取引では税負担が増えることになりますが、どのように対応したらよいでしょうか。
>
> **A** まず、免税事業者等との取引の状況を把握し、影響に応じて免税事業者への依頼等の対策を行うことになります。

解説

(1) 免税事業者等との取引の状況の把握

イ　適格請求書発行事業者の登録番号の提供依頼

インボイス制度導入によって免税事業者等との取引による影響かあるかどうかは、免税事業者等との取引額によります。取引額が年間1,000万円程度の取引先は課税事業者であることが推測されます。しかし、それ以外の取引先については、別途個別に確認していく必要があります。

そこで、継続的な取引がある取引先に対して、適格請求書発行事業者の登録番号の提供を文書で依頼することが考えられます（**[図表1]** 参照）。

これにより、適格請求書発行事業者の登録番号を把握して、インボイス制度開始の準備を進めるとともに、免税事業者である取引先の把握、今後の適格請求書発行事業者への登録の意向を把握することができます。

［図表1］ 適格請求書発行事業者の登録番号の提供依頼文（案）

取引先　各位

適格請求書発行事業者の登録番号の提供のご依頼

○○法人　●●協会

　貴社ますますご盛栄のこととお慶び申し上げます。平素は格別のご高配を賜り、厚く御礼申し上げます。

　さて、令和5年10月1日から消費税につきましては、適格請求書等保存方式（インボイス制度）が開始されます。インボイス制度では、商品の仕入やサービスの提供を受ける場合、その取引先（貴社）からの**適格請求書発行事業者の登録番号**の記載がある請求書や領収書等の交付を受けて保存する必要があります。

　このため、当法人の事務処理の関係上、事前に適格請求書発行事業者の登録番号の把握させていただく必要がございます。

　つきましては、下記の課税事業者・免税事業者の別、ご登録いただいた**適格請求書発行事業者の登録番号**、今後の適格請求書発行事業者の登録の予定をご記入の上、FAX又はメールにてご返送ください。

貴社の氏名又は名称（　　　　　　　　　　　　　　　）

1. いずれかに○をしてください。

　（　　　）課税事業者　　・　　（　　　）免税事業者

2. すでに適格請求書発行事業者に登録している場合は登録番号を記入してください。

　適格請求書発行事業者の登録番号（T　　　　　　　　　　　　　）

3. まだ適格請求書発行事業者に登録していない場合はいずれかに○をしてください。

　（　　　）令和5年10月1日までに登録する予定

　（　　　）適格請求書発行事業者には登録しません

　FAX　　000－000－0000

　メール　　xxx@yyy.or.jp

ロ　影響額の把握

　上記の依頼により取引の状況が把握できた場合、免税事業者等との取引による税負担の影響額が算出できます。

　免税事業者等の取引が少なく、影響額が僅少である場合は、あえて対応をしないことも考えられます。

　一方、免税事業者等の取引が多く、影響額が無視できないものであれば、免税事業者等との取引の条件等について対応を考える必要があります。

(2)　免税事業者等への対応

①　インボイス制度導入前の対応

　ここでは一般的な対応を紹介し、個々の具体的事業については次節以降で紹介します。

イ　適格請求書発行事業者への登録要請

　課税事業者が、インボイスに対応するために、取引先の免税事業者に対し、課税事業者になるよう要請することはできます。

　しかし、要請するにとどまらず、課税事業者にならなければ取引価格を引き下げるとか、それにも応じなければ取引を打ち切ることにするなどと一方的に通告することは、私的独占の禁止及び公正取引の確保に関する法律（以下「独占禁止法」といいます。）上又は下請代金支払遅延等防止法（以下「下請法」といいます。）上、問題となるおそれがあります。

　また、取引上優越した地位にある事業者（買手）からの要請に応じて仕入先が免税事業者から課税事業者となった場合であって、その際、仕入先が納税義務を負うこととなる消費税分を勘案した取引価格の交渉が形式的なものにすぎず、著しく低い取引価格を設定した場合についても同様です。

　したがって、取引先の免税事業者との間で取引価格等について再交渉する場合には、免税事業者と十分に協議を行って、仕入側の事業者の都

合のみで低い価格を設定する等しないよう、注意する必要があります。

ロ　取引条件の見直し

　インボイス制度実施後の免税事業者との取引において、仕入税額控除ができないことを理由に、免税事業者に対して取引価格の引下げを要請し、取引価格の再交渉において、仕入税額控除が制限される分（経過措置により仕入税額相当額の80％又は50％に制限される分）について、免税事業者の仕入れや諸経費の支払に係る消費税の負担をも考慮した上で、双方納得の上で取引価格を設定すれば、結果的に取引価格を引き下げることができます。

　ただし、再交渉が形式的なものにすぎず、取引上優越した地位にある事業者（買手）の都合のみで著しく低い価格を設定し、免税事業者が負担していた消費税額も払えないような価格を設定した場合には、優越的地位の濫用として独占禁止法上問題となりますから、注意する必要があります。

② 　インボイス制度導入後の対応

イ　取引の見直し

　事業者がどの事業者と取引するかは基本的に自由です。したがって、代替可能であれば、適格請求書発行事業者に取引を変更していくことを検討することも考えられます。

　ただし、例えば、取引上の地位が相手方に優越している事業者（買手）が、インボイス制度の実施を契機として、免税事業者である仕入先に対して、一方的に、免税事業者が負担していた消費税額も払えないような価格など著しく低い取引価格を設定し、不当に不利益を与えることとなる場合であって、これに応じない相手方との取引を停止するという場合には、独占禁止法上問題となるおそれがあります。

ロ　影響が出る取引の周知と制限

　継続的な取引がある免税事業者等には上記のような対応が可能ですが、次のような免税事業者等との取引には、仕入税額控除に制限が加わる可能性があります。

　このため、法人内におけるこれらの取引を行う際のルールの制定と周知を行い、やむを得ない場合を除いて、これらの取引を制限することも考えられます。

・　個人タクシーの利用
・　個人商店からの物品購入
・　個人営業の店舗・屋台の飲食
・　時間貸し駐車場の利用
・　フリーランス等個人営業への外注

参　考

関連Q＆A：Q12 免税事業者等との取引における仕入税額控除と経過措置
　　　　　　Q20 独占禁止法等上の留意点

Q20 独占禁止法等上の留意点

> **Q**　当法人では、インボイス制度導入による当法人の影響を最小限にすべく、免税事業者等に積極的な働きかけを行おうと思っています。その際に注意すべきことがあるでしょうか。
>
> **A**　仕入先である免税事業者等との取引について、インボイス制度の実施を契機として取引条件を見直すことそれ自体が、直ちに問題となるものではありません。しかし、見直しに当たっては、「優越的地位の濫用」に該当する行為を行わないよう注意が必要です。

解説

(1) 独占禁止法等における問題点

　事業者がどのような条件で取引するかについては、基本的に、取引当事者間の自主的な判断に委ねられるものです。ただし、免税事業者等の小規模事業者は、売上先の事業者との間で取引条件について情報量や交渉力の面で格差があり、取引条件が一方的に不利になりやすい場合も想定されます。

　自己の取引上の地位が相手方に優越している一方の当事者が、取引の相手方に対し、その地位を利用して、正常な商慣習に照らして不当に不利益を与えることは、優越的地位の濫用として、独占禁止法上問題となるおそれがあります（独占禁止法19、昭和57年公正取引委員会告示15号十四）。

　仕入先である免税事業者との取引について、インボイス制度の実施を契機として取引条件を見直すことそれ自体が、直ちに問題となるものではありませんが、見直しに当たっては、「優越的地位の濫用」に該当する行為を行わないよう注意が必要です（免税事業者及びその取引先のイン

ボイス制度への対応に関するＱ＆Ａ問7）。

(2)　行為類型ごとの考え方

　インボイス制度の実施を契機として、免税事業者と取引を行う事業者がその取引条件を見直す場合に、優越的地位の濫用として問題となるおそれがある行為であるかについて、次のような行為類型ごとにその考え方が示されています。

　この場合、独占禁止法上問題となるのは、行為者の地位が相手方に優越していること、また、免税事業者が今後の取引に与える影響等を懸念して、行為者による要請等を受け入れざるを得ないことが前提となります。

　また、これらの行為類型のうち、下請法の規制の対象となるもの^(注)については、その考え方が明らかにされています。下請法と独占禁止法のいずれも適用可能な行為については、通常、下請法が適用されます。

　なお、これらの行為類型のうち、建設業を営む者が業として請け負う建設工事の請負契約については、下請法ではなく、建設業法が適用されますので、建設業法の規制の対象となる場合についても、その考え方が明らかにされています。

(注)　事業者（買手）と免税事業者である仕入先との取引が、下請法にいう親事業者と下請事業者の取引に該当する場合であって、下請法第2条第1項から第4項までに規定する①製造委託、②修理委託、③情報成果物作成委託、④役務提供委託に該当する場合には、下請法の規制の対象となります。

①　取引対価の引下げ

イ　独占禁止法上の問題

　取引上優越した地位にある事業者（買手）が、インボイス制度の実施後の免税事業者との取引において、仕入税額控除ができないことを理由に、免税事業者に対して取引価格の引下げを要請し、取引価格の再交渉において、仕入税額控除が制限される分（経過措置により仕入税額相当額の80％又は50％に制限される分）について、免税事業者の仕入れや

諸経費の支払に係る消費税の負担をも考慮した上で、双方納得の上で取引価格を設定すれば、結果的に取引価格が引き下げられたとしても、独占禁止法上問題となるものではありません。

　しかし、再交渉が形式的なものにすぎず、仕入側の事業者（買手）の都合のみで著しく低い価格を設定し、免税事業者が負担していた消費税額も払えないような価格を設定した場合には、優越的地位の濫用として、独占禁止法上問題となります。

　また、取引上優越した地位にある事業者（買手）からの要請に応じて仕入先が免税事業者から課税事業者となった場合であって、その際、仕入先が納税義務を負うこととなる消費税分を勘案した取引価格の交渉が形式的なものにすぎず、著しく低い取引価格を設定した場合についても同様です。

ロ　下請法上の問題

　下請法の規制の対象となる場合で、事業者（買手）が免税事業者である仕入先に対して、仕入先の責めに帰すべき理由がないのに、発注時に定めた下請代金の額を減じた場合には、下請法第4条第1項第3号で禁止されている下請代金の減額として問題となります。この場合において、仕入先が免税事業者であることは、仕入先の責めに帰すべき理由には当たりません。

　また、下請法の規制の対象となる場合で、事業者（買手）が免税事業者である仕入先に対して、給付の内容と同種又は類似の内容の給付に対して通常支払われる対価に比べて、免税事業者が負担していた消費税額も払えないような下請代金など、著しく低い下請代金の額を不当に定めた場合には、下請法第4条第1項第5号で禁止されている買いたたきとして問題となります。

　下請法の規制の対象となる場合で、事業者（買手）からの要請に応じて仕入先が免税事業者から課税事業者となった場合であって、給付の内容と同種又は類似の内容の給付に対して通常支払われる対価に比べて著しく低い下請代金の額を不当に定めた場合についても同様です。

ハ　建設業法上の問題

　建設業法の規制の対象となる場合で、元請負人（建設工事の下請契約における注文者で建設業者であるもの。以下同じ。）が、自己の取引上の地位を不当に利用して免税事業者である下請負人（建設工事の下請契約における請負人。以下同じ。）と合意することなく、下請代金の額を一方的に減額して、免税事業者が負担していた消費税額も払えないような代金による下請契約を締結した場合や、免税事業者である下請負人に対して、契約後に、取り決めた下請代金の額を一方的に減額した場合等により、下請代金の額がその工事を施工するために通常必要と認められる原価に満たない金額となる場合には、建設業法第19条の3の「不当に低い請負代金の禁止」の規定に違反する行為として問題となります。

② **商品・役務の成果物の受領拒否、返品**

イ　独占禁止法上の問題

　取引上の地位が相手方に優越している事業者（買手）が、仕入先から商品を購入する契約をした後において、仕入先が免税事業者であることを理由に、商品の受領を拒否することは、優越的地位の濫用として問題となります。

　また、同様に、当該仕入先から受領した商品を返品することは、どのような場合に、どのような条件で返品するかについて、当該仕入先との間で明確になっておらず、当該仕入先にあらかじめ計算できない不利益を与えることとなる場合、その他正当な理由がないのに、当該仕入先から受領した商品を返品する場合には、優越的地位の濫用として問題となります。

ロ　下請法上の問題

　下請法の規制の対象となる場合で、事業者（買手）が免税事業者である仕入先に対して、仕入先の責めに帰すべき理由がないのに、給付の受領を拒む場合又は仕入先に給付に係る物を引き取らせる場合には、下請法第4条第1項第1号又は第4号で禁止されている受領拒否又は返品として問題となります。この場合において、仕入先が免税事業者であるこ

とは、仕入先の責めに帰すべき理由には当たりません。

③　協賛金等の負担の要請等

イ　独占禁止法上の問題

　取引上優越した地位にある事業者（買手）が、インボイス制度の実施を契機として、免税事業者である仕入先に対し、取引価格の据置きを受け入れるが、その代わりに、取引の相手方に別途、協賛金、販売促進費等の名目での金銭の負担を要請することは、当該協賛金等の負担額及びその算出根拠等について、当該仕入先との間で明確になっておらず、当該仕入先にあらかじめ計算できない不利益を与えることとなる場合や、当該仕入先が得る直接の利益等を勘案して合理的であると認められる範囲を超えた負担となり、当該仕入先に不利益を与えることとなる場合には、優越的地位の濫用として問題となります。

　その他、取引価格の据置きを受け入れる代わりに、正当な理由がないのに、発注内容に含まれていない役務の提供その他経済上の利益の無償提供を要請することは、優越的地位の濫用として問題となります。

ロ　下請法上の問題

　下請法の規制の対象となる場合で、事業者（買手）が免税事業者である仕入先に対して、自己のために金銭、役務その他の経済上の利益を提供させることによって、仕入先の利益を不当に害する場合には、下請法第4条第2項第3号で禁止されている不当な経済上の利益の提供要請として問題となります。

④　購入・利用強制

イ　独占禁止法上の問題

　取引上優越した地位にある事業者（買手）が、インボイス制度の実施を契機として、免税事業者である仕入先に対し、取引価格の据置きを受け入れるが、その代わりに、当該取引に係る商品・役務以外の商品・役務の購入を要請することは、当該仕入先が、それが事業遂行上必要としない商品・役務であり、又はその購入を希望していないときであったとしても、今後の取引に与える影響を懸念して当該要請を受け入れざるを

得ない場合には、優越的地位の濫用として問題となります。

ロ　下請法上の問題

　下請法の規制の対象となる場合で、事業者（買手）が免税事業者である仕入先に対して、給付の内容を均質にし、又はその改善を図るため必要がある場合その他正当な理由がある場合を除き、自己の指定する物を強制して購入させ、又は役務を強制して利用させる場合には、下請法第4条第1項第6号で禁止されている購入・利用強制として問題となります。

ハ　建設業法上の問題

　建設業法の規制の対象となる場合で、元請負人が、免税事業者である下請負人と下請契約を締結した後に、自己の取引上の地位を不当に利用して、当該下請負人に使用資材若しくは機械器具又はこれらの購入先を指定し、これらを当該下請負人に購入させて、その利益を害すると認められた場合には、建設業法第19条の4の「不当な使用資材等の購入強制の禁止」の規定に違反する行為として問題となります。

⑤　取引の停止

　事業者がどの事業者と取引するかは基本的に自由ですが、例えば、取引上の地位が相手方に優越している事業者（買手）が、インボイス制度の実施を契機として、免税事業者である仕入先に対して、一方的に、免税事業者が負担していた消費税額も払えないような価格など著しく低い取引価格を設定し、不当に不利益を与えることとなる場合であって、これに応じない相手方との取引を停止した場合には、独占禁止法上問題となるおそれがあります。

⑥　登録事業者となるような慫慂等

　課税事業者が、インボイスに対応するために、取引先の免税事業者に対し、課税事業者になるよう要請することがあります。このような要請を行うこと自体は、独占禁止法上問題となるものではありません。

　しかし、課税事業者になるよう要請することにとどまらず、課税事業者にならなければ、取引価格を引き下げるとか、それにも応じなければ

取引を打ち切ることにするなどと一方的に通告することは、独占禁止法上又は下請法上、問題となるおそれがあります。例えば、免税事業者が取引価格の維持を求めたにもかかわらず、取引価格を引き下げる理由を書面、電子メール等で免税事業者に回答することなく、取引価格を引き下げる場合は、これに該当します。また、免税事業者が、当該要請に応じて課税事業者となるに際し、例えば、消費税の適正な転嫁分の取引価格への反映の必要性について、価格の交渉の場において明示的に協議することなく、従来どおりに取引価格を据え置く場合についても同様です。

　したがって、取引先の免税事業者との間で、取引価格等について再交渉する場合には、免税事業者と十分に協議を行って、仕入側の事業者の都合のみで低い価格を設定する等しないよう、注意する必要があります。

参　考

Q20

　独占禁止法19

　下請法2①〜④、4①一・三・四・五・六・②三

　建設業法19の3、19の4

　昭和57年公正取引委員会告示15号十四

　免税事業者及びその取引先のインボイス制度への対応に関するQ＆A問7

関連Q＆A：Q12 免税事業者等との取引における仕入税額控除と経過措置

　　　　　　　Q19 免税事業者等との取引における基本的な対応

Q21 免税事業者等との取引における価格改定上の留意点

Q 当法人は、免税事業者から商品の仕入れを行っています。インボイス制度導入後、免税事業者が適格請求書発行事業者に登録しない場合、価格交渉を行って仕入税額控除が制限される分の取引価格を引き下げたいと思っています。

この場合、例えば、令和5年10月からは税抜きの本体価格100,000円の商品について、税込み110,000円である仕入価格を108,000円に引き下げればよいのでしょうか。

A 仕入価格を108,000円に引き下げた場合、税抜きの本体価格は98,181円、消費税相当額は9,818円になります。この場合、仕入税額控除が制限される額は2,000円ではなく1,964円となり、これと仕入価格の合計額は109,964円で、現在の仕入価格110,000円を下回ることになります。

金額的には僅少ですが、このことを踏まえて免税事業者に対して取引価格の引下げを要請し、取引価格の再交渉を行う必要があります。

解説

(1) 取引価格の見直しの是非

インボイス制度実施後の免税事業者との取引において、仕入税額控除ができないことを理由に、免税事業者に対して取引価格の引下げを要請し、取引価格の再交渉において、仕入税額控除が制限される分（経過措置により仕入税額相当額の80％又は50％に制限される分）について、免税事業者の仕入れや諸経費の支払に係る消費税の負担をも考慮した上で、双方納得の上で取引価格を設定すれば、結果的に取引価格を引き下

げることができます。

　ただし、再交渉が形式的なものにすぎず、取引上優越した地位にある事業者（買手）の都合のみで著しく低い価格を設定し、免税事業者が負担していた消費税額も払えないような価格を設定した場合には、優越的地位の濫用として独占禁止法上問題となりますから、注意する必要があります。

　例えば、元々の仕入価格が免税事業者であることを前提に110,000円として設定されていた場合、これを引き下げることは下請法に違反するおそれがあります（下請法4①五）。

(2)　取引価格の設定の留意点
①　令和5年10月1日から令和8年9月30日までの期間

　経過措置により、免税事業者等からの仕入れであっても、令和5年10月1日から令和8年9月30日までの期間は、免税事業者等から区分記載請求書等の交付を受け、これを保存して帳簿の記載を行えば、その仕入税額の80％について仕入税額控除を適用して納付税額を計算することができます（平成28年改正法附則52、インボイスQ＆A問89）。

　したがって、現行の本体価格に108％（本体価格＋本体価格×標準税率×80％）を乗じた金額を、この期間の取引価格とすることは合理性があると考えられます。

　ただし、この場合の税抜価格は、この取引価格に100分の110を乗じて算出することになるので、この取引価格と課税事業者の負担する仕入税額控除が制限される額の合計額は現行の取引価格を下回ることになります（[計算式1] 参照）。

　この合計額が現行の取引価格と同額となる新取引価格を例示すると[図表1] のとおりとなり、概ね本体価格に対して108.03％を乗じた金額になります。

　このように本体価格に対して、0.03％程度の差額であることから、問題にはならないものと考えられますが、このことを踏まえて免税事業者

に対して取引価格の引下げを要請し、取引価格の再交渉を行う必要があります。

[計算式1]

現行の取引価格　110,000円

インボイス制度導入後の新取引価格　100,000円＋100,000円×10%×80% ＝ 108,000円…(1)

買手の新取引価格の税抜価格　108,000円×$\frac{100}{110}$ ＝ 98,181円

買手の新取引価格の消費税額　98,181円×10% ＝ 9,818円

買手の仕入税額控除が制限される額　9,818円－9,818円×80% ＝ 1,964円…(2)

買手の新取引価格による実質支払額　(1)＋(2)　＝　109,964円

∴　109,964円　＜　現行の取引価格　110,000円

[図表1] 仕入税額の80%の税額控除適用の場合の取引価格

現行取引価格	新取引価格①	仕入税額	税額控除額の制限額②	新取引価格の実質負担額（①＋②）
1,100円	1,080円	98円	20円	1,100円
11,000円	10,803円	982円	197円	11,000円
110,000円	108,035円	9,821円	1,965円	110,000円
1,100,000円	1,080,357円	98,214円	19,643円	1,100,000円

② 令和8年10月1日から令和11年9月30日までの期間

　経過措置により、免税事業者等からの仕入れであっても、令和8年10月1日から令和11年9月30日までの期間は、免税事業者等から区分記載請求書等の交付を受け、これを保存して帳簿の記載を行えば、その仕入税額の50%について仕入税額控除を適用して納付税額を計算することができます（平成28年改正法附則53、インボイスQ&A問89）。

　したがって、現行の本体価格に105％（本体価格＋本体価格×標準税率×50％）を乗じた金額を、この期間の取引価格とすることは合理性があると考えられます。

　この場合の税抜価格は、この取引価格に100分の110を乗じて算出することになるので、この取引価格と課税事業者の負担する仕入税額控除が制限される額の合計額は現行の取引価格を下回ることになります（**[計算式２]** 参照）。

　この合計額が現行の取引価格と同額となる新取引価格を例示すると **[図表２]** のとおりとなり、概ね本体価格に対して105.21％を乗じた金額になります。

　このため、本体価格に対して、0.2％程度の差額があり、問題にはならないとはいえないことから、このことを踏まえて免税事業者に対して取引価格の引下げを要請し、取引価格の再交渉を行う必要があります。

[計算式２]

現行の取引価格　110,000円

インボイス制度導入後の新取引価格　100,000円＋100,000円×10％×50％＝105,000円　…(1)

買手の新取引価格の税抜価格　$105,000 円 \times \dfrac{100}{110} = 95,454 円$

買手の新取引価格の消費税額　95,454円×10％＝9,545円

買手の仕入税額控除が制限される額　9,545円－9,545円×50％＝4,773円…(2)

買手の新取引価格による実質支払額　(1)＋(2)　＝　109,773円

　∴　109,773円　＜　現行の取引価格　110,000円

[図表 2]　仕入税額の 50％の税額控除適用の場合の取引価格

現行取引価格	新取引価格①	仕入税額	税額控除額の制限額②	新取引価格の実質負担額（①＋②）
1,100 円	1,052 円	95 円	48 円	1,100 円
11,000 円	10,522 円	956 円	478 円	11,000 円
110,000 円	105,218 円	9,565 円	4,782 円	110,000 円
1,100,000 円	1,052,174 円	95,652 円	47,826 円	1,100,000 円

③　令和 11 年 10 月 1 日以降

　令和 11 年 10 月 1 日以降は経過措置がなくなるため、免税事業者等からは適格請求書の交付を受けることができません。このため、課税事業者は免税事業者等からの仕入れに係る消費税額について仕入税額控除を適用することができません（新消法 30 ⑦）。

　したがって、現行の本体価格をもって、取引価格とすることは合理性があると考えられます。

参　考

Q21

　平成 28 年改正法附則 52、53

　新消法 30 ⑦

　下請法 4 ①五

　インボイス Q & A 問 89

関連Q＆A：Q19 免税事業者等との取引における基本的な対応

　　　　　　Q20 独占禁止法等上の留意点

資産の販売・購入

Q 22 資産の買手における影響と対応・会計処理 ///

> **Q** 当法人は、本則課税により仕入税額控除を行っている課税事業者で、多数の比較的小規模な事業者から商品を仕入れて販売を行っています。
>
> インボイス制度導入後、これらの事業者との取引についてはどのように対応すべきでしょうか。
>
> **A** 免税事業者等との取引では税負担が増加することが考えられます。また、税抜経理をしている場合は、免税事業者等からの商品の仕入れについて会計処理に注意する必要があります。

解説

(1) 買手における影響

消費税に関し本則課税により仕入税額控除を行っている課税事業者は、令和5年10月1日以降、免税事業者等からの仕入れ等の取引がある場合は、下記のとおり、消費税の納税負担が増えることになります（**Q18**［**図表2**］参照）。

① 令和5年10月1日から令和8年9月30日までの期間

免税事業者等は適格請求書を発行することができません。このため、

本来、課税事業者は免税事業者等からの仕入に係る消費税額について仕入税額控除を適用することができません（新消法 30 ⑦）。

　ただし、経過措置により、免税事業者等からの仕入れであっても、令和 5 年 10 月 1 日から令和 8 年 9 月 30 日までの期間は、免税事業者等から区分記載請求書等の交付を受け、これを保存して帳簿の記載を行えば、その仕入税額の 80％について仕入税額控除を適用して納付税額を計算することができます（平成 28 年改正法附則 52、インボイス Q ＆ A 問 89）。

② 　令和 8 年 10 月 1 日から令和 11 年 9 月 30 日までの期間

　免税事業者等は適格請求書を発行することができません。このため、本来、課税事業者は免税事業者等からの仕入れに係る消費税額について仕入税額控除を適用することができません（新消法 30 ⑦）。

　ただし、経過措置により、免税事業者等からの仕入れであっても、令和 8 年 10 月 1 日から令和 11 年 9 月 30 日までの期間は、免税事業者等から区分記載請求書等の交付を受け、これを保存して帳簿の記載を行えば、その仕入税額の 50％について仕入税額控除を適用して納付税額を計算することができます（平成 28 年改正法附則 53、インボイス Q ＆ A 問 89）。

③ 　令和 11 年 10 月 1 日以降

　令和 11 年 10 月 1 日以降は経過措置がなくなるため、免税事業者等からは適格請求書の交付を受けることができません。このため、課税事業者は免税事業者等からの仕入れに係る消費税額について仕入税額控除を適用することができません（新消法 30 ⑦）。

⑵　**買手における対応**

　例えば、課税事業者が公益社団法人、公益財団法人や NPO 法人であって、地域産業の振興等の目的をもって、小規模な事業者から商品の仕入れを行うような場合は、単に消費税の負担が増えるということだけでは、取引の縮小や価格の引下げを行うことができないことも考えられ

ます。

　したがって、下記の対応についても、この目的を踏まえて実施していくことが必要となってきます。

①　影響額の把握と税負担増加の許容

　まず、インボイス制度導入後、仕入先の事業者との取引による税負担の影響を把握する必要があります。

　この場合の方法としては、前記 **Q19〔図表1〕** の適格請求書発行事業者の登録番号の提供を文書で依頼することが考えられます（83頁参照）。ただし、仕入先のとの取引数が少ない場合は個別に確認したほうが確実です。

　この結果、免税事業者との取引量が少なく影響が僅少である場合や課税事業者が設定している予算の範囲内の負担増である場合は、この影響額を許容して、あえて対応しないことも考えられます。

②　免税事業者等への対応

イ　適格請求書発行事業者への登録要請

　課税事業者が、インボイスに対応するために、免税事業者に対し、課税事業者になるよう要請することはできます。

　しかし、要請するにとどまらず、課税事業者にならなければ取引価格を引き下げるとか、それにも応じなければ取引を打ち切ることにするなどと一方的に通告することは、独占禁止法上又は下請法上、問題となるおそれがあります。

ロ　取引条件の見直し

　インボイス制度の実施後の免税事業者等との取引において、仕入税額控除ができないことを理由に、免税事業者等に対して取引価格の引下げを要請し、取引価格の再交渉において、仕入税額控除が制限される分（経過措置により仕入税額相当額の80％又は50％に制限される分）について、免税事業者等の仕入れや諸経費の支払に係る消費税の負担をも考慮した上で、双方納得の上で取引価格を設定すれば、結果的に取引価格が引き下げることができます。

　ただし、再交渉が形式的なものにすぎず、取引上優越した地位にある事業者（買手）の都合のみで著しく低い価格を設定し、免税事業者が負担していた消費税額も払えないような価格を設定した場合には、優越的地位の濫用として独占禁止法上問題となりますから、注意する必要があります。

　したがって、免税事業者等との間で、取引価格等について再交渉する場合には、その事業の内容も踏まえて十分に協議を行い、仕入側の事業者の都合のみで低い価格を設定する等しないよう、注意する必要があります。

ハ　取引の見直し

　事業者がどの事業者と取引するかは基本的に自由です。したがって、代替可能であれば、適格請求書発行事業者に取引を変更していくことや免税事業者等との取引の配分変更や総量の縮減を検討することも考えられます。

　ただし、例えば、取引上の地位が相手方に優越している事業者（買手）が、インボイス制度の実施を契機として、免税事業者である仕入先に対して、一方的に、免税事業者が負担していた消費税額も払えないような価格など著しく低い取引価格を設定し、不当に不利益を与えることとなる場合であって、これに応じない相手方との取引を停止するという場合には、独占禁止法上問題となるおそれがあります。

　また、課税事業者が法人税の納税義務者である場合は、免税事業者等との取引による仕入税額控除が制限される分（以下「控除対象外消費税額」といいます。）は、法人税の所得の金額の計算上、損金の額に算入されることから、実質的には控除対象外消費税額の全額が負担増となるわけではありません（法法22③）。

　したがって、これらのことも踏まえて取引を見直す必要があります。

⑶　税抜経理における棚卸資産に係る控除対象外消費税額の会計処理

①　仕入時の会計処理

　インボイス制度導入後、免税事業者等から行った課税仕入れに係る取引について税抜経理方式で経理をしている場合であっても、その取引の対価の額と区分して経理をした消費税等の額に相当する金額をその課税仕入れに係る取引の対価の額に含めて法人税の課税所得金額を計算することになります（消費税法等の施行に伴う法人税の取扱いについて（以下「消費税経理通達」といいます。）14 の 2）。

　すなわち、免税事業者等からの商品等の棚卸資産の仕入れによって生じた控除対象外消費税額は、その棚卸資産の取得価額に算入することになります（[**仕訳例 1**] 参照）。

[仕訳例 1] 令和 5 年 10 月 1 日から令和 8 年 9 月 30 日までの期間、
　　　　　免税事業者等から仕入時の原則的な仕訳

　例：仕入価格　110,000 円

　（借）仕入　　　　　102,000　　　（貸）現金預金　　　110,000
　　　　仮払消費税等　8,000

　ただし、会計システムがこのような処理に自動的に対応できない場合は、別途、仮払消費税等を仕入れに振り替える仕訳が必要になることも考えられます（[**仕訳例 2**] 参照）。

[仕訳例 2] [仕訳例 1] の事例で別途、仮払消費税等を振り替える場合

　（借）仕入　　　　　100,000　　　（貸）現金預金　　　110,000
　　　　仮払消費税等　10,000

　　　　仕入　　　　　2,000　　　　　仮払消費税等　　2,000

②　決算時処理と申告調整

　期中において①の処理を行わず、控除対象外消費税額を雑損失等として損金経理する場合において、期末に仕入れた棚卸資産の在庫が生じたときには、その在庫に係る控除対象外消費税額は損金算入することはできません。このため、その控除対象外消費税額に相当する金額を申告調整により法人税申告書別表四で加算（留保）する必要があります（**[仕訳例３]** 参照）。

[仕訳例３]　[仕訳例１]の事例で、控除対象外消費税額を決算で損金
　　　　　　　　経理

※期末在庫　55,000円（うち消費税等相当額5,000円）

　＜仕入時＞
　（借）仕入　　　　　100,000　　　（貸）現金預金　　　110,000
　　　　仮払消費税等 10,000
　＜決算時＞
　（借）雑損失　　　　　2,000　　　（貸）仮払消費税等　2,000
　　　　（控除対象外消費税額）

　＜期末在庫に係る控除対象外消費税額＞
　　　　5,000円× 20% = 1,000円

〔棚卸資産に係る控除対象外消費税額の申告調整〕
別表四　所得の金額の計算に関する明細書

区　　　分		総　額	処　分		
			留　保	社　外　流　出	
			①	②	③
当期利益又は当期欠損の額	1				
加算	・・・				
	控除対象外消費税額損金不算入	10	1,000	1,000	
	小　　　計				
減算	・・・				
	小　　　計				

別表五（一）　利益積立金額及び資本金等の額の計算に関する明細書

Ⅰ　利益積立金額の計算に関する明細書					
区　　　分		期首現在利益積立金額	当期の増減		差引翌期首現在利益積立金額
			減	増	
		①	②	③	④
棚卸資産	3			1,000	1,000
・・・					
	25				
繰越損益金（損は赤）	26				

③　委託販売所における買取資産の処理

　地場物産等の委託販売を行う物産展、地場物産所、観光協会等の委託販売所において、一部の商品については委託販売できないため、買い取る場合があり、それが免税事業者等からの仕入れとなっている場合があります。

　また、免税事業者等との委託販売では媒介者特例の適用ができないため、インボイス制度導入後は免税事業者等の商品は買い取る契約に変更されることもあります（**Q29**参照）。

　このような商品についても、上記①又は②の会計処理等を行う必要があります。

参　考

Q22
　　平成 28 年改正法附則 52、53

　　新消法 30 ⑦

　　法法 22 ③

　　消費税経理通達 14 の 2

　　インボイス Q ＆ A 問 89

関連Q＆A：Q19 免税事業者等との取引における基本的な対応

　　　　　　　Q20 独占禁止法等上の留意点

　　　　　　　Q21 免税事業者等との取引における価格改定上の留意点

　　　　　　　Q23 資産の売手における影響と対応

　　　　　　　Q29 委託者における影響と対応

Q23 資産の売手における影響と対応

 当法人はアロマ製品を販売している一般社団法人で、免税事業者です。

　最近、取引先の一部から適格請求書発行事業者の登録番号の提供依頼がありました。インボイス制度が導入されるに当たって、当法人はどのように対応したらよいでしょうか。

A 取引先が課税事業者である場合、適格請求書発行事業者への登録の依頼や取引条件の見直しにより収支が悪化する可能性があります。

解説

(1) 売手における影響

　消費税に関し本則課税により仕入税額控除を行っている課税事業者は、令和5年10月1日以降、免税事業者等からの仕入れ等の取引がある場合は、前記 **Q22**(1)（99頁）のとおり、消費税の納税負担が増えることになります（**Q18**[**図表2**]参照）。

　これに伴い、売手である免税事業者等に対して、課税事業者である買手からは次のような要請があることが考えられます。

① 適格請求書発行事業者への登録要請

　課税事業者である買手が、インボイスに対応するために、免税事業者に対し、課税事業者になるよう要請することが考えられます。この場合、免税事業者であった売手は、適格請求書発行事業者に登録することで新たに消費税を負担することになります。

② 取引条件の見直し

　課税事業者である買手が、インボイス制度の実施後の免税事業者等との取引において、仕入税額控除ができないことを理由に、免税事業者等

に対して取引価格の引下げを要請し、取引価格の再交渉において、仕入税額控除が制限される分（経過措置により仕入税額相当額の80％又は50％に制限される分）について取引価格の引下げを要請することが考えられます。

　この場合は、売手である免税事業者等は収益が減少するため、収支が悪化します。

③　取引の見直し

　免税事業者等が上記①又は②の要請に応じない場合、インボイス制度導入後、課税事業者は免税事業者等との取引量を段階的に減らしていくことが考えられます。

　この場合も、売手である免税事業者等は収益が減少するため、収支が悪化します。

(2)　売手における対応

① 　取引先の構成と影響の把握

　まず、取引高全体に占める課税事業者との取引の割合を把握する必要があります。

　この場合、買手が課税事業者であるかどうかを売手側から直接確認することは、やぶ蛇になりかねないので慎重を期す必要があります。このため、インターネット等により買手の会社概要等から事業規模を確認するなどの間接的な方法で調べていくことが望ましいものと思います。

　なお、一般に、本則課税の適用を受ける課税事業者は適格請求書発行事業者であることがほとんどであるので、国税庁のホームページの「インボイス制度公表サイト」で登録されているかどうかを確認し、課税事業者であるかどうかを推測できます。

　ただし、資産の販売を行う非営利法人が免税事業者である場合、その買手は、消費者や小規模の免税事業者であることが多いと考えられるので、そのようなときはあえて何らかの対応をとる必要はないものと考えられます。

　一方、一般社団法人等で、買手が課税事業者である会員であるような場合は、対応せざるを得なくなることが考えられます。

② **免税事業者等の対応**

イ　適格請求書発行事業者への登録

　課税事業者である買手から課税事業者になるよう要請があり、取引高の相当部分を占めている場合は、適格請求書発行事業者に登録することもやむを得ないものと考えられます。

　この場合、現行の取引価格が免税事業者であることを前提に定められたものであり、求めに応じて課税事業者となったのであれば、消費税転嫁のための取引価格の引上げの交渉を行うことができます。

　また、一般社団法人等で、買手が課税事業者である会員であるため、適格請求書発行事業者に登録した場合には、収支を維持するため、取引価格の引上げや会費の増額を要請することが考えられます。

　なお、適格請求書発行事業者に登録する場合には、簡易課税制度の適用を選択するかどうかも検討すべきです。

ロ　取引条件の見直し

　課税事業者である買手が、インボイス制度の実施後の免税事業者等との取引において、仕入税額控除ができないことを理由に取引価格の引下げを要請してきた場合には、次の対応が考えられます。

(i)　適格請求書発行事業者への登録

　その課税事業者との取引が取引高の相当部分を占めている場合は、取引価格の引下げの要請に応ぜず、今後の取引の拡大を条件に適格請求書発行事業者への登録を提案することが考えられます。

(ii)　取引価格の引下げの許容

　法人の経営上、収支に対する影響が許容できる範囲内であれば、取引価格の引下げに応ずることができます。ただし、今後、経過措置による仕入税額控除の制限が税額相当額の50%縮減され、ついで経過措置が廃止された時には、さらなる取引価格の引下げが要請されることになります。

(iii)　要請の拒否

　　その課税事業者との取引高が少ない場合は、取引の縮小又は取りや
めも念頭に取引価格の引下げを拒否することも考えられます。この場
合、その課税事業者との取引以外の取引を拡大することも検討すべき
です。

ハ　公正取引委員会等への通報・相談

　　上記イ又はロの要請やこれに伴う交渉は、取引上優越した地位にある
事業者（買手）が、免税事業者の仕入れや諸経費の支払に係る消費税の
負担をも考慮した上で、双方納得の上で行われることが前提になってい
ます。

　　しかし、例えば、次のような事実がある場合は、「優越的地位の濫用」
に該当する行為と考えられ、公正取引委員会等の関係行政機関への通報
又は相談を行うことも検討する必要があります（免税事業者及びその取
引先のインボイス制度への対応に関するQ&A問7）。

・　課税事業者になるよう要請するにとどまらず、課税事業者になら
　なければ取引価格を引き下げるとか、それにも応じなければ取引を
　打ち切ることにするなどと一方的に通告したこと。
・　取引価格の再交渉が形式的なものにすぎず、取引上優越した地位
　にある事業者（買手）の都合のみで著しく低い価格を設定し、免税
　事業者が負担していた消費税額も払えないような価格を設定したこ
　と。
・　取引上の地位が相手方に優越している事業者（買手）が、インボ
　イス制度の実施を契機として、免税事業者である仕入先に対して、
　一方的に、免税事業者が負担していた消費税額も払えないような価
　格など著しく低い取引価格を設定し、不当に不利益を与えることと
　なる場合であって、これに応じない相手方との取引を停止したこと。

Q23

　免税事業者及びその取引先のインボイス制度への対応に関する Q & A 問 7

関連Q＆A：Q14 適格請求書発行事業者の登録手続（免税事業者）

　　　　　　　Q16 簡易課税制度の選択の特例

　　　　　　　Q18 インボイス制度導入による免税事業者等との取引への影響

　　　　　　　Q20 独占禁止法等上の留意点

　　　　　　　Q21 免税事業者等との取引における価格改定上の留意点

　　　　　　　Q22 資産の買手における影響と対応・会計処理

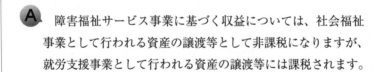

Q24　就労支援事業等の概要

> **Q**　当法人は、障害者の日常生活及び社会生活を総合的に支援するための法律（以下「障害者総合支援法」といいます。）に規定する障害福祉サービス事業である就労継続支援（A型・B型）の事業を行っています。この事業の生産活動として行う事業（以下「就労支援事業」といいます。）でパンの製造販売を行い、このパンを使った喫茶店も経営しています。
>
> 　これらの事業について、消費税は課税されるのでしょうか。
>
> **A**　障害福祉サービス事業に基づく収益については、社会福祉事業として行われる資産の譲渡等として非課税になりますが、就労支援事業として行われる資産の譲渡等には課税されます。

解 説

(1)　社会福祉事業の非課税

　社会福祉事業（[図表1]参照）として行われる資産の譲渡等については、消費税は非課税とされています（消法6、同別表第1七ロ、社会福祉法2②③、113①）。

　ご質問の障害福祉サービス事業である就労継続支援は第2種社会事業

であるため、給付費や利用者の負担金等は非課税となります。

[図表１] 社会福祉事業

種　別	第１種社会福祉事業	第２種社会福祉事業
生活保護法関係	救護施設、更生施設、医療保護施設、宿所提供施設、生計困難者助葬事業	生計困難者金銭等供与事業、生計困難者相談事業
生活困窮者自立支援法関係		認定生活困窮者就労訓練事業
児童福祉法関係	乳児院、母子生活支援施設、障害児入所施設、児童心理治療施設、児童養護施設、児童自立支援施設	障害児通所支援事業、障害児相談支援事業、児童自立生活援助事業、放課後児童健全育成事業、子育て短期支援事業、乳児家庭全戸訪問事業、養育支援訪問事業、地域子育て支援拠点事業、一時預かり事業、小規模住居型児童養育事業、小規模保育事業、病児保育事業又は子育て援助活動支援事業、同法に規定する助産施設、保育所、児童厚生施設又は児童家庭支援センター、児童福祉増進相談事業
就学前の子どもに関する教育、保育等の総合的な提供の推進に関する法律関係		幼保連携型認定こども園
民間あっせん機関による養子縁組のあっせんに係る児童の保護等に関する法律関係		養子縁組あっせん事業
母子及び父子並びに寡婦福祉法関係		母子家庭日常生活支援事業、父子家庭日常生活支援事業、寡婦日常生活支援事業、母子・父子福祉施設
老人福祉法関係	養護老人ホーム、特別養護老人ホーム、軽費老人ホーム	老人居宅介護等事業、老人デイサービス事業、老人短期入所事業、小規模多機能型居宅介護事業、認知症対応型老人共同生活援助事業、複合型サービス福祉事業、老人デイサービスセンター、老人短期入所施設、老人福祉センター、老人介護支援センター

障害者総合支援法関係	障害者支援施設	障害福祉サービス事業、一般相談支援事業、特定相談支援事業、移動支援事業、地域活動支援センター、福祉ホーム
身体障害者福祉法関係		身体障害者生活訓練等事業、手話通訳事業、介助犬訓練事業、聴導犬訓練事業、身体障害者福祉センター、補装具製作施設、盲導犬訓練施設、視聴覚障害者情報提供施設、身体障害者更生相談事業
知的障害者福祉法関係		知的障害者更生相談事業
売春防止法関係	婦人保護施設	
医療法関係		生計困難者無料低額診療事業
介護保険法関係		生計困難者無料低額介護老人保健施設、生計困難者無料低額介護医療院
社会福祉法関係	生活福祉資金貸付事業、共同募金事業	生計困難者無料低額簡易住宅・宿泊所、隣保事業、福祉サービス利用援助事業、社会福祉事業連絡助成事業

(2)　就労支援事業等の課税

①　「生産活動」が行われる事業

　就労支援事業等とは「生産活動」が行われる事業をいい、要援護者に対して、就労又は技能の習得のために必要な訓練の提供や職業の供与等を行い、要援護者の自立を助長し、自活させることを目的とする次に掲げる事業をいいます（消基通6-7-6(2)）。

- 生活介護、就労移行支援又は就労継続支援を行う事業（障害者総合支援法5⑦⑬⑭）
- 障害者支援施設（社会福祉法2②四）
- 授産施設（社会福祉法2②七）
- 認定生活困窮者就労訓練事業（社会福祉法2③一の二）
- 地域活動支援センターを経営する事業（社会福祉法2③四の二）

②　生産活動

　生産活動とは、上記①に掲げる事業において行われる身体上若しくは精神上又は世帯の事情等により、就業能力の限られている者（以下「要援護者」といいます。）の「自立」、「自活」及び「社会復帰」のための訓練、職業供与等の活動において行われる物品の販売、サービスの提供その他の資産の譲渡等をいいます（消基通6-7-6(1)）。

　なお、①に掲げる事業では、このような生産活動のほか、要援護者に対する養護又は援護及び要援護者に対する給食又は入浴等の便宜供与等も行われていますが、これらの便宜供与等は生産活動には該当しません。

③　消費税の課税と趣旨

　就労支援事業等については、障害者総合支援法に基づく指定障害福祉サービスの事業等の人員、設備及び運営に関する基準において、「生産活動に従事している者に、生産活動に係る事業の収入から生産活動に係る事業に必要な経費を控除した額に相当する金額を工賃として支払わなければならない。」とされています。特に就労継続支援A型においては、雇用者に労働基準法に基づき賃金を支払わなければならないものとされています。

　これは、生産活動により利用者に対する工賃や賃金の水準を向上させ、就労による生活向上に資することを目的としているからです。

　しかし、生産活動に係る事業が社会福祉事業であることで消費税が非課税となった場合、その事業を行う法人と取引をする課税事業者は、生産活動に係る資産の譲渡等については仕入税額控除が受けられません。

　このため、課税事業者は消費税の負担を避けるため、就労支援事業等を行う法人との取引を排除することが考えられます。

　このようなことを避けるため、社会福祉事業であっても、生産活動に係る資産の譲渡等については消費税を課税することとしています。

(3)　**免税事業者の該当性**

　就労支援事業等を行う法人のその課税期間に係る基準期間における課

税売上高が1,000万円以下である事業者については、原則としてその課税期間中に国内において行った課税資産の譲渡等及び特定課税仕入れにつき、消費税を納める義務が免除されます（消法9①）。

　就労支援事業等の規模は、法人の収入規模とは必ずしも一致せず、収入規模が1億円以上ある法人であっても、就労支援事業等以外に係る資産の譲渡等の大部分が非課税（社会福祉事業として行われる資産の譲渡等）であるため、免税事業者となっている場合もあります。

　このため、インボイス制度導入後に免税事業者等との取引による影響を受けることも考えられます。

参　考

Q24
　　消法6、9①、同別表第1七ロ
　　社会福祉法2②③、113①
　　障害者総合支援法5⑦⑬⑭
　　消基通6-7-6
　関連Q＆A：Q25 就労支援事業者等からの買手における影響と対応
　　　　　　　　Q26 就労支援事業者等における影響と対応

Q25 就労支援事業者等からの買手における影響と対応

Q 当社は、機械部品の製造・組立てを営んでおり、機械部品の組立ての一部を障害福祉サービス事業である就労継続支援（B型）を営む複数のNPO法人や一般社団法人に委託しています。

インボイス制度導入後、これらの法人との取引により影響を受けることはあるでしょうか。

A これらの就労継続支援（B型）を営むNPO法人や一般社団法人が免税事業者である場合は、消費税の税負担が増える可能性があります。

解説

(1) 買手における影響

① 令和5年9月30日までの取引

仕入税額控除について本則課税の適用を受ける消費税の課税事業者が、免税事業者である就労支援事業等を行う法人（以下「就労支援事業者等」といいます。）から商品の仕入れ、役務の提供等を受ける場合であっても、免税事業者も区分記載請求書等を発行することができるため、課税事業者はこれを保存して帳簿の記載を行えば、免税事業者からの仕入れに係る消費税額の全額についても仕入税額控除を適用して納付税額を計算することができます（平成28年改正法附則34②、[**図表1**]参照）。

［図表１］現行の就労支援事業等を行う事業者との取引における仕入税額控除

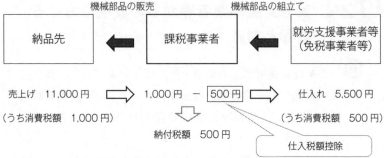

② **インボイス制度導入後の取引**

イ　令和５年10月１日から令和８年９月30日までの期間

　免税事業者等は適格請求書を発行することができません。このため、本来、課税事業者は免税事業者等である就労支援事業者等からの仕入れに係る消費税額について仕入税額控除を適用することができません（新消法30⑦）。

　ただし、経過措置により、免税事業者等である就労支援事業者等からの仕入れであっても、令和５年10月１日から令和８年９月30日までの期間は、免税事業者等から区分記載請求書等の交付を受け、これを保存して帳簿の記載を行えば、その仕入税額の80％について仕入税額控除を適用して納付税額を計算することができます（平成28年改正法附則52、インボイスＱ＆Ａ問89、**［図表２］**参照）。

ロ　令和８年10月１日から令和11年９月30日までの期間

　免税事業者等は適格請求書を発行することができません。このため、本来、課税事業者は免税事業者等である就労支援事業者等からの仕入れに係る消費税額について仕入税額控除を適用することができません（新消法30⑦）。

　ただし、経過措置により、免税事業者等である就労支援事業者等からの仕入れであっても、令和８年10月１日から令和11年９月30日までの期間は、免税事業者等から区分記載請求書等の交付を受け、これを保

存して帳簿の記載を行えば、その仕入税額の 50％について仕入税額控除を適用して納付税額を計算することができます（平成 28 年改正法附則 53、インボイス Q & A 問 89、**［図表 2］**参照）。

ハ　令和 11 年 10 月 1 日以降

　令和 11 年 10 月 1 日以降は経過措置がなくなるため、免税事業者等からは適格請求書の交付を受けることができません。このため、課税事業者は免税事業者等である就労支援事業者等からの仕入れに係る消費税額について仕入税額控除を適用することができません（新消法 30 ⑦、**［図表 2］**参照）。

［図表 2］インボイス制度導入後の就労支援事業等を行う免税事業者との取引における仕入税額控除

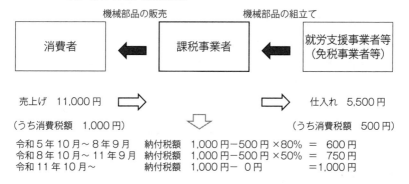

(2)　**買手における対応**

　課税事業者が就労支援事業者等から商品の仕入れ、役務の提供等を受けるのは、単に価格が安いといった理由だけではなく、これらの取引によって障害者等の就労機会を与えるという社会貢献を目的とする場合が多数です。

　このため、単に消費税の負担が増えるということだけで、取引の縮小や価格の引下げに至らず、社会に貢献するという目的が優先することが考えられます。

したがって、下記の対応についても、この目的を踏まえて実施していくことが必要となってきます。

① 影響額の把握と税負担増加の許容

まず、インボイス制度導入後、免税事業者である就労支援事業者等との取引による税負担の影響を把握する必要があります。

この場合の方法としては、前記 Q19 ［図表1］の適格請求書発行事業者の登録番号の提供を文書で依頼することが考えられます（83頁参照）。ただし、就労支援事業者等との取引数が少ない場合は個別に確認したほうが確実です。

この結果、就労支援事業者等との取引量が少なく影響が僅少である場合や課税事業者が設定している予算の範囲内の負担増である場合は、この影響額を許容して、あえて対応しないことも考えられます。

② 免税事業者等への対応

イ 適格請求書発行事業者への登録要請

課税事業者が、インボイスに対応するために、免税事業者である就労支援事業者等に対し、課税事業者になるよう要請することはできます。

しかし、要請するにとどまらず、課税事業者にならなければ取引価格を引き下げるとか、それにも応じなければ取引を打ち切ることにするなどと一方的に通告することは、独占禁止法上又は下請法上、問題となるおそれがあります。

また、免税事業者である就労支援事業者等では、就労支援事業等の内容によっては課税事業者との取引の比重が低く、課税事業者になるメリットがなく、要請に応えることが困難である場合も考えられます。

ロ 取引条件の見直し

インボイス制度の実施後の免税事業者である就労支援事業者等との取引において、仕入税額控除ができないことを理由に、免税事業者に対して取引価格の引下げを要請し、取引価格の再交渉において、仕入税額控除が制限される分（経過措置により仕入税額相当額の80％又は50％に制限される分）について、免税事業者の仕入れや諸経費の支払に係る消

費税の負担をも考慮した上で、双方納得の上で取引価格を設定すれば、結果的に取引価格を引き下げることができます。

　ただし、再交渉が形式的なものにすぎず、取引上優越した地位にある事業者（買手）の都合のみで著しく低い価格を設定し、免税事業者が負担していた消費税額も払えないような価格を設定した場合には、優越的地位の濫用として独占禁止法上問題となりますから、注意する必要があります。

　したがって、免税事業者である就労支援事業者等との間で、取引価格等について再交渉する場合には、その事業の内容も踏まえて十分に協議を行っていただき、仕入側の事業者の都合のみで低い価格を設定する等しないよう注意する必要があります。

ハ　取引の見直し

　事業者がどの事業者と取引するかは基本的に自由です。したがって、代替可能であれば、適格請求書発行事業者に取引を変更していくことや複数の免税事業者である就労支援事業者等との取引の配分変更や総量の縮減を検討することも考えられます。

　ただし、例えば、取引上の地位が相手方に優越している事業者（買手）が、インボイス制度の実施を契機として、免税事業者である仕入先に対して、一方的に、免税事業者が負担していた消費税額も払えないような価格など著しく低い取引価格を設定し、不当に不利益を与えることとなる場合であって、これに応じない相手方との取引を停止するという場合には、独占禁止法上問題となるおそれがあります。

　また、課税事業者が法人税の納税義務者である場合は、免税事業者等との取引による控除対象外消費税額は、法人税の所得の金額の計算上、損金の額に算入されることから、実質的には控除対象外消費税額の全額が負担増となるわけではありません（法法22③）。

　したがって、これらのことも踏まえて、取引を見直す必要があります。

二　控除対象外消費税額の会計処理

　免税事業者である就労支援事業者等との取引に商品の仕入れなどの棚
卸資産の購入がある場合は、その購入による控除対象外消費税額に相当
する金額をその棚卸資産の取得価額に算入する必要があります（消費税
経理通達 14 の 2）。

　具体的な会計処理等については、**Q22** を参照してください。

参　考

Q25

　　平成 28 年改正法附則 34 ②、52、53

　　新消法 30 ⑦

　　法法 22 ③

　　消費税経理通達 14 の 2

　　インボイス Q & A 問 89

Q26　就労支援事業者等における影響と対応

 当法人は、障害福祉サービス事業である就労継続支援（B型）を営む NPO 法人で、免税事業者です。当法人では、消費者向けのカフェと機械部品の組立ての請負を行っています。最近、機械部品の組立ての請負元から、適格請求書発行事業者の登録番号の提供依頼がありました。

インボイス制度が導入されるに当たって、当法人はどのように対応したらよいでしょうか。

A　機械部品の組立ての請負による取引高が多く、適格請求書発行事業者に登録しなければならなくなった場合は、新たに消費税の納税負担が生じます。

解説

(1)　就労支援事業者等における影響

消費税に関し本則課税により仕入税額控除を行っている課税事業者は、令和5年10月1日以降、免税事業者等である就労支援事業者等からの仕入れ等の取引がある場合は、**Q25**(1)（117頁）のとおり、消費税の納税負担が増えることになります（**Q18**[**図表2**] 参照）。

これに伴い、売手である免税事業者等に対して、課税事業者である買手からは次のような要請があることが考えられます。

ただし、課税事業者である買手の中には、就労支援事業者等から商品の仕入れ、役務の提供等を受けるのは、単に価格が安いといった理由だけではなく、これらの取引によって障害者等の就労機会を増やすという社会貢献を目的としているものもあり、このような買手は、次に掲げる要請をしてこないことも考えられます。

① 適格請求書発行事業者への登録要請

　課税事業者である買手が、インボイスに対応するために、免税事業者である就労支援事業者等に対し、課税事業者になるよう要請することが考えられます。この場合、免税事業者である就労支援事業者等は、適格請求書発行事業者に登録することで新たに消費税を負担することになります。

② 取引条件の見直し

　課税事業者である買手が、インボイス制度の実施後の免税事業者である就労支援事業者等との取引において、仕入税額控除ができないことを理由に、免税事業者等に対して取引価格の引下げを要請し、取引価格の再交渉において、仕入税額控除が制限される分（経過措置により仕入税額相当額の80％又は50％に制限される分）について取引価格の引下げを要請することが考えられます。

　この場合は、売手である免税事業者等である就労支援事業者等は収益が減少するため、収支が悪化します。

③ 取引の見直し

　免税事業者等である就労支援事業者等が①又は②の要請に応じない場合、インボイス制度導入後、課税事業者は免税事業者等である就労支援事業者等との取引量を段階的に減らしていくことが考えられます。

　この場合も、売手である免税事業者等である就労支援事業者等は収益が減少するため、収支が悪化します。

(2) 就労支援事業者等における対応

① 取引先の構成と影響の把握

　まず、取引高全体に占める課税事業者との取引の割合を把握する必要があります。就労支援事業者等が行う就労支援事業等の内容は様々であり、買手の構成によって対応が大幅に異なります。

　この場合、消費者以外の買手が課税事業者であるかどうかを売手側から直接確認することは、やぶ蛇になりかねないので慎重を期す必要があ

ります。このため、インターネット等により買手の会社概要等から事業
規模を確認するなどの間接的な方法で調べて行くことが望ましいものと
思います。

　なお、一般に、本則課税の適用を受ける課税事業者は適格請求書発行
事業者であることがほとんどであるので、国税庁のホームページの
「インボイス制度公表サイト」で登録されているかどうかを確認し、課
税事業者であるかどうかを推測できます。

② **免税事業者等の対応**

イ　適格請求書発行事業者への登録

　就労支援事業者等にあっては、免税事業者、課税事業者の別にかかわ
らず主な取引先の構成によって、適格請求書発行事業者を選択するかど
うかを判断しなれければなりません（**[図表1]** 参照）。なお、適格請求
書発行事業者に登録する場合には、簡易課税制度の適用を選択するかど
うかも検討すべきです。

[図表1] 主な取引先・事業と適格請求書発行事業者の選択

主な取引先	事業の例示	適格請求書発行事業者の選択
一般消費者 免税事業者 簡易課税制度の適用を受ける課税事業者	一般消費者対象の食堂 一般消費者対象の農業 一般消費者対象の小売業	課税事業者であっても選択しないことも可能
課税事業者	下請け（内職） 卸売業	免税事業者が可能であっても選択

(i)　要請による登録

　課税事業者である買手から課税事業者になるよう要請があり、取引
高の相当部分を占めている場合は、適格請求書発行事業者に登録する
こともやむを得ないものと考えられます。

　この場合、現行の取引価格が免税事業者であることを前提に定めら
れたものであり、求めに応じて課税事業者となったのであれば、消費

税転嫁のための取引価格の引上げの交渉を行うことができます。

(ⅱ)　積極的登録

　　課税事業者である買手からの要請の有無にかかわらず、課税事業者である買手が安心して発注できるよう自ら適格請求書発行事業者に登録することも考えられます。

　　この登録を積極的にアピールして受注活動に繋げていくことができます。

ロ　取引条件の見直し

　課税事業者である買手が、インボイス制度の実施後の免税事業者等との取引において、仕入税額控除ができないことを理由に取引価格の引下げを要請してきた場合、次の対応が考えられます。

(ⅰ)　適格請求書発行事業者への登録

　　その課税事業者との取引が取引高の相当部分を占めている場合は、取引価格の引下げの要請に応ぜず、今後の取引の拡大を条件に適格請求書発行事業者への登録を提案することが考えられます。

(ⅱ)　取引価格の引下げの許容

　　法人の経営上、収支に対する影響が許容できる範囲内であれば、取引価格の引下げに応ずることができます。ただし、今後、経過措置による仕入税額控除の制限が税額相当額の50％縮減され、ついで経過措置が廃止された時には、さらなる取引価格の引下げが要請されることになります。

(ⅲ)　要請の拒否

　　その課税事業者との取引高が少ない場合は、取引の縮小又は取りやめも念頭に取引価格の引下げを拒否することも考えられます。この場合、その課税事業者との取引以外の取引を拡大することも検討すべきです。

ハ　公正取引委員会等への通報・相談

　上記イ又はロの要請やこれに伴う交渉は、取引上優越した地位にある事業者（買手）が、免税事業者の仕入れや諸経費の支払に係る消費税の

負担をも考慮した上で、双方納得の上で行われることが前提になっています。

　しかし、例えば、次のような事実がある場合は、「優越的地位の濫用」に該当する行為と考えられ、公正取引委員会等の関係行政機関への通報又は相談を行うことも検討する必要があります（免税事業者及びその取引先のインボイス制度への対応に関するＱ＆Ａ問7）。

・　課税事業者になるよう要請するにとどまらず、課税事業者にならなければ、取引価格を引き下げるとか、それにも応じなければ取引を打ち切ることにするなどと一方的に通告したこと。

・　取引価格の再交渉が形式的なものにすぎず、取引上優越した地位にある事業者（買手）の都合のみで著しく低い価格を設定し、免税事業者が負担していた消費税額も払えないような価格を設定したこと。

・　取引上の地位が相手方に優越している事業者（買手）が、インボイス制度の実施を契機として、免税事業者である仕入先に対して、一方的に、免税事業者が負担していた消費税額も払えないような価格など著しく低い取引価格を設定し、不当に不利益を与えることとなる場合であって、これに応じない相手方との取引を停止したこと。

③　納付消費税の会計処理

　就労支援事業者等は、その行う就労支援事業の適切な製造原価等を把握して適正な利用者賃金及び工賃の算出をするため、社会福祉法人会計基準又は就労支援の事業の会計処理の基準（以下「就労支援事業会計処理基準」といいます。）による会計処理を行わなければなれません（障害者の日常生活及び社会生活を総合的に支援するための法律に基づく障害福祉サービス事業の設備及び運営に関する基準44、70、85、88）。

　免税事業者等である就労支援事業者等は、適格請求書発行事業者に登録したことにより消費税の納税義務が生じます。これにより納付すべき消費税額は、就労支援事業の受注活動のために負担するものですから、就労支援事業に係る販管費の「租税公課」に計上することになります。

参　考

Q26

　障害者の日常生活及び社会生活を総合的に支援するための法律に基づく障害福祉サービス事業の設備及び運営に関する基準44、70、85、88

　免税事業者及びその取引先のインボイス制度への対応に関するQ＆A問7

関連Q＆A：Q14 適格請求書発行事業者の登録手続（免税事業者）

　　　　　　Q16 簡易課税制度の選択の特例

　　　　　　Q18 インボイス制度導入による免税事業者等との取引への影響

　　　　　　Q20 独占禁止法等上の留意点

　　　　　　Q21 免税事業者等との取引における価格改定上の留意点

　　　　　　Q24 就労支援事業等の概要

　　　　　　Q25 就労支援事業者等からの買手における影響と対応

委託販売（地場産品販売店等）

社会福祉法人 公益法人 NPO法人

Q27 媒介者交付特例

 当法人は、地場産品販売店を営む公益財団法人です。当法人（受託者）は地場産品の大部分を、製造・販売事業者（委託者）からの委託を受けて販売しています。

これまで販売した商品の領収書（レシート）については当法人の名義で発行していましたが、インボイス制度開始後は、同様の方法で発行した領収書を適格請求書又は適格簡易請求書として交付することができるでしょうか。

 委託者と受託者がいずれも適格請求書発行事業者であれば、委託者に代わって受託者の名義で適格請求書を交付することができます。これを「媒介者交付特例」といいます。

解説

(1) 代理交付

① 代理交付の方法

適格請求書発行事業者が課税資産の譲渡等を行った場合、課税事業者からの求めに応じて適格請求書を交付する義務が課されています（新消法57の4①）。

委託販売の場合、購入者に対して課税資産の譲渡等を行っているのは

委託者ですから、本来は委託者が購入者に対して適格請求書を交付しなければなりません。このような場合、受託者が委託者を代理して、委託者の氏名又は名称及び登録番号を記載した委託者の適格請求書を、相手方に交付することも認められます（インボイスＱ＆Ａ問39）。

② 複数の委託者の代理交付

　一の売上先に対して、複数の取引先の商品の販売をする場合に、受託者（代理人）が複数の委託者（被代理人）の取引について代理して適格請求書を交付するときは、各委託者の氏名又は名称及び登録番号を記載する必要があります。

　また、複数の委託者の取引を一括して請求書に記載して交付する場合、委託者ごとに課税資産の譲渡等の税抜価額又は税込価額を記載し、消費税額等も委託者ごとに計算し、端数処理を行わなければなりません（インボイスＱ＆Ａ問40、[**図表１**]参照）。

[**図表１**] 代理交付により複数の委託者の取引を記載して交付する場合の記載例

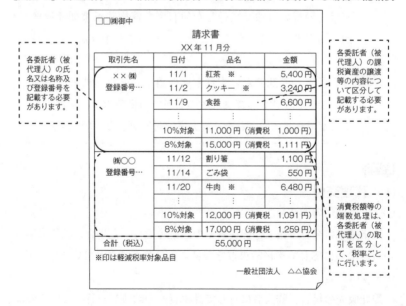

(2)　媒介者交付特例

①　媒介者交付特例の方法

委託販売において、次の(i)及び(ii)の要件を満たすことにより、媒介又は取次ぎを行う者である受託者が、委託者の課税資産の譲渡等について、自己の氏名又は名称及び登録番号を記載した適格請求書又は適格請求書に係る電磁的記録を、委託者に代わって、購入者に交付し、又は提供することができます（以下「媒介者交付特例」といいます。）（新消令70の12①、インボイスＱ＆Ａ問39）。

(i)　委託者及び受託者が適格請求書発行事業者であること。

(ii)　委託者が受託者に、自己が適格請求書発行事業者の登録を受けている旨を取引前までに通知していること。

　　この場合、個々の取引の都度、委託者が事前に登録番号を受託者等へ書面等により通知する方法のほか、例えば、委託者と受託者等との間の基本契約書等に委託者の登録番号を記載する方法などがあります（インボイス通達3-7）。

媒介者交付特例を適用する場合における受託者の対応及び委託者の対応は、次のとおりです。

イ　受託者の対応

(i)　交付した適格請求書の写し又は提供した電磁的記録を保存する（新消令70の12①）。

　　媒介者交付特例により適格請求書の交付を行う受託者が、自らの課税資産の譲渡等に係る適格請求書の交付も併せて行う場合、自らの課税資産の譲渡等と委託を受けたものを一の適格請求書に記載しても差し支えありません。

(ii)　交付した適格請求書の写し又は提供した電磁的記録を速やかに委託者に交付又は提供する（新消令70の12③、インボイスＱ＆Ａ問39、**[図表２]** 参照）。

　　この場合、委託者に交付する適格請求書の写しについては、例えば、複数の委託者の商品を販売した場合や、多数の購入者に対して

　日々適格請求書を交付する場合などで、コピーが大量になるなど、適格請求書の写しそのものを交付することが困難な場合には、適格請求書の写しと相互の関連が明確な、精算書等の書類等を交付することで差し支えありませんが、交付したその精算書等の写しを保存する必要があります（インボイス通達3-8）。

　なお、この精算書等の書類等には、適格請求書の記載事項のうち、「課税資産の譲渡等の税抜価額又は税込価額を税率ごとに区分して合計した金額及び適用税率」や「税率ごとに区分した消費税額等」など、委託者の売上税額の計算に必要な一定事項を記載する必要があります。

ロ　委託者の対応

(i)　自己が適格請求書発行事業者でなくなった場合、その旨を速やかに受託者に通知する（新消令70の12④）。

(ii)　委託者の課税資産の譲渡等について、受託者が委託者に代わって適格請求書を交付していることから、委託者においても、受託者から交付された適格請求書の写しを保存する（インボイスＱ＆Ａ問39、**[図表２]**参照）。

②　複数の委託者の媒介者交付特例

　受託者が複数の委託者に係る商品を一の売上先に販売した場合であっても、媒介者交付特例の適用により、1枚の適格請求書により交付を行うことが可能です。

　この場合、適格請求書の記載事項である課税資産の譲渡等の税抜価額又は税込価額は、委託者ごとに記載し、消費税額等の端数処理についても委託者ごとに行うことが原則となります。

　ただし、受託者が交付する適格請求書単位で、複数の委託者の取引を一括して記載し、消費税額等の端数処理を行うことも差し支えありません（インボイスＱ＆Ａ問40、**[図表３]**参照）。

［図表２］媒介者交付特例の取引図

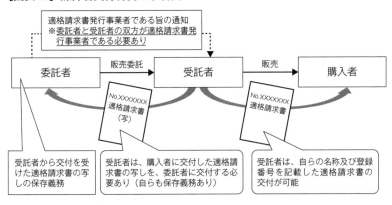

【受託者が委託者に適格請求書の写しに替えて交付する書類（精算書）の記載例】

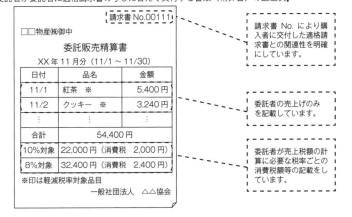

**[図表３] 媒介者交付特例により各委託者の取引について１枚の適格請求書
を交付する場合の記載例**

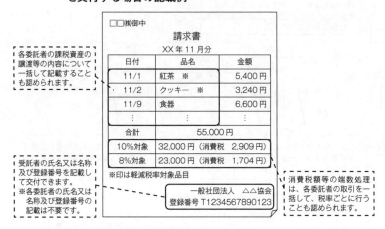

各委託者の課税資産の
譲渡等の内容について
一括して記載すること
も認められます。

□□㈱御中

請求書
XX 年 11 月分

日付	品名	金額
11/1	紅茶　※	5,400 円
11/2	クッキー　※	3,240 円
11/9	食器	6,600 円
⋮	⋮	⋮
合計	55,000 円	
10%対象	32,000 円（消費税　2,909 円）	
8%対象	23,000 円（消費税　1,704 円）	

※印は軽減税率対象品目

受託者の氏名又は名称
及び登録番号を記載し
て交付できます。
※各委託者の氏名又は
名称及び登録番号の
記載は不要です。

一般社団法人　△△協会
登録番号 T1234567890123

消費税額等の端数処理
は、各委託者の取引を一
括して、税率ごとに行う
ことも認められます。

参　考

Q27

新消法 57 の 4 ①

新消令 70 の 12 ①③④

インボイス通達 3-7、3-8

インボイス Q & A 問 39、40

関連Q&A： Q28 受託者における影響と対応

Q29 委託者における影響と対応

Q28 受託者における影響と対応

> **Q** 　当法人は、地場産品販売店を営む公益財団法人です。当
> 法人（受託者）では地場産品の大部分を、製造・販売事業
> 者（委託者）からの委託を受けて販売しています。
> 　販売先には一般消費者以外に課税事業者である飲食店な
> ども含まれています。
> 　委託者のうちには免税事業者も含まれていますが、この
> 場合も媒介者交付特例を適用して適格請求書を交付するこ
> とができるでしょうか。
>
> **A** 　媒介者交付特例を適用することができるのは、委託者と受
> 託者がいずれも適格請求書発行事業者である場合に限られま
> す。したがって、免税事業者等である委託者については別途
> 対応する必要があります。

解説

(1)　受託者における影響

①　免税事業者等に対する媒介者交付特例の不適用

　委託販売において、媒介者交付特例を適用することができるのは、次
のア及びイの要件を満たす場合に限られます（新消令70の12①）。

ア　委託者及び受託者が適格請求書発行事業者であること。

イ　委託者が受託者に、自己が適格請求書発行事業者の登録を受けて
　いる旨を取引前までに通知していること。

　免税事業者等は適格請求書発行事業者ではありませんから、アの要件
を満たさず、その委託販売には媒介者交付特例を適用することができま
せん。

②　免税事業者等との委託販売の影響

　委託販売における受託者は、委託者の商品を販売して委託者からの販売委託手数料を収入とし、商品の購入による課税仕入れはないので、インボイス制度導入後においても税負担が増えることはありません。

　特に販売先が一般消費者のみである場合は特段事務負担が増えることはありません。

　しかし、課税事業者との取引がある場合においては、上記①のとおり、免税事業者等の商品の委託販売には媒介者交付特例を適用できません。このため、適格請求書発行事業者の商品の委託販売に媒介者交付特例を適用して交付する適格請求書とは別に、免税事業者等の商品の委託販売については区分記載請求書を代理交付するなどの対応が必要になります。

　実際に適格請求書と区分記載請求書を区分して発行するためには、販売・購買システムやレジ・POS システムの改修が必要であり、現状ではその対応が困難であることが予想されます。

　特に複数の委託者に係る商品を一の課税事業者に販売する場合に、領収書（レシート）を区分することは事実上困難であると考えられます。

　したがって、このような方法以外の対応を考える必要があります。

(2)　**受託者における対応**

①　適格請求書発行事業者への登録要請

　受託者が、媒介者交付特例の適用を受けるため、免税事業者等である委託者に対し、課税事業者になるよう要請することはできます。

　しかし、要請するにとどまらず、課税事業者にならなければ取引を打ち切ることにするなどと一方的に通告することは、独占禁止法上又は下請法上、問題となるおそれがあります。

　また、受託者が公益社団法人、公益財団法人や NPO 法人であって、地域産業の振興等の目的をもって、小規模な事業者から商品の仕入れを行うような場合は、取引の縮小や取引を打ち切ることなどはできないも

のと思われます。

②　委託販売契約から売買契約への転換

　媒介者交付特例により適格請求書の交付を行う受託者が、自らの課税資産の譲渡等に係る適格請求書の交付も併せて行う場合、自らの課税資産の譲渡等と委託を受けたものを一の適格請求書に記載することができます（インボイスＱ＆Ａ問39）。

　このため、免税事業者等である委託者との委託販売契約を、その委託者との売買契約に変更し、その購入した商品を受託者の自らの商品として販売すれば、媒介者交付特例の適用を受けて自らの課税資産の譲渡等と委託を受けたものを一の適格請求書に記載することができるようになります。

　ただし、この場合は、受託者においては、免税事業者等からの仕入れとなりますから、委託販売手数料相当額に仕入税額控除が制限される分（経過措置により仕入税額相当額の80％又は50％に制限される分）を加味したところで取引価格の設定を交渉することになります。

　なお、免税事業者等との取引による商品の仕入れに係る控除対象外消費税額に相当する金額をその商品の取得価額に算入する必要があります（消費税経理通達14の2）。

　具体的な会計処理等については、Q22（99頁）を参照してください。

③　免税事業者等である委託者の商品の分離

　上記①及び②の対応ができない場合で、免税事業者等である委託者との委託販売契約を継続するときは、免税事業者等の商品の委託販売については区分記載請求書を代理交付するなどの対応が必要になります。

　しかし、システム上このような対応ができない場合は、棚・ケースやレジにおいて適格請求書発行事業者の商品を区分するなど、免税事業者等の商品を物理的に分離することが考えられます。

④　従来通りの対応

　販売先の大部分が一般消費者である場合は、あえて免税事業者等に対する対応をせず、従来通り、受託者の名義で適格（簡易）請求書を交付

することも考えられます。

　ただし、この場合、本来区分されるべき免税事業者等からの仕入商品が適格（簡易）請求書に含まれることになり、これの交付を受けた課税事業者は本来制限されるべき仕入税額控除ができることになってしまいます。このため、後日、税務調査等で問題となる可能性があります。

参　考

Q28
　　新消令 70 の 12 ①
　　消費税経理通達 14 の 2
　　インボイス Q & A 問 39
関連Q&A：Q20 独占禁止法等上の留意点
　　　　　　　Q21 免税事業者等との取引における価格改定上の留意点
　　　　　　　Q22 資産の買手における影響と対応・会計処理
　　　　　　　Q27 媒介者交付特例
　　　　　　　Q29 委託者における影響と対応

Q29 委託者における影響と対応

> **Q** 当法人は、農産物を生産している NPO 法人（委託者）で免税事業者です。従来から、商品は地元の一般社団法人（受託者）が経営する販売所で委託販売しています。
>
> インボイス制度導入後も、現行と同様の委託販売を続けることができるでしょうか。
>
> ‥‥‥‥‥‥‥‥‥‥‥‥‥‥‥‥‥‥‥‥‥‥‥‥‥‥‥‥‥
>
> **A** インボイス制度導入後は、免税事業者等の商品がある委託販売では受託者の事務が煩雑になる可能性があるため、適格請求書発行事業者への登録や契約の変更を求められることもあり得ます。

解説

(1) 委託者における影響

① 免税事業者等に対する媒介者交付特例の不適用

委託販売において、媒介者交付特例を適用することができるのは、次のア及びイの要件を満たす場合に限られます（新消令70の12①）。

ア　委託者及び受託者が適格請求書発行事業者であること。
イ　委託者が受託者に、自己が適格請求書発行事業者の登録を受けている旨を取引前までに通知していること。

免税事業者等は適格請求書発行事業者ではありませんから、アの要件を満たさず、その委託販売には媒介者交付特例を適用することができません。

このため、販売先に課税事業者がいる場合、受託者は適格請求書発行事業者の商品の委託販売に媒介者交付特例を適用して交付する適格請求書とは別に、免税事業者等の商品の委託販売については区分記載請求書を代理交付するなどの対応が必要になり、事務が相当煩雑なものになる

と予想されます。

　実際に適格請求書と区分記載請求書を区分して発行するためには、販売・購買システムやレジ・POS システムの改修が必要であり、現状ではその対応が困難であることが予想されます。

② 免税事業者等である委託者の影響

　①のとおり、委託販売の受託者の販売先に課税事業者が相当数いる場合、免税事業者等の商品が含まれていると、事務が相当煩雑になるか、対応ができないことが考えられます。

　このため、免税事業者等である委託者との委託販売の停止や適格請求書発行事業者への登録や契約の変更を求められる可能性があります。

(2) 委託者における対応

① 適格請求書発行事業者への登録

　受託者から課税事業者になるよう要請があり、取引高の相当部分を占めている場合は、適格請求書発行事業者に登録することもやむを得ないものと考えられます。

　一般的に、要請するにとどまらず、課税事業者にならなければ取引を打ち切ることにするなどと一方的に通告することは、独占禁止法上又は下請法上、問題となるおそれがあります。

　しかし、取引の打切りが、受託者のシステムや販売事務上の対応が困難であることが理由である場合は、必ずしも不当といえないものと判断される可能性もあります。

　このような場合は、次の②の契約の変更を提案することも考えられます。

　なお、適格請求書発行事業者に登録する場合には、簡易課税制度の適用を選択するかどうかも検討すべきです。

② 委託販売契約から売買契約への転換

　媒介者交付特例により適格請求書の交付を行う受託者が、自らの課税資産の譲渡等に係る適格請求書の交付も併せて行う場合、自らの課税資

産の譲渡等と委託を受けたものを一の適格請求書に記載することができます（インボイスＱ＆Ａ問39）。

　免税事業者等である委託者との委託販売契約を、その委託者との売買契約に変更し、その購入した商品を受託者の自らの商品として販売すれば、媒介者交付特例の適用を受けて自らの課税資産の譲渡等と委託を受けたものを一の適格請求書に記載することができるようになります。

　このため、受託者から委託販売契約を売買契約に変更したい旨の要請があることが考えられます。

　この場合、受託者においては、免税事業者等からの仕入れとなりますから、委託販売手数料相当額に仕入税額控除が制限される分（経過措置により仕入税額相当額の80％又は50％に制限される分）を加味したところで取引価格の設定を交渉される可能性があります。

③　公正取引委員会等への通報・相談

　上記①又は②の要請やこれに伴う交渉は、取引上優越した地位にある受託者が、免税事業者の仕入れや諸経費の支払に係る消費税の負担をも考慮した上で、双方納得の上で行われることが前提になっています。

　しかし、例えば、次のような事実がある場合は、「優越的地位の濫用」に該当する行為と考えられ、公正取引委員会等の関係行政機関への通報又は相談を行うことも検討する必要があります（免税事業者及びその取引先のインボイス制度への対応に関するＱ＆Ａ問７）。

・　課税事業者になるよう要請するにとどまらず、課税事業者にならなければ、委託販売手数料を引き上げるとか、それにも応じなければ取引を打ち切ることにするなどと一方的に通告したこと。
・　委託販売手数料の再交渉や契約変更による取引価格の交渉が形式的なものにすぎず、取引上優越した地位にある受託者の都合のみで著しく低い価格を設定し、免税事業者が負担していた消費税額も払えないような価格を設定したこと。
・　取引上の地位が相手方に優越している受託者が、インボイス制度の実施を契機として、免税事業者である仕入先に対して、一方的

に、免税事業者が負担していた消費税額も払えないような価格など
著しく低い委託販売手数料を設定し、不当に不利益を与えること
なる場合であって、これに応じない相手方との取引を停止したこと。

参 考

Q29

　新消令 70 の 12 ①

　インボイス Q & A 問 39

　免税事業者及びその取引先のインボイス制度への対応に関する Q
　& A 問 7

関連Q＆A：Q20 独占禁止法等上の留意点

　　　　　　　Q21 免税事業者等との取引における価格改定上の留意点

　　　　　　　Q23 資産の売手における影響と対応

　　　　　　　Q27 媒介者交付特例

　　　　　　　Q28 受託者における影響と対応

Q30　飲食料品の委託販売における留意点

Q　当法人は、就労継続支援Ｂ型事業を含む障害福祉サービス事業を行っているNPO法人で免税事業者です。

　就労継続支援Ｂ型事業では野菜の生産とその加工品の製造を行っており、野菜や加工品を道の駅や市の販売所に委託して販売しています。

　従来から、委託商品の売上金額から委託販売手数料の額を控除した残額を、売上高に計上しています。

　インボイス制度導入に当たっては、適格請求書発行事業者の登録をする予定です。

　インボイス制度開始後も、現行の会計処理をそのまま続けてかまわないでしょうか。

A　消費税額の計算上、飲食料品の委託販売においては、飲食料品の譲渡等に適用される税率（軽減税率）と委託販売手数料に適用される税率が異なるため、委託商品の売上金額から委託販売手数料の額を控除した残額を課税資産の譲渡等の金額（売上高）とする処理（純額処理）は適用できません。

解説

(1)　原則（総額処理）

　委託販売その他業務代行等（以下「委託販売等」といいます。）を通じて商品を販売する委託者について、原則として受託者が委託商品を譲渡等したことに伴い収受した又は収受すべき金額が委託者における資産の譲渡等の金額となり、受託者に支払う委託販売手数料が課税仕入れに係る支払対価の額となります（以下「総額処理」といいます。）。

(2)　特例（純額処理）

①　単一税率における純額処理

　令和元年9月30日まで（軽減税率制度実施前）の単一税率の下では、その課税期間中に行った委託販売等の全てについて、その資産の譲渡等の金額からその受託者に支払う委託販売手数料を控除した残額を委託者における資産の譲渡等の金額とすることが認められていました（以下「純額処理」といいます。）（消基通10-1-12(1)、**[図表1]** 参照）。

　委託販売等に係る取扱商品が軽減税率の適用対象でない場合は、令和元年10月1日以降も引き続き純額処理によることができます。なお、その場合には、軽減税率の適用対象ではない取扱商品に係る委託販売等の全てについて、純額処理による必要があります（消費税の軽減税率制度に関するQ＆A個別事例編（以下「軽減税率Q&A個別事例編」といいます。）問45（注）1）。

②　複数税率の適用がある場合の純額処理の禁止

　令和元年10月1日以降は、委託販売等を通じて受託者が行う飲食料品の譲渡は軽減税率の適用対象となる一方、受託者が行う委託販売等に係る役務の提供は、その取扱商品が飲食料品であったとしても、軽減税率の適用対象となりません。

　したがって、その取扱商品が飲食料品である場合には、受託者が行う販売と委託販売に係る役務の提供の適用税率が異なるため、純額処理をすることはできないこととなります（消費税の軽減税率制度に関する取扱通達（以下「軽減通達」といいます。）16）。

　このため、軽減税率の適用対象となる商品と適用対象とならない商品の両方の委託販売等を行う委託者は、令和元年10月1日を含む課税期間において、その課税期間の初日から令和元年9月30日までの期間について純額処理していた場合、令和元年10月1日以降について、軽減税率の適用対象となる取引について総額処理に変更することとなりますが、軽減税率の適用対象とならない取引も含めてその委託販売等の全てを総額処理に変更することも差し支えありません（軽減税率Q＆A個別

事例編問 45（注）2、**［図表 1］**参照）。

［図表 1］飲食料品の委託販売の処理

飲食料品の売上代金（8%）
10,000 円（税抜き）

| 委託者 | | 受託者 | | 購入者 |

委託販売手数料（10%）
1,000 円（税抜き）

令和元年 9 月 30 日以前（純額処理）
　課税標準額 10,000 円 － 1,000 円 ＝ 9,000 円（8%）
令和元年 10 月 1 日以降（総額処理）
　課税売上げ 10,000 円（8%）　課税仕入れ（委託販売手数料）1,000 円（10%）

(3)　免税事業者が課税事業者になった場合の対応

　免税事業者は消費税の申告納税義務がありませんから、その取扱商品が飲食料品である委託販売等について、令和元年 10 月 1 日以降も純額処理により売上計上して問題はありません。

　しかし、インボイス制度開始後、その免税事業者が適格請求書発行事業者に登録した場合は課税事業者になることから、その登録の日以後の課税期間においては純額処理によることはできず、総額処理によることになります。

　特に、この場合で簡易課税制度の適用を受けるときは、純額処理によると委託販売手数料に相当する額だけ売上げが少なく計上されることになります。このため、消費税額の計算の基礎となる課税売上高（課税標準額）が大幅に少なくなり、過少申告となって多額の納税漏れが生じることになるので、注意が必要です。

参　考

Q30

消基通 10-1-12

軽減通達 16

軽減税率 Q & A 個別事例編問 45

関連Q＆A：Q29 委託者における影響と対応

美術館・博物館等

公益法人 　NPO法人

Q31　チケット販売における影響と対応

　当法人は、美術館を所有運営する公益財団法人で免税事業者です。当法人では、入館券や鑑賞券を窓口と市のチケット販売所に委託して販売しています。今後、ネット上のチケット販売サイトを通じて販売する計画もあります。

　インボイス制度導入後、これらの取引についてはどのような影響があるでしょうか。

A　美術館で入館券や鑑賞券が入館の際に回収される場合は仕入税額控除の特例があるため、インボイス制度導入後も影響はないものと考えられます。

解説

(1)　チケット販売における影響

①　個人利用者

　個人である消費者は消費税の最終負担者であり、適格請求書等が必要となることはありませんので、インボイス制度導入の影響で入館者が減少することはありません。

②　法人・個人事業者利用者

イ　窓口販売

　インボイス制度の下では、帳簿及び請求書等の保存が仕入税額控除の要件とされます（新消法30⑦）。

　ただし、請求書等の交付を受けることが困難であるなどの理由により、適格簡易請求書の記載事項（取引年月日を除きます。）が記載されている入場券等が使用の際に回収される取引については、通常必要な記載事項に加え、次の事項を記載した帳簿のみの保存で仕入税額控除が認められます（新消法30⑦、新消令49①一ロ、インボイスＱ＆Ａ問82・88）。

- ・　帳簿のみの保存で仕入税額控除が認められるいずれかの仕入れに該当する旨…この場合は「入場券等」
- ・　仕入れの相手方の住所又は所在地

　このため、課税事業者である法人や個人事業者が接待や福利厚生等の目的で、美術館や博物館等の施設（以下「美術館等」といいます。）の入館券や鑑賞券等の入場券等を窓口で購入し入館の際に回収される場合でも、一定の事項を記載した帳簿のみの保存で仕入税額控除が認められ、適格請求書等を必要としません。

　このため、インボイス制度導入により入館者が減少することはありません。

ロ　予約・ネット販売等

　電話やインターネットで入館日時の予約のみを行い、来館の際に入場券等を購入する場合は、窓口販売の場合と同様になります。

　また、インターネットやコンビニエンスストアで入場予約券等を購入して来館される場合も、入館時にＱＲコードの提示又は紙の入場予約券等と引き換えに入場券等と交換し回収すれば、窓口販売の場合と同様になります。

ハ　旅行代理店等の団体利用

　旅行代理店等から事前の予約を受けて団体利用で入金がある場合で

あっても、来館の際に入館者数の分の入場券等を用意し、これを入館時
に回収すれば、窓口販売の場合と同様になります。

(2)　チケット販売の取扱手数料

①　委託販売

イ　免税事業者等及び簡易課税制度の適用を受ける課税事業者

　免税事業者等には消費税の納税義務がありません。また、簡易課税制
度の適用を受ける課税事業者は、仕入税額控除を適用するに当たって適
格請求書等を保存する必要はありません（消法9①、37①）。

　したがって、これらに該当する美術館等を運営する法人は、入場券等
の委託販売における受託者に支払う取扱手数料について適格請求書等の
交付を受ける必要はありません。

ロ　本則課税の適用を受ける課税事業者

　本則課税の適用を受ける課税事業者である美術館等を運営する法人
は、インボイス制度導入後、仕入税額控除の適用を受ける場合には、入
場券等の委託販売における受託者に支払う取扱手数料について適格請求
書等の交付を受ける必要があります（新消法30⑦）。

　一般的に、美術館等の入場券等の委託販売を行う受託者は、規模が大
きく、適格請求書発行事業者に登録されていると考えられることから、
適格請求書等の交付は問題なく受けることができるものと考えられま
す。

②　ネット販売等

イ　免税事業者等及び簡易課税制度の適用を受ける課税事業者

　上記①イと同様、これらに該当する美術館等を運営する法人は、入場
券等の委託販売における受託者に支払う取扱手数料について適格請求書
等の交付を受ける必要はありません。

ロ　本則課税の適用を受ける課税事業者

　本則課税の適用を受ける課税事業者である美術館等を運営する法人
は、インボイス制度導入後、仕入税額控除の適用を受ける場合には、入

場券等の販売するネットサイトやコンビニエンスストアの運営者に支払う取扱手数料について適格請求書等の交付を受ける必要があります（新消法30⑦）。

　これらの運営者は、一般的に規模が大きく、適格請求書発行事業者に登録されていると考えられることから、適格請求書等の交付は問題なく受けることができるものと考えられます。

参　考

Q31

　消法9①、37①

　新消法30⑦

　新消令49①一ロ

　インボイスＱ＆Ａ問82・88

研修・セミナー事業

社会福祉法人　公益法人　NPO法人　学校法人

Q32　研修事業運営者における影響と対応
（免税事業者）

Q 当法人は、ある業種を対象にその業務に関する研修やセミナーを行っている一般社団法人で免税事業者です。

インボイス制度導入後、この事業についてはどのような影響があるでしょうか。

A 課税事業者である受講者が多い場合、受講者数が減少する可能性があります。

解説

(1)　受講者における影響と対応

①　令和5年9月30日までの取引

研修やセミナーを行う事業（以下「研修事業」といいます。）の運営者が免税事業者であっても区分記載請求書等を発行することができるため、課税事業者である受講者はこれを保存して帳簿の記載を行えば、その消費税額の全額についても仕入税額控除を適用して納付税額を計算することができます（平成28年改正法附則34②、**[図表1]** 参照）。

［図表１］　現行の免税事業者との取引における仕入税額控除

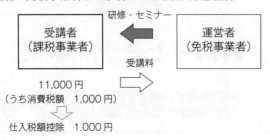

②　インボイス制度導入後の取引の影響

イ　令和5年10月1日から令和8年9月30日までの期間

　　免税事業者等である研修事業の運営者は適格請求書を発行することができません。このため、本来、課税事業者である受講者はその受講料に係る消費税額について仕入税額控除を適用することができません（新消法30⑦）。

　　ただし、経過措置により、免税事業者等である研修事業の運営者に対する受講料であっても、令和5年10月1日から令和8年9月30日までの期間は、免税事業者等である研修事業の運営者から区分記載請求書等の交付を受け、これを保存して帳簿の記載を行えば、その仕入税額の80％について仕入税額控除を適用して納付税額を計算することができます（平成28年改正法附則52、インボイスQ＆A問89、**［図表2］**参照）。

ロ　令和8年10月1日から令和11年9月30日までの期間

　　免税事業者等である研修事業の運営者は適格請求書を発行することができません。このため、本来、課税事業者である受講者はその受講料に係る消費税額について仕入税額控除を適用することができません（新消法30⑦）。

　　ただし、経過措置により、免税事業者等である研修事業の運営者に対する受講料であっても、令和8年10月1日から令和11年9月30日までの期間は、免税事業者等である研修事業の運営者から区分記載請求書等の交付を受け、これを保存して帳簿の記載を行えば、その仕入税額の

50％について仕入税額控除を適用して納付税額を計算することができます（平成 28 年改正法附則 53、インボイス Q & A 問 89、**［図表 2］**参照）。

ハ　令和 11 年 10 月 1 日以降

　令和 11 年 10 月 1 日以降は経過措置がなくなるため、免税事業者等である研修事業の運営者からは適格請求書の交付を受けることができません。このため、課税事業者である受講者はその受講料に係る消費税額について仕入税額控除を適用することができません（新消法 30 ⑦、**［図表 2］**参照）。

［図表 2］インボイス制度導入後の免税事業者との取引における仕入税額控除

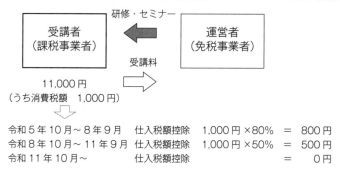

③　インボイス制度導入後の受講者の対応

　課税事業者である受講者の最も簡単な対応は、受講する研修を課税事業者である運営者の開催するものに変更することです。ただし、他に代わりになる研修がない場合や現行より高額となる場合は事実上対応することができません。

⑵　研修等の運営者における影響と対応

①　研修等の運営者における影響

　消費税に関し本則課税により仕入税額控除を行っている課税事業者（受講者）は、令和 5 年 10 月 1 日以降、免税事業者等からの仕入れ等の取引がある場合は、上記⑴②のとおり、仕入税額控除が制限されること

により消費税の納税負担が増えることになります。

　このため、この影響を受ける課税事業者（受講者）は、上記(1)②のとおり、免税事業者等である運営者の研修の受講を控えることが考えられます。

　これによって、免税事業者等である運営者の研修の受講者が減少するおそれがあります。

② 　研修等の運営者における対応

　消費者を対象としている研修事業については適格請求書の交付を必要としませんから、影響はありません。しかし、企業等の法人の役職員を対象とする場合は、例外的に受講者の大部分が免税事業者であるようなときを除き、影響は避けられないものと考えられます。

　この場合には、次のような対応が考えられます。

イ　適格請求書発行事業者への登録

　課税事業者である受講者が安心して受講できるよう、適格請求書発行事業者に登録することが考えられます。

　さらに、この登録を積極的にアピールして集客活動に繋げていくこともできます。

ロ　会員対象の研修事業の対応

　公益社団法人、一般社団法人又はNPO法人等の社員に限定して又はそれらの社員に対して優先的に研修事業を行っている場合があります。このような法人においても、その理事会や社員総会において、適格請求書発行事業者への登録を提案することも考えられます。

　しかし、このような法人の研修事業は、元々、他の同種の研修事業より料金を安価にしていることが多く、これに加えて適格請求書発行事業者への登録をすることは、過大な税負担や事務負担を招くことになります。

　したがって、社員に対して、その研修事業の現況を丁寧に説明、周知して、免税事業者のままで運営することへの理解を求めることが考えられます。

③　課税事業者となった場合の対応

　免税事業者等である研修事業の運営者が、適格請求書発行事業者に登録して課税事業者となった場合には、簡易課税制度の適用を検討する必要があります。

　また、研修事業において、その経費のうち講師への謝金の比重が大きい等、課税仕入れが多い場合、本則課税を適用するほうが有利なときもあります。ただし、この場合は、講師の謝金に関する取扱いに注意する必要があります（Q33参照）。

◇◇

参　考

Q32

　　平成28年改正法附則34②、52、53

　　新消法30⑦

　　インボイスＱ＆Ａ問89

関連Ｑ＆Ａ：Q14 適格請求書発行事業者の登録手続（免税事業者）

　　　　　　　Q16 簡易課税制度の選択の特例

　　　　　　　Q33 研修事業運営者における影響と対応（課税事業者）

◇◇

Q33 研修事業運営者における影響と対応（課税事業者）

> **Q** 当法人は、一般企業を対象にビジネスに関する研修やセミナーを行っている公益財団法人で、本則課税の適用を受ける課税事業者です。インボイス制度導入後、この事業についてはどのような影響があるでしょうか。
>
> **A** 研修やセミナーの講師が法人の役職員以外の外部の者に謝金を支払っている場合、その講師が免税事業者であるときは、税負担が増加する可能性が考えられます。

解説

(1) 研修事業運営者における影響

① 令和5年9月30日までの取引

免税事業者である外部講師であっても区分記載請求書等を発行することができるため、課税事業者はこれを保存して帳簿の記載を行えば、その講師に支払う謝金に係る消費税額の全額について仕入税額控除を適用して納付税額を計算することができます（平成28年改正法附則34②、[図表1]参照）。

[図表1] 現行の免税事業者との取引における仕入税額控除

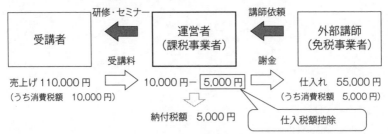

②　インボイス制度導入後の取引

イ　令和5年10月1日から令和8年9月30日までの期間

　免税事業者等である外部講師は適格請求書を発行することができません。このため、本来、課税事業者である研修事業の運営者は、その講師に支払う謝金に係る消費税額について仕入税額控除を適用することができません（新消法30⑦）。

　ただし、経過措置により、免税事業者等である外部講師に支払う謝金に係る消費税額であっても、令和5年10月1日から令和8年9月30日までの期間は、免税事業者等である外部講師から区分記載請求書等の交付を受け、これを保存して帳簿の記載を行えば、その仕入税額の80％について仕入税額控除を適用して納付税額を計算することができます（平成28年改正法附則52、インボイスＱ＆Ａ問89、[**図表2**] 参照）。

ロ　令和8年10月1日から令和11年9月30日までの期間

　免税事業者等である外部講師は適格請求書を発行することができません。このため、本来、課税事業者である研修事業の運営者は、その講師に支払う謝金に係る消費税額について仕入税額控除を適用することができません（新消法30⑦）。

　ただし、経過措置により、免税事業者等である外部講師に対する謝金であっても、令和8年10月1日から令和11年9月30日までの期間は、免税事業者等である外部講師から区分記載請求書等の交付を受け、これを保存して帳簿の記載を行えば、その仕入税額の50％について仕入税額控除を適用して納付税額を計算することができます（平成28年改正法附則53、インボイスＱ＆Ａ問89、[**図表2**] 参照）。

ハ　令和11年10月1日以降

　令和11年10月1日以降は経過措置がなくなるため、免税事業者等である外部講師からは適格請求書の交付を受けることができません。このため、課税事業者である研修事業の運営者は、その外部講師に支払う謝金に係る消費税額について仕入税額控除を適用することができません（新消法30⑦、[**図表2**] 参照）。

［図表２］インボイス制度導入後の免税事業者との取引における仕入税額控除

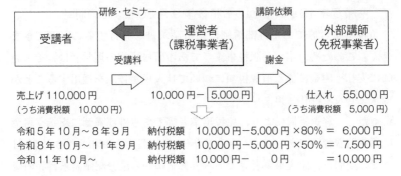

令和5年10月～8年9月	納付税額	10,000円－5,000円×80%＝　6,000円
令和8年10月～11年9月	納付税額	10,000円－5,000円×50%＝　7,500円
令和11年10月～	納付税額	10,000円－　　　0円　　＝10,000円

⑵　研修事業運営者における対応

①　影響額の把握と税負担増加の許容

　まず、インボイス制度導入後、外部講師との取引による税負担の影響を把握する必要があります。

　この場合の方法としては、前記 **Q19［図表1］** の適格請求書発行事業者の登録番号の提供を文書で依頼することが考えられます（83頁参照）。ただし、外部講師のとの取引数が少ない場合は個別に確認したほうが確実です。

　この結果、免税事業者である外部講師との取引量が少なく影響が僅少である場合や課税事業者が設定している予算の範囲内の負担増である場合は、この影響額を許容して、あえて対応しないことも考えられます。

②　免税事業者等への対応

イ　適格請求書発行事業者への登録要請

　課税事業者が、インボイスに対応するために、免税事業者に対し、課税事業者になるよう要請することはできます。

　ただし、そもそも外部講師はその専門性が高いため、他に代えがたい場合が多く、特に大学教授等の教職員や他の法人の役職員のような給与所得者については課税事業者になることは困難であると思われます。

　一方、個人事業主である税理士、社会保険労務士等の事業者を顧客と

する士業者については、比較的適格請求書発行事業者への登録の要請に理解してもらいやすいと考えられます。

　なお、要請するにとどまらず、課税事業者にならなければ取引価格を引き下げる、それにも応じなければ取引を打ち切ることにするなどと一方的に通告することは、独占禁止法上又は下請法上、問題となるおそれがあります。

ロ　取引条件の見直し

　インボイス制度の実施後の免税事業者等との取引において、仕入税額控除ができないことを理由に、免税事業者等に対して取引価格の引下げを要請し、取引価格の再交渉において、仕入税額控除が制限される分（経過措置により仕入税額相当額の80％又は50％に制限される分）について、免税事業者等の仕入れや諸経費の支払に係る消費税の負担をも考慮した上で、双方納得の上で取引価格を設定すれば、結果的に取引価格が引き下げることができます。

　ただし、再交渉が形式的なものにすぎず、取引上優越した地位にある事業者（買手）の都合のみで著しく低い価格を設定し、免税事業者が負担していた消費税額も払えないような価格を設定した場合には、優越的地位の濫用として独占禁止法上問題となりますから、注意する必要があります。

　したがって、免税事業者等との間で、取引価格等について再交渉する場合には、その事業の内容も踏まえて十分に協議を行い、仕入側の事業者の都合のみで低い価格を設定する等しないよう、注意する必要があります。

ハ　受講料の値上げ

　研修事業の専門性が高く、外部講師の大部分が大学教授等の教職員や他の法人の役職員のような給与所得者であるため、上記イ及びロの対応ができない場合、他の同種の研修事業がない又は差別化されている場合は、税負担が増加する分の受講料の値上げを検討することも考えられます。

③　外部講師からの適格請求書等の交付

　本則課税の適用を受ける課税事業者が仕入税額控除の適用を受けるためには、適格請求書又は区分記載請求書等の交付を受けなければなりません。一方、適格請求書発行事業者が課税資産の譲渡等を行った場合、課税事業者からの求めに応じて適格請求書を交付する義務が課されています（新消法 57 の 4 ①）。

　このため、研修事業の運営者が仕入税額控除の適用を受けるためには、外部の講師から適格請求書又は区分記載請求書等の交付を受ける必要があり、適格請求書発行事業者である外部の講師は適格請求書を交付する義務があります（新消法 30 ①⑦⑨一）。

　ただし、講師が個人である場合では適格請求書の交付をすることが困難であると考えられます。このような場合の交付する方法については、支払通知書によることができます。具体的な方法は **Q56** を参照してください。

<><><><><><><><><><><><><><><><><><><><><><><><><><><><><><><><><><>

参　考

Q33

　　平成 28 年改正法附則 34 ②、52、53

　　新消法 30 ⑦⑦⑨一、57 の 4 ①

　　インボイス Q & A 問 89

関連Q＆A：Q19 免税事業者等との取引における基本的な対応

　　　　　　　Q20 独占禁止法等上の留意点

　　　　　　　Q21 免税事業者等との取引における価格改定上の留意点

　　　　　　　Q56 支払通知書

<><><><><><><><><><><><><><><><><><><><><><><><><><><><><><><><><><>

健診機関・予防接種機関

Q34 健診機関等における影響と対応
（免税事業者）

> **Q** 当法人は、診療所を経営する医療法人で免税事業者です。保険診療を主として行っており、自由診療の健康診断や予防接種も行っていますが、その収入は年500万円程度です。
>
> インボイス制度導入により、どのような影響があるでしょうか。
>
> **A** 課税事業者である法人の依頼する従業員の健康診断や予防接種が減少することが予想されますが、その影響が小さければ、あえて対応をしないことも考えられます。

解説

(1) 受診者における影響と対応

① 令和5年9月30日までの取引

健康診断や予防接種（以下「健診等」といいます。）は原則自由診療であることから保険診療行為には該当せず、消費税の課税対象になります。

この健診等を実施する医療機関（以下「健診機関等」といいます。）が免税事業者であっても区分記載請求書等を発行することができるた

め、その受診者が課税事業者であってもこれを保存して帳簿の記載を行えば、その消費税額の全額についても仕入税額控除を適用して納付税額を計算することができます（平成28年改正法附則34②、**[図表1]**参照）。

[図表1]　現行の免税事業者との取引における仕入税額控除

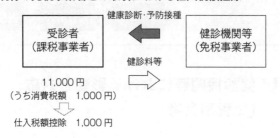

②　インボイス制度導入後の取引の影響

イ　令和5年10月1日から令和8年9月30日までの期間

　免税事業者等である健診機関等は適格請求書を発行することができません。このため、本来、その受診者が課税事業者である場合、その健診等の費用（以下「健診料等」といいます。）に係る消費税額について仕入税額控除を適用することができません（新消法30⑦）。

　ただし、経過措置により、免税事業者等である健診機関等に対する健診料等であっても、令和5年10月1日から令和8年9月30日までの期間は、免税事業者等である健診機関等から区分記載請求書等の交付を受け、これを保存して帳簿の記載を行えば、その仕入税額の80％について仕入税額控除を適用して納付税額を計算することができます（平成28年改正法附則52、インボイスQ&A問89、**[図表2]**参照）。

ロ　令和8年10月1日から令和11年9月30日までの期間

　免税事業者等である健診機関等は適格請求書を発行することができません。このため、本来、その受診者が課税事業者である場合、その健診料等に係る消費税額について仕入税額控除を適用することができません（新消法30⑦）。

　　ただし、経過措置により、免税事業者等である健診機関等に対する健
診料等であっても、令和 8 年 10 月 1 日から令和 11 年 9 月 30 日までの
期間は、免税事業者等である健診機関等から区分記載請求書等の交付を
受け、これを保存して帳簿の記載を行えば、その仕入税額の 50％につ
いて仕入税額控除を適用して納付税額を計算することができます（平成
28 年改正法附則 53、インボイス Q & A 問 89、[**図表 2**] 参照）。

ハ　令和 11 年 10 月 1 日以降

　　令和 11 年 10 月 1 日以降は経過措置がなくなるため、免税事業者等で
ある健診機関等からは適格請求書の交付を受けることができません。こ
のため、その受診者が課税事業者である場合、その健診料等に係る消費
税額について仕入税額控除を適用することができません（新消法 30 ⑦、
[**図表 2**] 参照）。

[図表 2] インボイス制度導入後の免税事業者との取引における仕入税額控除

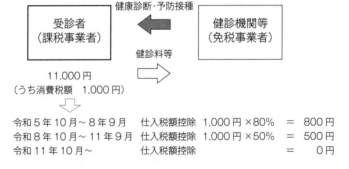

③　インボイス制度導入後の受診者の対応

　　課税事業者である受診者にとって最も簡単な対応は、健診等の受診を
課税事業者である健診機関等に変更することです。ただし、近隣に代わ
りになる健診機関等がない場合は事実上対応することができません。

⑵　健診機関等における影響と対応
①　健診機関等における影響

　消費税に関し本則課税により仕入税額控除を行っている課税事業者（受診者）は、令和5年10月1日以降、免税事業者等からの仕入れ等の取引がある場合は、上記⑴②のとおり、仕入税額控除が制限されることにより消費税の納税負担が増えることになります。

　このため、この影響を受ける課税事業者（受診者）は、上記⑴②のとおり、免税事業者等である健診機関等の受診を控えることが考えられます。

　これによって、免税事業者等である健診機関等の受診者が減少することが考えられます。

②　健診機関等における対応
イ　健診等の重要度が低い場合

　受診者が個人で健診料等を負担している場合については適格請求書の交付を必要としませんから、影響はありません。他方、受診者が課税事業者である法人の役職員を対象とする場合は、原則として適格請求書の交付を必要とします。

　しかし、健診機関等が非課税である保険診療を主たる事業とする診療所を経営する法人である場合は、収益全体に対する健診等の収益の金額や割合が僅少で、適格請求書発行事業者に登録することが税負担や事務負担を考慮すると大したメリットがないことも考えられます。

　したがって、このような場合は、あえて対応をしないことも考えられます。

ロ　適格請求書発行事業者への登録

　健診料等による収入が年間1,000万円前後であれば、収支や事務負担を勘案して、適格請求書発行事業者に登録することが考えられます。

　さらに、この登録を積極的にアピールして集患活動に繋げていくことも考えられます。

③　課税事業者となった場合の対応

　免税事業者等である健診機関等が、適格請求書発行事業者に登録して課税事業者となった場合には、簡易課税制度の適用を検討する必要があります。

　また、健診等において、その経費のうち外注費の比重が大きい等、課税仕入れが多い場合は、本則課税を適用するほうが有利なときもあります。ただし、この場合は、外注費に関する取扱いに注意する必要があります（Q35 参照）。

参　考

Q34

　平成 28 年改正法附則 34 ②、52、53

　新消法 30 ⑦

　インボイス Q & A 問 89

関連Q＆A：Q14 適格請求書発行事業者の登録手続（免税事業者）

　　　　　　　Q16 簡易課税制度の選択の特例

　　　　　　　Q35 健診機関等における影響と対応（課税事業者）

Q35　健診機関等における影響と対応 （課税事業者）

> **Q**　当法人は、主に一般企業を対象に健診等を行っている一般財団法人で本則課税の適用を受ける課税事業者です。
>
> 　インボイス制度導入後、この事業についてはどのような影響があるでしょうか。
>
> **A**　健診等に関して人件費以外に外注費を支払っている場合、その外注先が免税事業者であるときは、税負担が増加することが考えられます。

解説

(1)　健診機関等における影響

①　令和5年9月30日までの取引

　免税事業者である外注先であっても区分記載請求書等を発行することができるため、課税事業者はこれを保存して帳簿の記載を行えば、その外注先に支払う外注費（委託費を含みます。以下同じ。）に係る消費税額の全額について仕入税額控除を適用して納付税額を計算することができます（平成28年改正法附則34②、[**図表1**] 参照）。

[図表1]　現行の免税事業者との取引における仕入税額控除

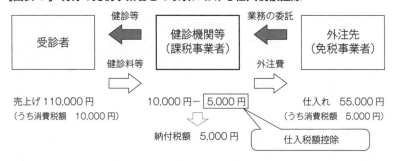

②　インボイス制度導入後の取引

イ　令和5年10月1日から令和8年9月30日までの期間

　免税事業者等である外注先は適格請求書を発行することができません。このため、本来、課税事業者である健診機関等は、その外注先に支払う謝金に係る消費税額について仕入税額控除を適用することができません（新消法30⑦）。

　ただし、経過措置により、免税事業者等である外注先に支払う外注費に係る消費税額であっても、令和5年10月1日から令和8年9月30日までの期間は、免税事業者等である外注先から区分記載請求書等の交付を受け、これを保存して帳簿の記載を行えば、その仕入税額の80％について仕入税額控除を適用して納付税額を計算することができます（平成28年改正法附則52、インボイスQ＆A問89、[**図表2**]参照）。

ロ　令和8年10月1日から令和11年9月30日までの期間

　免税事業者等である外注先は適格請求書を発行することができません。このため、本来、課税事業者である健診機関等は、その外注先に支払う外注費に係る消費税額について仕入税額控除を適用することができません（新消法30⑦）。

　ただし、経過措置により、免税事業者等である外注先に対する外注費であっても、令和8年10月1日から令和11年9月30日までの期間は、免税事業者等である外注先から区分記載請求書等の交付を受け、これを保存して帳簿の記載を行えば、その仕入税額の50％について仕入税額控除を適用して納付税額を計算することができます（平成28年改正法附則53、インボイスQ＆A問89、[**図表2**]参照）。

ハ　令和11年10月1日以降

　令和11年10月1日以降は経過措置がなくなるため、免税事業者等である外注先からは適格請求書の交付を受けることができません。このため、課税事業者である研修事業の運営者は、その外注先に支払う外注費に係る消費税額について仕入税額控除を適用することができません（新消法30⑦、[**図表2**]参照）。

[図表２] インボイス制度導入後の免税事業者との取引における仕入税額控除

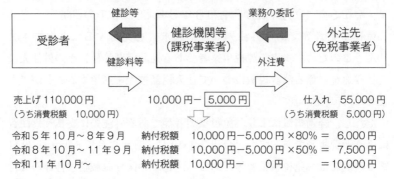

売上げ 110,000 円　　　　　　　 10,000 円− 5,000 円　　　　　 仕入れ　55,000 円
(うち消費税額　10,000 円)　　　　　　　　　　　　　　　　　　(うち消費税額　5,000 円)

令和５年 10 月〜８年９月　　納付税額　10,000 円−5,000 円 ×80% ＝　6,000 円
令和８年 10 月〜 11 年９月　納付税額　10,000 円−5,000 円 ×50% ＝　7,500 円
令和 11 年 10 月〜　　　　　納付税額　10,000 円−　　　 0 円　　＝10,000 円

(2)　健診機関等における対応

①　影響額の把握と税負担増加の許容

　健診機関等は、健診等を行うために医師、看護師、検査技師その他様々な医療従事者を雇用して業務を行っていますが、これ以外に検査、相談その他業務に関して多くの外注を行っています。

　そこで、まず、インボイス制度導入後、外注先との取引による税負担の影響を把握する必要があります。

　この場合の方法としては、前記 Q19 [図表１] の適格請求書発行事業者の登録番号の提供を文書で依頼することが考えられます（83 頁参照）。ただし、外注先との取引数が少ない場合は個別に確認したほうが確実です。

　その結果、免税事業者である外注先との取引量が少なく影響が僅少である場合や課税事業者が設定している予算の範囲内の負担増である場合は、この影響額を許容して、あえて対応しないことも考えられます。

②　免税事業者等への対応

イ　適格請求書発行事業者への登録要請

　課税事業者が、インボイスに対応するために、免税事業者に対し、課税事業者になるよう要請することはできます。

　ただし、外注先はその専門性が高いため他に代えがたい場合も多く、

特に給与所得者が副業で業務を行っている場合については課税事業者になることは困難であると思われます。

　一方、個人事業主であるコンサルタント等については、比較的適格請求書発行事業者への登録の要請について理解してもらいやすいと考えられます。

　なお、要請するにとどまらず、課税事業者にならなければ取引価格を引き下げる、それにも応じなければ取引を打ち切ることにするなどと一方的に通告することは、独占禁止法上又は下請法上、問題となるおそれがあります。

ロ　取引条件の見直し

　インボイス制度の実施後の免税事業者等との取引において、仕入税額控除ができないことを理由に、免税事業者等に対して取引価格の引下げを要請し、取引価格の再交渉において、仕入税額控除が制限される分（経過措置により仕入税額相当額の80％又は50％に制限される分）について、免税事業者等の仕入れや諸経費の支払に係る消費税の負担をも考慮した上で、双方納得の上で取引価格を設定すれば、結果的に取引価格が引き下げることができます。

　ただし、再交渉が形式的なものにすぎず、取引上優越した地位にある事業者（買手）の都合のみで著しく低い価格を設定し、免税事業者が負担していた消費税額も払えないような価格を設定した場合には、優越的地位の濫用として独占禁止法上問題となりますから、注意する必要があります。

　したがって、免税事業者等との間で、取引価格等について再交渉する場合には、その事業の内容も踏まえて十分に協議を行い、仕入側の事業者の都合のみで低い価格を設定する等しないよう、注意する必要があります。

③　外注先からの適格請求書等の交付

　本則課税の適用を受ける課税事業者が仕入税額控除の適用を受けるためには、適格請求書又は区分記載請求書等の交付を受けなければなりま

せん。一方、適格請求書発行事業者が課税資産の譲渡等を行った場合、課税事業者からの求めに応じて適格請求書を交付する義務が課されています（新消法57の4①）。

このため、健診機関等が仕入税額控除の適用を受けるためには、外注先から適格請求書又は区分記載請求書等の交付を受ける必要があり、適格請求書発行事業者である外注先は適格請求書を交付する義務があります（新消法30①⑦⑨一）。

ただし、外注先が個人である場合では適格請求書等の交付が困難な場合があります。このような場合の交付する方法については、支払通知書によることができます。具体的な方法は **Q56** を参照してください。

参　考

Q35

平成28年改正法附則34②、52、53

新消法30①⑦⑨一、57の4①

インボイスQ＆A問89

関連Q＆A：Q19 免税事業者等との取引における基本的な対応

　　　　　　Q20 独占禁止法等上の留意点

　　　　　　Q21 免税事業者等との取引における価格改定上の留意点

　　　　　　Q56 支払通知書

不動産等の賃貸借

社会福祉法人　公益法人　NPO法人　学校法人　宗教法人　社会医療法人

Q36　建物等の借主・貸主における影響と対応（免税事業者）

 当法人は、同業者を会員とする一般社団法人で免税事業者です。当法人は会館を所有しており、そのうちの一室を一般企業に事務所として賃貸しています。

インボイス制度導入後は、どのような影響を受けるでしょうか。

A 借主が課税事業者である場合、適格請求書発行事業者への登録の依頼や取引条件の見直しにより収支が悪化する可能性があり、将来的には貴法人の施設から退去するおそれもあります。

解 説

(1)　借主における影響と対応

①　令和5年9月30日までの取引

免税事業者であっても区分記載請求書等を発行することができるため、課税事業者はこれを保存して帳簿の記載を行えば、免税事業者である貸主に支払う賃借料に係る消費税額の全額についても仕入税額控除を適用して納付税額を計算することができます（平成28年改正法附則34②、[**図表1**] 参照）。

[図表 1]　現行の免税事業者との取引における仕入税額控除

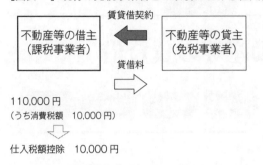

110,000 円
(うち消費税額　10,000 円)

仕入税額控除　10,000 円

②　インボイス制度導入後の取引

イ　令和5年10月1日から令和8年9月30日までの期間

　免税事業者等は適格請求書を発行することができません。このため、本来、課税事業者は免税事業者等である貸主に支払う賃借料に係る消費税額について仕入税額控除を適用することができません（新消法30⑦）。

　ただし、経過措置により免税事業者等である貸主に支払う賃借料であっても、令和5年10月1日から令和8年9月30日までの期間は、免税事業者等から区分記載請求書等の交付を受け、これを保存して帳簿の記載を行えば、その仕入税額の80％について仕入税額控除を適用して納付税額を計算することができます（平成28年改正法附則52、インボイスQ＆A問89、**[図表2]**参照）。

ロ　令和8年10月1日から令和11年9月30日までの期間

　免税事業者等は適格請求書を発行することができません。このため、本来、課税事業者は免税事業者等である貸主に支払う賃借料に係る消費税額について仕入税額控除を適用することができません（新消法30⑦）。

　ただし、経過措置により、免税事業者等である貸主に支払う賃借料であっても、令和8年10月1日から令和11年9月30日までの期間は、免税事業者等から区分記載請求書等の交付を受け、これを保存して帳簿の記載を行えば、その仕入税額の50％について仕入税額控除を適用して納付税額を計算することができます（平成28年改正法附則53、インボ

イス Q & A 問 89、[**図表 2**]参照)。

ハ　令和 11 年 10 月 1 日以降

　令和 11 年 10 月 1 日以降は経過措置がなくなるため、免税事業者等からは適格請求書の交付を受けることができません。このため、課税事業者は免税事業者等である貸主に支払う賃借料に係る消費税額について仕入税額控除を適用することができません（新消法 30 ⑦、[**図表 2**]参照）。

[図表 2] インボイス制度導入後の免税事業者との取引における仕入税額控除

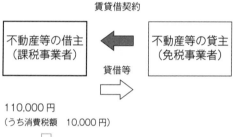

令和 5 年 10 月～ 8 年 9 月　　仕入税額控除	10,000 円 ×80% ＝ 8,000 円
令和 8 年 10 月～ 11 年 9 月　　仕入税額控除	10,000 円 ×50% ＝ 5,000 円
令和 11 年 10 月～　　　　　　　仕入税額控除	＝ 　　0 円

③　借主の対応

　消費税に関し本則課税により仕入税額控除を行っている課税事業者（借主）は、令和 5 年 10 月 1 日以降、免税事業者等からの仕入れ等の取引がある場合は、上記②のとおり、仕入税額控除が制限されることにより消費税の納税負担が増えることになります。

　ただし、建物や看板のような構築物の賃貸借は、消費財のような資産の売買と異なり、すぐに代替物件を賃借することが困難であることから、課税事業者である借主は次のような対応をすることが考えられます。

イ　適格請求書発行事業者への登録要請

　課税事業者である借主が、インボイスに対応するために、免税事業者

である貸主に対し、課税事業者になるよう要請することが考えられます。この場合、免税事業者であった貸主は、適格請求書発行事業者に登録することで新たに消費税を負担することになります。

ロ　取引条件の見直し

　課税事業者である借主が、インボイス制度の実施後の免税事業者等である貸主との取引において、仕入税額控除ができないことを理由に賃借料の引下げを要請し、取引価格の再交渉において、仕入税額控除が制限される分（経過措置により仕入税額相当額の80％又は50％に制限される分）について取引価格の引下げを要請することが考えられます。

ハ　退去

　課税事業者である借主の税負担は、インボイス制度導入直後はそれほど重くなくても、令和11年10月以降に経過措置がなくなり、免税事業者等である貸主に対して支払う賃借料に係る消費税額について仕入税額控除を適用することができなくなると重くなります。

　このため、代替できる不動産物件を比較的探しやすい都市部等では、借主は移転・退去することも考えられます。

(2)　貸主における影響と対応

①　取引条件と借主との関係の維持

　近隣に代替物件がない場合や賃借料が周辺の相場と比べて安い場合など、借主が退去するおそれが少ないと考えられるときは、賃借料等の取引条件をそのまま維持することが考えられます。

　ただし、取引条件を維持するには、借主との良好な関係を維持することが重要になります。

②　適格請求書発行事業者への登録又は賃借料の値下げ

　近隣に代替物件があり、借主が退去するおそれがある場合は、収支や事務負担を勘案して、適格請求書発行事業者に登録するか、賃料を値下げすることが考えられます。その場合、貸主は収益が減少するため、収支が悪化します。

　また、借主が退去し、別の借主の入居がなければ、貸主は収益そのものを失うことになります。

　免税事業者等である貸主が、適格請求書発行事業者に登録して課税事業者となった場合には、簡易課税制度の適用を検討する必要があります。

　一般的には、不動産業では、大規模な修繕や改修が予定されていない場合は簡易課税制度の適用を選択したほうが有利になります。

(3)　住宅の貸付けの非課税

　建物の貸付けのうち、住宅の貸付けは非課税とされます。したがって、貸主は借主に適格請求書を交付する必要はありません（消法6、別表第1十三）。

　ただし、次の場合は、住宅の貸付けに該当しません（消令16の2）。

・　住宅の貸付けに係る期間が1月に満たない場合
・　旅館業に係る施設の貸付けに該当する場合

(4)　指定管理者制度による貸付け

　建物等が公の施設であって、指定管理者制度により貸付けを行っている場合は、地方公共団体との協定等により、料金運営方法、適格請求書発行事業者への登録等が定められているため、その協定等に従うことになります（Q46〜49参照）。

◇◇◇

参　考

Q36

　平成28年改正法附則34②、52、53

　消法6、別表第1十三

　消令16の2

　新消法30⑦

インボイス Q & A 問 89

関連Q＆A： Q14 適格請求書発行事業者の登録手続（免税事業者）

Q16 簡易課税制度の選択の特例

Q38 会議室等の席貸しにおける影響と対応

Q39 駐車場の借主・貸主における影響と対応（免税事業者）

Q46 指定管理者制度の概要

Q47 指定管理者における影響と対応（利用料預り）

Q48 指定管理者における影響と対応（免税事業者・利用料金制）

Q49 指定管理者における影響と対応（課税事業者）

Q37 建物等の貸主における影響と対応（課税事業者）

Q 当法人は、会館の所有を目的として設立された一般社団法人で課税事業者です。会館の一部は他の複数の法人が区分所有しており、当法人がその部分も管理しています。

共用部分の水道光熱費、管理人人件費、清掃費、保守料等は共益費として、その他の区分所有者と当法人の賃借人（以下「テナント等」といいます。）から徴収した金額を課税売上げに計上し、テナント等が個別に使用する水道光熱費等はメーター等により検針した金額を徴収して「預り金」として処理し、電力会社等に支払っています。

当法人もテナント等も適格請求書発行事業者に登録しますが、インボイス制度導入後、これらの会計処理は継続して差し支えないでしょうか。

また、会館の建物附属設備の保守業務の一部を免税事業者である外注先に委託していますが、インボイス制度導入後、どのような影響があるでしょうか。

A インボイス制度導入後も会計処理は現在のままで差し支えありませんが、「預り金」に関しては適格請求書と立替金精算書等の交付が必要になります。

また、免税事業者に委託することで税負担の増加が考えられます。

解説

(1)　共益費の取扱い

①　課税対象

　建物の管理法人等が、水道光熱費、管理人人件費、清掃費等を共益費等と称して各テナント等から毎月一定額で領収し、その金額の中からそれぞれの経費を支払う方法をとっている場合には、建物の管理法人等が領収する共益費等は課税の対象となります（消基通10-1-14）。

　また、水道光熱費等の費用がメーター等によりもともと各テナント等ごとに区分されており、かつ、建物の管理法人等がテナント等から集金した金銭を預り金として処理し、建物の管理法人等は本来テナント等が支払うべき金銭を預かって電力会社等に支払うにすぎないと認められる場合には、その預り金は建物の管理法人等の課税売上げには該当しません（質疑応答事例　消費税（資産の譲渡の範囲）10）。

　したがって、ご質問の一般社団法人は現行の会計処理を継続して差し支えありません。

②　立替金（預り金）における適格請求書の交付

イ　適格請求書及び立替金精算書等

　テナント等が、電力会社等の立替払をした建物の管理法人等に交付された適格請求書を建物の管理法人等からそのまま受領したとしても、これをもって、電力会社等からテナント等に交付された適格請求書とすることはできません。

　ご質問の場合において、立替払を行った建物の管理法人等から、立替金精算書等の交付を受けるなどにより、経費の支払先である電力会社等から行った課税仕入れがテナント等のものであることが明らかにされている場合には、その適格請求書及び立替金精算書等の書類の保存をもって、テナント等は、電力会社等からの課税仕入れに係る請求書等の保存要件を満たすこととなります（インボイス通達4-2、インボイスQ&A問78、[図表1]参照）。

　また、この場合、立替払を行う建物の管理法人等が適格請求書発行事

業者以外の事業者であっても、テナント等が適格請求書発行事業者であれば、仕入税額控除を行うことができます。

［図表1］立替金の取引図

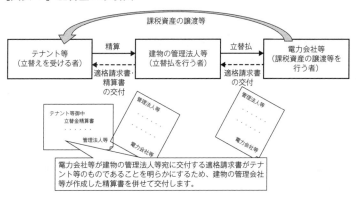

□　立替金精算書のみの保存

　複数のテナント等の経費を一括して建物の管理法人等が立替払している場合、原則として、建物の管理法人等は電力会社等から受領した適格請求書をコピーし、経費の支払先である電力会社等から行った課税仕入れが複数のテナント等のものであることを明らかにするために、建物の管理法人等が作成した精算書を添えるなどし、立替えを受けた者に交付する必要があります。

　しかし、立替えを受けた者に交付する適格請求書のコピーが大量となるなどの事情により、立替払を行った建物の管理法人等が、コピーを交付することが困難なときは、建物の管理法人等が電力会社等から交付を受けた適格請求書を保存し、立替金精算書を交付することにより、テナント等は建物の管理法人等が作成した（立替えを受けた者の負担額が記載されている）立替金精算書の保存をもって、仕入税額控除を行うことができます。

　ただし、この場合、立替払を行った取引先の建物の管理法人等は、その立替金が仕入税額控除可能なものか（すなわち、適格請求書発行事業

者からの仕入れか、適格請求書発行事業者以外の者からの仕入れか）を
明らかにし、また、適用税率ごとに区分するなど、テナント等が仕入税
額控除を受けるに当たっての必要な事項を立替金精算書に記載しなけれ
ばなりません（インボイス通達 4-2、インボイス Q & A 問 78、**Q57** 参照）。

(2)　免税事業者等との取引の影響と対応

①　免税事業者等との取引の影響

イ　令和 5 年 9 月 30 日までの取引

　免税事業者である外注先であっても区分記載請求書等を発行すること
ができるため、課税事業者はこれを保存して帳簿の記載を行えば、その
外注先に支払う外注費に係る消費税額の全額について仕入税額控除を適
用して納付税額を計算することができます（平成 28 年改正法附則 34 ②、
[図表 2] 参照）。

[図表 2] 現行の免税事業者との取引における仕入税額控除

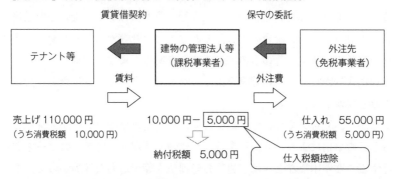

ロ　インボイス制度導入後の取引

(i)　令和 5 年 10 月 1 日から令和 8 年 9 月 30 日までの期間

　　免税事業者等である外注先は適格請求書を発行することができま
せん。このため、本来、課税事業者である建物の管理法人等は、その
外注先に支払う外注費に係る消費税額について仕入税額控除を適用す
ることができません（新消法 30 ⑦）。

　　ただし、経過措置により、免税事業者等である外注先に支払う外注費に係る消費税額であっても、令和 5 年 10 月 1 日から令和 8 年 9 月 30 日までの期間は、免税事業者等である外注先から区分記載請求書等の交付を受け、これを保存して帳簿の記載を行えば、その仕入税額の 80％について仕入税額控除を適用して納付税額を計算することができます（平成 28 年改正法附則 52、インボイス Q ＆ A 問 89、**[図表 3]** 参照）。

(ii)　令和 8 年 10 月 1 日から令和 11 年 9 月 30 日までの期間

　　免税事業者等である外注先は適格請求書を発行することができません。このため、本来、課税事業者である建物の管理法人等は、その外注先に支払う外注費に係る消費税額について仕入税額控除を適用することができません（新消法 30 ⑦）。

　　ただし、経過措置により、免税事業者等である外注先に対する委託費であっても、令和 8 年 10 月 1 日から令和 11 年 9 月 30 日までの期間は、免税事業者等である外注先から区分記載請求書等の交付を受け、これを保存して帳簿の記載を行えば、その仕入税額の 50％について仕入税額控除を適用して納付税額を計算することができます（平成 28 年改正法附則 53、インボイス Q ＆ A 問 89、**[図表 3]** 参照）。

(iii)　令和 11 年 10 月 1 日以降

　　令和 11 年 10 月 1 日以降は経過措置がなくなるため、免税事業者等である外注先からは適格請求書の交付を受けることができません。このため、課税事業者である建物の管理法人等は、その外注先に支払う外注費に係る消費税額について仕入税額控除を適用することができません（新消法 30 ⑦、**[図表 3]** 参照）。

[図表3] インボイス制度導入後の免税事業者との取引における仕入税額控除

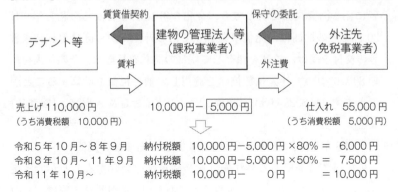

令和5年10月～8年9月　納付税額　10,000円－5,000円×80％＝　6,000円
令和8年10月～11年9月　納付税額　10,000円－5,000円×50％＝　7,500円
令和11年10月～　　　　納付税額　10,000円－　　　0円　　＝10,000円

② 建物の管理法人等への対応

イ 影響額の把握と税負担増加の許容

　まず、インボイス制度導入後、外注先の事業者との取引による税負担の影響を把握する必要があります。

　この場合の方法としては、前記Q19［図表1］の適格請求書発行事業者の登録番号の提供を文書で依頼することが考えられます（83頁参照）。ただし、外注先との取引数が少ない場合は個別に確認したほうが確実です。

　この結果、免税事業者との取引量が少なく影響が僅少である場合や、課税事業者が設定している予算の範囲内の負担増である場合は、この影響額を許容して、あえて対応しないことも考えられます。

ロ 免税事業者等への対応

(i) 適格請求書発行事業者への登録要請

　課税事業者が、インボイスに対応するために、免税事業者に対し、課税事業者になるよう要請することはできます。

　しかし、要請するにとどまらず、課税事業者にならなければ取引価格を引き下げるとか、それにも応じなければ取引を打ち切ることにするなどと一方的に通告することは、独占禁止法上又は下請法上、問題となるおそれがあります。

(ⅱ)　取引条件の見直し

　　インボイス制度の実施後の免税事業者等との取引において、仕入税額控除ができないことを理由に、免税事業者等に対して取引価格の引下げを要請し、取引価格の再交渉において、仕入税額控除が制限される分（経過措置により仕入税額相当額の 80％又は 50％に制限される分）について、免税事業者等の仕入れや諸経費の支払に係る消費税の負担をも考慮した上で、双方納得の上で取引価格を設定すれば、結果的に取引価格を引き下げることができます。

　　ただし、再交渉が形式的なものにすぎず、取引上優越した地位にある事業者（買手）の都合のみで著しく低い価格を設定し、免税事業者が負担していた消費税額も払えないような価格を設定した場合には、優越的地位の濫用として独占禁止法上問題となりますから、注意する必要があります。

　　したがって、免税事業者等との間で、取引価格等について再交渉する場合には、その事業の内容も踏まえて十分に協議を行い、仕入側の事業者の都合のみで低い価格を設定する等しないよう、注意する必要があります。

(ⅲ)　取引の見直し

　　事業者がどの事業者と取引するかは基本的に自由です。したがって、代替可能であれば、適格請求書発行事業者に取引を変更していくことや免税事業者等との取引の配分変更や総量の縮減を検討することも考えられます。

　　ただし、例えば、取引上の地位が相手方に優越している事業者（建物の管理法人等）が、インボイス制度の実施を契機として、免税事業者である仕入先に対して、一方的に、免税事業者が負担していた消費税額も払えないような価格など著しく低い取引価格を設定し、不当に不利益を与えることとなる場合であって、これに応じない相手方との取引を停止するという場合には、独占禁止法上問題となるおそれがあります。

　また、課税事業者が法人税の納税義務者である場合は、免税事業者等との取引による仕入税額控除が制限される分（以下「控除対象外消費税額」といいます。）は、法人税の所得の金額の計算上、損金の額に算入されることから、実質的には控除対象外消費税額の全額が負担増となるわけではありません（法法22③）。

　したがって、これらのことも踏まえて取引を見直す必要があります。

(3)　住宅の貸付けの非課税

　建物の貸付けのうち、住宅の貸付けは非課税とされます。したがって、貸主は借主に適格請求書を交付する必要はありません（消法6、別表第1十三）。

　ただし、次の場合は、住宅の貸付けに該当しません（消令16の2）。

・　住宅の貸付けに係る期間が1月に満たない場合
・　旅館業に係る施設の貸付けに該当する場合

(4)　指定管理者制度による貸付け

　建物等が公の施設であって、指定管理者制度により貸付けを行っている場合は、地方公共団体との協定等により、料金運営方法、適格請求書発行事業者への登録等が定められているため、その協定等に従うことになります（Q46〜49参照）。

参考

Q37

　平成28年改正法附則34②、52、53

　消法6、別表第1十三

　消令16の2

　新消法30⑦

　法法22③

消基通 10-1-14

インボイス通達 4-2

インボイス Q & A 問 78、問 89

質疑応答事例 消費税（資産の譲渡の範囲）10

関連Q＆A：Q19 免税事業者等との取引における基本的な対応

Q20 独占禁止法等上の留意点

Q21 免税事業者等との取引における価格改定上の留意点

Q46 指定管理者制度の概要

Q47 指定管理者における影響と対応（利用料預り）

Q48 指定管理者における影響と対応（免税事業者・利用料金制）

Q49 指定管理者における影響と対応（課税事業者）

Q57 立替金精算書（事業者間）

Q38　会議室等の席貸しにおける影響と対応

Q　当法人は、所有する建物で会議室と研修室の席貸しを行っている一般社団法人で免税事業者です。
　インボイス制度導入後は、どのような影響を受けるでしょうか。

A　課税事業者である法人や個人事業者の利用が減少することが予想されますが、その影響が小さければ、あえて対応をしないことも考えられます。

解説

(1)　利用者における影響

①　令和5年9月30日までの取引

　免税事業者であっても区分記載請求書等を発行することができるため、課税事業者はこれを保存して帳簿の記載を行えば、免税事業者である席貸し業者に支払う賃借料に係る消費税額の全額についても仕入税額控除を適用して納付税額を計算することができます（平成28年改正法附則34②、**[図表1]** 参照）。

[図表1]　現行の免税事業者との取引における仕入税額控除

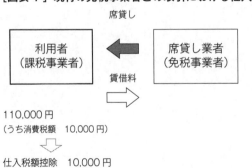

席貸し

利用者
（課税事業者）　←　席貸し業者
（免税事業者）

賃借料

110,000円
（うち消費税額　10,000円）

仕入税額控除　10,000円

②　インボイス制度導入後の取引

イ　令和 5 年 10 月 1 日から令和 8 年 9 月 30 日までの期間

　免税事業者等は適格請求書を発行することができません。このため、本来、課税事業者は免税事業者等である席貸し業者に支払う賃借料に係る消費税額について仕入税額控除を適用することができません（新消法 30 ⑦）。

　ただし、経過措置により、免税事業者等である席貸し業者に支払う賃借料であっても、令和 5 年 10 月 1 日から令和 8 年 9 月 30 日までの期間は、免税事業者等である席貸し業者に支払う賃借料から区分記載請求書等の交付を受け、これを保存して帳簿の記載を行えば、その仕入税額の80％について仕入税額控除を適用して納付税額を計算することができます（平成 28 年改正法附則 52、インボイス Q ＆ A 問 89、**[図表 2]** 参照）。

ロ　令和 8 年 10 月 1 日から令和 11 年 9 月 30 日までの期間

　免税事業者等は適格請求書を発行することができません。このため、本来、課税事業者は免税事業者等である席貸し業者に支払う賃借料に係る消費税額について仕入税額控除を適用することができません（新消法 30 ⑦）。

　ただし、経過措置により、免税事業者等である席貸し業者に支払う賃借料であっても、令和 8 年 10 月 1 日から令和 11 年 9 月 30 日までの期間は、免税事業者等から区分記載請求書等の交付を受け、これを保存して帳簿の記載を行えば、その仕入税額の50％について仕入税額控除を適用して納付税額を計算することができます（平成 28 年改正法附則 53、インボイス Q ＆ A 問 89、**[図表 2]** 参照）。

ハ　令和 11 年 10 月 1 日以降

　令和 11 年 10 月 1 日以降は経過措置がなくなるため、免税事業者等からは適格請求書の交付を受けることができません。このため、課税事業者は免税事業者等である席貸し業者に支払う賃借料に係る消費税額について仕入税額控除を適用することができません（新消法 30 ⑦、**[図表 2]** 参照）。

［図表２］インボイス制度導入後の免税事業者との取引における仕入税額控除

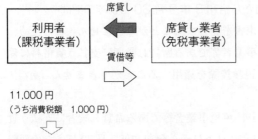

11,000 円
（うち消費税額　1,000 円）

令和5年10月〜 8 年9 月　　仕入税額控除　　1,000 円 ×80% ＝ 800 円
令和8年10月〜11年9 月　　仕入税額控除　　1,000 円 ×50% ＝ 500 円
令和11 年10 月〜　　　　　仕入税額控除　　　　　　　 ＝　　 0円

③　インボイス制度導入後の利用者の対応

　本則課税の適用を受ける課税事業者である利用者にとって最も簡単な対応は、課税事業者である席貸し業者での利用に変更することです。

⑵　席貸し業者における影響と対応

①　利用者の構成による影響

　席貸しは、建物等の賃貸借とは異なり、一時的な利用ですから、利用者の構成によってインボイス制度導入後の影響が変わります。

　事業者でない個人や団体の利用が大半であれば、ほとんど影響はないものと考えられます。また、免税事業者又は簡易課税制度の適用を受ける個人事業者や小規模の法人を対象にしたコワーキングスペースの提供なども影響は軽微であると考えられます。

　一方、本則課税の適用を受ける課税事業者である利用者が多数ある場合は、賃借料が相場に比べて非常に安価ある等の事情がない限り、少なからず影響があるものと考えられます。

②　適格請求書発行事業者への登録

　本則課税の適用を受ける課税事業者である利用者が多数ある場合、この利用者が課税事業者である他の席貸し業者に利用を変更するおそれがあり、収益の大幅な減少が予想されるときは、適格請求書発行事業者に

登録することもやむを得ないものと考えられます。この場合、免税事業者であった席貸し業者は、適格請求書発行事業者に登録することで課税事業者になるため、新たに消費税を負担することになります。また、免税事業者等である席貸し業者が、適格請求書発行事業者に登録して課税事業者となった場合には、簡易課税制度の適用を検討する必要があります。

　一般的には、不動産業では、大規模な修繕や改修が予定されていない場合は、簡易課税制度の適用を選択したほうが有利になります。

(3)　指定管理者制度による貸付け

　建物等が公の施設であって、指定管理者制度により貸付けを行っている場合は、地方公共団体との協定等により、料金運営方法、適格請求書発行事業者への登録等が定められているため、その協定等に従うことになります（Q46~49参照）。

参　考

Q38

　平成28年改正法附則34②、52、53

　新消法30⑦

　インボイスQ＆A問89

関連Q＆A：Q14　適格請求書発行事業者の登録手続（免税事業者）

　　　　　　　Q16　簡易課税制度の選択の特例

　　　　　　　Q40　駐車場の貸主における影響と対応（課税事業者）

　　　　　　　Q46　指定管理者制度の概要

　　　　　　　Q47　指定管理者における影響と対応（利用料預り）

　　　　　　　Q48　指定管理者における影響と対応（免税事業者・利用料金制）

　　　　　　　Q49　指定管理者における影響と対応（課税事業者）

Q39 駐車場の借主・貸主における影響と対応（免税事業者）

> **Q** 当法人は、社会福祉法人で免税事業者です。当法人では、所有地の一部を月極め駐車場と時間貸し駐車場としています。月極め駐車場は地元の不動産仲介業者に管理を委託しており、時間貸し駐車場は自動精算機を設置して運営しています。
>
> インボイス制度導入後、どのような影響があるでしょうか。
>
> **A** 月極め駐車場の借主が課税事業者である場合、適格請求書発行事業者への登録の依頼、取引条件の見直しや契約の解除のおそれがあります。
>
> 時間貸し駐車場については、影響は軽微と考えられます。

解説

(1)　月極め駐車場における影響と対応

①　借主における影響

イ　令和5年9月30日までの取引

免税事業者であっても区分記載請求書等を発行することができるため、課税事業者はこれを保存して帳簿の記載を行えば、免税事業者である貸主に支払う賃借料に係る消費税額の全額についても仕入税額控除を適用して納付税額を計算することができます（平成28年改正法附則34②、[**図表1**]参照）。

［図表 1 ］ 現行の免税事業者との取引における仕入税額控除

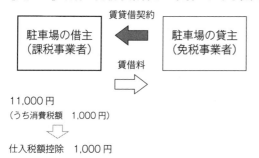

ロ　インボイス制度導入後の取引

(ⅰ)　令和 5 年 10 月 1 日から令和 8 年 9 月 30 日までの期間

　　免税事業者等は適格請求書を発行することができません。このため、本来、課税事業者は免税事業者等である貸主に支払う賃借料に係る消費税額について仕入税額控除を適用することができません（新消法 30 ⑦）。

　　ただし、経過措置により、免税事業者等である貸主に支払う賃借料であっても、令和 5 年 10 月 1 日から令和 8 年 9 月 30 日までの期間は、免税事業者等である貸主に支払う賃借料から区分記載請求書等の交付を受け、これを保存して帳簿の記載を行えば、その仕入税額の 80％について仕入税額控除を適用して納付税額を計算することができます（平成 28 年改正法附則 52、インボイス Q & A 問 89）。

(ⅱ)　令和 8 年 10 月 1 日から令和 11 年 9 月 30 日までの期間

　　免税事業者等は適格請求書を発行することができません。このため、本来、課税事業者は免税事業者等である貸主に支払う賃借料に係る消費税額について仕入税額控除を適用することができません（新消法 30 ⑦）。

　　ただし、経過措置により、免税事業者等である貸主に支払う賃借料であっても、令和 8 年 10 月 1 日から令和 11 年 9 月 30 日までの期間は、免税事業者等から区分記載請求書等の交付を受け、これを保存し

て帳簿の記載を行えば、その仕入税額の 50％について仕入税額控除を適用して納付税額を計算することができます（平成 28 年改正法附則53、インボイス Q & A 問 89）。

(iii) 令和 11 年 10 月 1 日以降

　　令和 11 年 10 月 1 日以降は経過措置がなくなるため、免税事業者等からは適格請求書の交付を受けることができません。このため、課税事業者は免税事業者等である貸主に支払う賃借料に係る消費税額について仕入税額控除を適用することができません（新消法 30 ⑦）。

ハ　借主の対応

　消費税に関し本則課税により仕入税額控除を行っている課税事業者（借主）は、令和 5 年 10 月 1 日以降、免税事業者等からの仕入れ等の取引がある場合は、上記ロのとおり、仕入税額控除が制限されることにより消費税の納税負担が増えることになります。

　また、駐車場は建物や看板のような構築物の賃貸借と異なり、比較的代替物件を探して賃借することができるため、課税事業者である借主は次のような対応がすることが考えられます。

(i)　適格請求書発行事業者への登録要請

　　課税事業者である借主が、インボイスに対応するために、免税事業者である貸主に対し、課税事業者になるよう要請することが考えられます。

(ii)　取引条件の見直し

　　課税事業者である借主が、インボイス制度の実施後の免税事業者等である貸主との取引において、仕入税額控除ができないことを理由に、免税事業者等である貸主に対して賃借料の引下げを要請し、取引価格の再交渉において、仕入税額控除が制限される分（経過措置により仕入税額相当額の 80％又は 50％に制限される分）について取引価格の引下げを要請することが考えられます。

(iii)　契約の解除

　　課税事業者である借主の税負担は、インボイス制度導入直後はそれ

ほど重くなくても、令和11年10月以降に経過措置がなくなり、免税
事業者等である貸主に対して支払う賃借料に係る消費税額について仕
入税額控除を適用することができなくなると重くなります。

このため、代替できる駐車場を比較的探しやすい地域では、借主は
契約を解除することも考えられます。

②　貸主における影響と対応

イ　適格請求書発行事業者への登録又は賃借料の値下げ

駐車場は建物の賃貸借と異なり、比較的近隣に代替できる物件がある
場合が多く、契約を解除することも簡単であることから、収支や事務負
担を勘案して、適格請求書発行事業者に登録するか、賃料を値下げする
ことが考えられます。

免税事業者であった貸主は、適格請求書発行事業者に登録すること
で、新たに消費税を負担することになります。

また、賃料の値下げがあった場合は、貸主は収益が減少するため、収
支が悪化します。

さらに、契約の解除があった場合には、すぐに別の借主の契約がなけ
れば、貸主は収益そのものを失うことになります。

免税事業者等である貸主が、適格請求書発行事業者に登録して課税事
業者となった場合には、簡易課税制度の適用を検討する必要がありま
す。

一般的には、不動産業では、大規模な修繕や改修が予定されていない
場合は簡易課税制度の適用を選択したほうが有利になります。

ロ　駐車場運営会社との契約

収支の状況を検討して駐車場運営会社と駐車場運営サービスに関する
契約を締結することが考えられます。

通常は駐車場運営会社に駐車場を貸し付けることになり、その賃料は
免税事業者であることを踏まえて設定されることから、適格請求書発行
事業者に登録する必要はありません。

(2)　時間貸し駐車場における影響と対応

①　利用者の影響

イ　個人利用者

　個人である消費者は消費税の最終負担者であり、適格請求書等が必要となることはありませんので、インボイス制度導入により利用者が減少することはありません。

ロ　法人・個人事業者である利用者

　3万円未満の自動販売機や自動サービス機による商品の販売等は、適格請求書の交付義務が免除されます（新消法57の4①、新消令70の9②三）。

　この適格請求書の交付義務が免除される自動販売機特例の対象となる自動販売機や自動サービス機とは、代金の受領と資産の譲渡等が自動で行われる機械装置であって、その機械装置のみで、代金の受領と資産の譲渡等が完結するものをいいます（インボイス通達3-11）。

　このため、コインパーキングや自動券売機のように代金の受領と券類の発行はその機械装置で行われるものの資産の譲渡等は別途行われるようなものは、自動販売機や自動サービス機による商品の販売等に含まれません（インボイスＱ＆Ａ問38）。

　したがって、時間貸し駐車場の貸主が免税事業者等である場合、その駐車場の利用者である本則課税の適用を受ける課税事業者は、上記(1)①ロの月極め駐車場の借主と同様に、仕入税額控除の制限を受けることになります。

②　貸主の対応

イ　現状の維持

　時間貸し駐車場の事業の特性から、利用者は場所や料金で選んでも、その駐車場が適格請求書発行事業者の経営であるかどうかで選ぶことはないと考えられます。また、外見から適格請求書発行事業者の経営であるかどうかは通常わかりません。

　したがって、現状のままで経営することも考えられます。

ロ　駐車場運営会社との契約

　収支の状況を検討して、駐車場運営会社と駐車場運営サービスに関する契約を締結することが考えられます。

　通常は駐車場運営会社に駐車場を貸し付けることになり、その賃料は免税事業者であることを踏まえて設定されることから、適格請求書発行事業者に登録する必要はありません。

(3)　指定管理者制度による貸付け

　建物等が公の施設であって、指定管理者制度により貸付けを行っている場合は、地方公共団体との協定等により、料金運営方法、適格請求書発行事業者への登録等が定められているため、その協定等に従うことになります（Q46〜49参照）。

参　考

Q39

　平成28年改正法附則34②、52、53

　新消法30⑦、57の4①

　新消令70の9②三

　インボイス通達3-11

　インボイスQ＆A問38、問89

関連Q＆A：Q14 適格請求書発行事業者の登録手続（免税事業者）

　　　　　　Q16 簡易課税制度の選択の特例

　　　　　　Q46 指定管理者制度の概要

　　　　　　Q47 指定管理者における影響と対応（利用料預り）

　　　　　　Q48 指定管理者における影響と対応（免税事業者・利用料金制）

　　　　　　Q49 指定管理者における影響と対応（課税事業者）

Q40　駐車場の貸主における影響と対応（課税事業者）

> **Q**　当法人は一般財団法人で、本則課税の適用を受ける課税事業者です。当法人では、所有地の一部を月極め駐車場としており、地元の不動産仲介業者に仲介管理を委託しています。
>
> インボイス制度導入後は、どのような影響があるでしょうか。
>
> **A**　不動産仲介業者が免税事業者である場合は、税負担が増加することが考えられます。

解説

(1)　貸主における影響

①　令和5年9月30日までの取引

免税事業者である不動産仲介業者であっても区分記載請求書等を発行することができるため、課税事業者はこれを保存して帳簿の記載を行えば、その不動産仲介業者に支払う手数料に係る消費税額の全額についても仕入税額控除を適用して納付税額を計算することができます（平成28年改正法附則34②、［図表1］参照）。

［図表 1］現行の免税事業者との取引における仕入税額控除

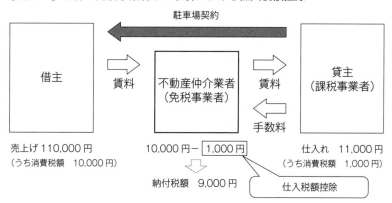

② インボイス制度導入後の取引

イ　令和 5 年 10 月 1 日から令和 8 年 9 月 30 日までの期間

　免税事業者等である不動産仲介業者は適格請求書を発行することができません。このため、本来、課税事業者である貸主はその不動産仲介業者に支払う手数料に係る消費税額について仕入税額控除を適用することができません（新消法 30 ⑦）。

　ただし、経過措置により、免税事業者等である不動産仲介業者に支払う手数料に係る消費税額であっても、令和 5 年 10 月 1 日から令和 8 年 9 月 30 日までの期間は、免税事業者等である不動産仲介業者から区分記載請求書等の交付を受け、これを保存して帳簿の記載を行えば、その仕入税額の 80％について仕入税額控除を適用して納付税額を計算することができます（平成 28 年改正法附則 52、インボイス Q & A 問 89、**［図表 2］** 参照）。

ロ　令和 8 年 10 月 1 日から令和 11 年 9 月 30 日までの期間

　免税事業者等である不動産仲介業者は適格請求書を発行することができません。このため、本来、課税事業者である貸主はその不動産仲介業者に支払う手数料に係る消費税額について仕入税額控除を適用することができません（新消法 30 ⑦）。

　ただし、経過措置により、免税事業者等である不動産仲介業者に支払

う手数料であっても、令和 8 年 10 月 1 日から令和 11 年 9 月 30 日まで
の期間は、免税事業者等である不動産仲介業者から区分記載請求書等の
交付を受け、これを保存して帳簿の記載を行えば、その仕入税額の
50％について仕入税額控除を適用して納付税額を計算することができま
す（平成 28 年改正法附則 53、インボイス Q ＆ A 問 89、**[図表 2]** 参照）。

ハ　令和 11 年 10 月 1 日以降

　令和 11 年 10 月 1 日以降は経過措置がなくなるため、免税事業者等で
ある不動産仲介業者からは適格請求書の交付を受けることができま
せん。このため、課税事業者である貸主はその不動産仲介業者に支払う
手数料に係る消費税額について仕入税額控除を適用することができま
せん（新消法 30 ⑦、**[図表 2]** 参照）。

[図表 2] インボイス制度導入後の免税事業者との取引における仕入税額控除

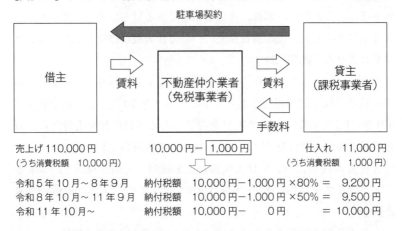

令和 5 年 10 月〜 8 年 9 月　　納付税額　　10,000 円−1,000 円×80％＝　　9,200 円
令和 8 年 10 月〜 11 年 9 月　　納付税額　　10,000 円−1,000 円×50％＝　　9,500 円
令和 11 年 10 月〜　　　　　　納付税額　　10,000 円−　　　0 円　　　＝ 10,000 円

(2)　貸主における対応

①　適格請求書発行事業者への登録要請

　課税事業者が、インボイスに対応するために、免税事業者に対し、課
税事業者になるよう要請することはできます。

　ただし、要請するにとどまらず、課税事業者にならなければ取引価格

を引き下げるとか、それにも応じなければ取引を打ち切ることにするなどと一方的に通告することは、独占禁止法上又は下請法上、問題となるおそれがあります。

②　取引条件の見直し

インボイス制度の実施後の免税事業者等との取引において、仕入税額控除ができないことを理由に、免税事業者等に対して取引価格の引下げを要請し、取引価格の再交渉において、仕入税額控除が制限される分（経過措置により仕入税額相当額の80％又は50％に制限される分）について、免税事業者等の仕入れや諸経費の支払に係る消費税の負担をも考慮した上で、双方納得の上で取引価格を設定すれば、結果的に取引価格を引き下げることができます。

ただし、再交渉が形式的なものにすぎず、取引上優越した地位にある事業者（買手）の都合のみで著しく低い価格を設定し、免税事業者が負担していた消費税額も払えないような価格を設定した場合には、優越的地位の濫用として独占禁止法上問題となりますから、注意する必要があります。

したがって、免税事業者等との間で、取引価格等について再交渉する場合には、その事業の内容も踏まえて十分に協議を行い、仕入側の事業者の都合のみで低い価格を設定する等しないよう、注意する必要があります。

③　駐車場運営会社との契約

収支の状況を検討して、駐車場運営会社と駐車場運営サービスに関する契約を締結することが考えられます。

④　借主への適格請求書の交付

貸主が借主に対して適格請求書を交付するに当たって、不動産仲介業者が適格請求書発行事業者の登録を行っている場合は、媒介者交付特例により、不動産仲介業者が貸主に代わって適格請求書を交付することができます（**Q 27** 参照）。

しかし、不動産仲介業者が免税事業者等である場合は、適格請求書発

行事業者ではないため、媒介者交付特例を適用することができません。

　このため、貸主の借主に対する適格請求書の交付は、貸主が借主に直接交付するか、不動産仲介業者へ代理交付を依頼する必要があります（Q27 参照）。

(3)　指定管理者制度による貸付け

　建物等が公の施設であって、指定管理者制度により貸付けを行っている場合は、地方公共団体との協定等により、料金運営方法、適格請求書発行事業者への登録等が定められているため、その協定等に従うことになります（Q46~49 参照）。

　参　考

Q40

　平成 28 年改正法附則 34 ②、52、53

　新消法 30 ⑦

　インボイス Q & A 問 89

関連Q＆A：Q19 免税事業者等との取引における基本的な対応

　　　　　　Q20 独占禁止法等上の留意点

　　　　　　Q21 免税事業者等との取引における価格改定上の留意点

　　　　　　Q27 媒介者交付特例

　　　　　　Q46 指定管理者制度の概要

　　　　　　Q47 指定管理者における影響と対応（利用料預り）

　　　　　　Q48 指定管理者における影響と対応（免税事業者・利用料金制）

　　　　　　Q49 指定管理者における影響と対応（課税事業者）

動産の賃貸借

社会福祉法人　公益法人　NPO法人

Q41　動産等の借主・貸主における影響と対応

> **Q**　当法人は、福祉用具、テント等の行事用品のレンタルやレンタサイクルを行っている一般財団法人で免税事業者です。インボイス制度導入後、どのような影響があるでしょうか。
>
> **A**　福祉用具のうち身体障害者用物品に該当するもののレンタルは非課税なので、適格請求書の交付は必要ありません。
> 　課税事業者の利用が減少することは予想されますが、その影響が小さければ、あえて対応をしないことも考えられます。

解説

(1)　身体障害者用物品の非課税

　身体障害者用物品の譲渡又は貸付については、消費税は非課税になります（消法別表第1十、平成3年厚生省告示第130号、**[図表1]** 参照）。また、**[図表1]** の太字下線の物品については、修理についても消費税が非課税になります。

　したがって、適格請求書の交付は必要ありません。

［図表１］身体障害者用物品における非課税

号	物品	号	物品	号	物品
1	義肢	18	頭部保持具	28-9	視覚障害者用音声色彩識別装置
2	装具　※	19	座位保持椅子	28-10	視覚障害者用携帯型歩行支援装置
3	座位保持装置	20	排便補助具	28-11	視覚障害者用携帯型日本銀行券種類識別装置
4	視覚障害者安全つえ	21	視覚障害者用ポータブルレコーダー　★	29	聴覚障害者用屋内信号装置　★
5	義眼	22	視覚障害者用時計	29-2	聴覚障害者用情報受信装置　★
6	弱視眼鏡・遮光眼鏡	24	点字タイプライター	30	特殊寝台
7	点字器	25	視覚障害者用電卓	31	特殊尿器
8	補聴器　※	26	視覚障害者用体温計	32	体位変換器
9	人工喉頭	27	視覚障害者用秤	33	重度障害者用意思伝達装置　★
10	車椅子	28	点字図書（教科書を除く）	33-2	携帯用会話補助装置　★
11	電動車椅子	28-2	視覚障害者用体重計	33-3	移動用リフト
12	歩行器	28-3	視覚障害者用読書器　★	34	透析液加温器
13	頭部保護帽	28-4	歩行時間延長信号機用小型送信機	35	福祉電話器　★
14	装着式収尿器	28-5	点字ディスプレイ	36	視覚障害者用ワードプロセッサー　★
15	ストマ用装具	28-6	視覚障害者用活字文書読上げ装置	37	身体障害者用自動車　＊
16	歩行補助つえ	28-7	視覚障害者用ICタグレコーダー　★	38	ストレッチャー装備自動車　＊
17	起立保持具	28-8	視覚障害者用音声方位磁石		

※　補装具の種目、購入又は修理に要する費用の額の算定等に関する基準の別表の基本構造欄に掲げる構造を有しているものに限ります。
★：平成３年厚生省告示第130号の別表に掲げるもの限ります。

⑵　身体障害者用物品以外のレンタルにおける影響と対応

①　利用者における影響

イ　令和 5 年 9 月 30 日までの取引

　免税事業者であっても区分記載請求書等を発行することができるため、課税事業者はこれを保存して帳簿の記載を行えば、免税事業者であるレンタル業者に支払う賃借料に係る消費税額の全額についても仕入税額控除を適用して納付税額を計算することができます（平成 28 年改正法附則 34 ②、**[図表 2]** 参照）。

[図表 2]　現行の免税事業者との取引における仕入税額控除

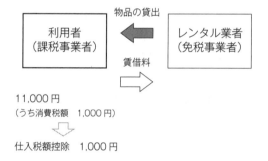

ロ　インボイス制度導入後の取引

（i）　令和 5 年 10 月 1 日から令和 8 年 9 月 30 日までの期間

　　免税事業者等は適格請求書を発行することができません。このため、本来、課税事業者は免税事業者等であるレンタル業者に支払う賃借料に係る消費税額について仕入税額控除を適用することができません（新消法 30 ⑦）。

　　ただし、経過措置により、免税事業者等であるレンタル業者に支払う賃借料であっても、令和 5 年 10 月 1 日から令和 8 年 9 月 30 日までの期間は、免税事業者等であるレンタル業者から区分記載請求書等の交付を受け、これを保存して帳簿の記載を行えば、その仕入税額の 80％について仕入税額控除を適用して納付税額を計算することができ

ます（平成28年改正法附則52、インボイスＱ＆Ａ問89、**[図表３]** 参照）。

(ⅱ)　令和8年10月1日から令和11年9月30日までの期間

　　免税事業者等は適格請求書を発行することができません。このため、本来、課税事業者は免税事業者等であるレンタル業者に支払う賃借料に係る消費税額について仕入税額控除を適用することができません（新消法30⑦）。

　　ただし、経過措置により、免税事業者等であるレンタル業者に支払う賃借料であっても、令和8年10月1日から令和11年9月30日までの期間は、免税事業者等から区分記載請求書等の交付を受け、これを保存して帳簿の記載を行えば、その仕入税額の50％について仕入税額控除を適用して納付税額を計算することができます（平成28年改正法附則53、インボイスＱ＆Ａ問89、**[図表３]** 参照）。

(ⅲ)　令和11年10月1日以降

　　令和11年10月1日以降は経過措置がなくなるため、免税事業者等からは適格請求書の交付を受けることができません。このため、課税事業者は免税事業者等であるレンタル業者に支払う賃借料に係る消費税額について仕入税額控除を適用することができません（新消法30⑦、**[図表３]** 参照）。

[図表３]　インボイス制度導入後の免税事業者との取引における仕入税額控除

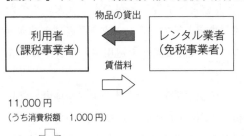

11,000円
（うち消費税額　1,000円）

令和5年10月〜8年9月　　仕入税額控除　　1,000円×80％＝　800円
令和8年10月〜11年9月　　仕入税額控除　　1,000円×50％＝　500円
令和11年10月〜　　　　　仕入税額控除　　　　　　　　　＝　　0円

③　インボイス制度導入後の利用者の対応

　本則課税の適用を受ける課税事業者である利用者にとって最も簡単な対応は、課税事業者であるレンタル業者での利用に変更することです。

(3)　レンタル業者における影響と対応

①　利用者の構成による影響

　動産のレンタルは、リースとは異なり一時的な利用ですから、利用者の構成によってインボイス制度導入後の影響が変わります。

　事業者でない個人や団体の利用が大半であれば、ほとんど影響はないものと考えられます。また、免税事業者又は簡易課税制度の適用を受ける個人事業者や小規模の法人を対象にしたレンタルなども影響は軽微であると考えられます。

　一方、本則課税の適用を受ける課税事業者である利用者が多数の場合は、賃借料が相場に比べて非常に安価である等の事情がない限り、少なからず影響があるものと考えられます。

②　適格請求書発行事業者への登録

　本則課税の適用を受ける課税事業者である利用者が多数ある場合、この利用者が課税事業者である他のレンタル業者の利用に変更するおそれがあり、収益が大幅に減少すると予想されるときは、適格請求書発行事業者に登録することもやむを得ないものと考えられます。

　この場合、免税事業者であったレンタル業者は、適格請求書発行事業者に登録することにより課税事業者となるため、新たに消費税を負担することになります。

　また、免税事業者等であるレンタル業者が、適格請求書発行事業者に登録して課税事業者となった場合には、簡易課税制度の適用を検討する必要があります。

∞∞

参　考

Q41

　平成 28 年改正法附則 34 ②、52、53

　消法別表第 1 十

　新消法 30 ⑦

　平成 3 年厚生省告示第 130 号

　インボイス Q & A 問 89

関連Q＆A：Q14 適格請求書発行事業者の登録手続（免税事業者）

　　　　　　　Q16 簡易課税制度の選択の特例

∞∞

広告の掲載等

Q42　広告の掲載者等における影響と対応

> **Q**　当法人は、社員数約 2,000 人の一般社団法人で免税事業者です。当法人が毎月発行する会報では、社員の業務に関連する企業から広告出稿を受けて広告料を得ており、その金額は会費収入の 1 割程度になっています。
>
> インボイス制度導入によって、どのような影響があるでしょうか。
>
> ┈┈┈┈┈┈┈┈┈┈┈┈┈┈┈┈┈┈┈┈┈┈┈┈┈┈┈┈┈┈┈┈┈┈┈┈
>
> **A**　広告主が本則課税の適用を受ける課税事業者である場合、免税事業者等であることを理由として広告出稿が取りやめになることが考えられます。

解 説

(1)　広告主における影響

①　令和 5 年 9 月 30 日までの取引

免税事業者であっても区分記載請求書等を発行することができるため、課税事業者はこれを保存して帳簿の記載を行えば、免税事業者である広告の掲載者に支払う広告料に係る消費税額の全額について仕入税額控除を適用して納付税額を計算することができます（平成 28 年改正法附則 34 ②、[**図表 1**] 参照）。

[図表 1]　現行の免税事業者との取引における仕入税額控除

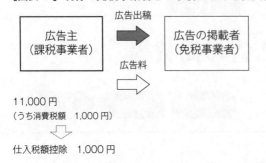

② 　インボイス制度導入後の取引

イ　令和 5 年 10 月 1 日から令和 8 年 9 月 30 日までの期間

　免税事業者等は適格請求書を発行することができません。このため、本来、課税事業者は免税事業者等である広告の掲載者に支払う広告料に係る消費税額について仕入税額控除を適用することができません（新消法 30 ⑦）。

　ただし、経過措置により、免税事業者等である広告の掲載者に支払う広告料であっても、令和 5 年 10 月 1 日から令和 8 年 9 月 30 日までの期間は、免税事業者等である広告の掲載者から区分記載請求書等の交付を受け、これを保存して帳簿の記載を行えば、その仕入税額の 80％について仕入税額控除を適用して納付税額を計算することができます（平成 28 年改正法附則 52、インボイス Q & A 問 89、**［図表 2 ］**参照）。

ロ　令和 8 年 10 月 1 日から令和 11 年 9 月 30 日までの期間

　免税事業者等は適格請求書を発行することができません。このため、本来、課税事業者は免税事業者等である免税事業者等である広告の掲載者に係る消費税額について仕入税額控除を適用することができません（新消法 30 ⑦）。

　ただし、経過措置により、免税事業者等である免税事業者等である広告の掲載者であっても、令和 8 年 10 月 1 日から令和 11 年 9 月 30 日までの期間は、免税事業者等である広告の掲載者から区分記載請求書等の

交付を受け、これを保存して帳簿の記載を行えば、その仕入税額の50％について仕入税額控除を適用して納付税額を計算することができます（平成28年改正法附則53、インボイスＱ＆Ａ問89、**[図表２]** 参照）。

ハ　令和11年10月1日以降

　令和11年10月1日以降は経過措置がなくなるため、免税事業者等からは適格請求書の交付を受けることができません。このため、課税事業者は免税事業者等である広告の掲載者に支払う広告料に係る消費税額について仕入税額控除を適用することができません（新消法30⑦、**[図表2]** 参照）。

[図表２] インボイス制度導入後の免税事業者との取引における仕入税額控除

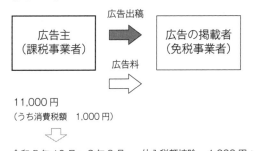

広告出稿

| 広告主（課税事業者） | ⇒ | 広告の掲載者（免税事業者） |

広告料

11,000円
（うち消費税額　1,000円）

令和5年10月～8年9月　　仕入税額控除　　1,000円×80％＝800円
令和8年10月～11年9月　　仕入税額控除　　1,000円×50％＝500円
令和11年10月～　　　　　仕入税額控除　　　　　　　＝　　0円

(2)　広告の掲載者における影響と対応

①　広告の掲載者における影響

　会報等に広告を出稿する企業は、ある程度の規模があり、本則課税の適用を受ける課税事業者であることが一般的と考えられます。

　現在、新型コロナウイルス感染症の終息が見込まれないなか、物価高等による企業業績の悪化に備えて、経費の削減を行う傾向があります。

　このような状況で、インボイス制度導入によって仕入税額控除が制限される免税事業者等である広告の掲載者への広告出稿は、適格請求書を

発行することができないことを理由に取りやめることも考えられます。

　このような広告出稿の取りやめが多ければ、広告の掲載者の収支の状況も打撃を受けることになると考えられます。

② 　適格請求書発行事業者への登録

　本則課税の適用を受ける課税事業者である広告主が多数ある場合、広告出稿の取りやめのおそれがあり、収益が大幅に減少すると予想されるときは、適格請求書発行事業者に登録することもやむを得ないものと考えられます。

　この場合、免税事業者であった広告の掲載者は、適格請求書発行事業者に登録することにより課税事業者となるため、新たに消費税を負担することになります。

　また、免税事業者等である広告の掲載者が、適格請求書発行事業者に登録して課税事業者となった場合には、簡易課税制度の適用を検討する必要があります。

参　考

Q42

　平成28年改正法附則34②、52、53

　新消法30⑦

　インボイスＱ＆Ａ問89

関連Q＆A：Q14 適格請求書発行事業者の登録手続（免税事業者）

　　　　　　　Q16 簡易課税制度の選択の特例

第11節

行政機関からの委託事業

社会福祉法人　公益法人　NPO法人　医療法人

Q43　同業者団体（医師会等）が行う行政機関からの委託事業における影響と対応 //////////

> **Q**　当法人は、一般社団法人である医師会で、本則課税の適用を受ける課税事業者です。当法人では、健診事業を含めて市から様々な委託事業を受託しています。これらの委託事業は、社員である個人の開業医や医療法人に委託して行っています。
>
> 　インボイス制度導入後、どのような影響があるでしょうか。
>
> -
>
> **A**　委託先である個人の開業医や医療法人が免税事業者等である場合、多額の税負担の増加が考えられます。

解説

⑴　受託者における影響

①　令和5年9月30日までの取引

　免税事業者である委託先であっても区分記載請求書等を発行することができるため、課税事業者はこれを保存して帳簿の記載を行えば、その委託先に支払う委託料に係る消費税額の全額について仕入税額控除を適用して納付税額を計算することができます（平成28年改正法附則34②、**[図表1]** 参照）。

［図表１］現行の免税事業者との取引における仕入税額控除

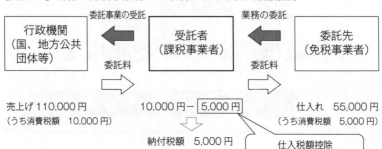

②　インボイス制度導入後の取引

イ　令和５年10月１日から令和８年９月30日までの期間

　免税事業者等である委託先は適格請求書を発行することができません。このため、本来、課税事業者である受託者は、その委託先に支払う委託料に係る消費税額について仕入税額控除を適用することができません（新消法30⑦）。

　ただし、経過措置により、免税事業者等である委託先に支払う委託料に係る消費税額であっても、令和５年10月１日から令和８年９月30日までの期間は、免税事業者等である委託先から区分記載請求書等の交付を受け、これを保存して帳簿の記載を行えば、その仕入税額の80％について仕入税額控除を適用して納付税額を計算することができます（平成28年改正法附則52、インボイスＱ＆Ａ問89、**［図表２］**参照）。

ロ　令和８年10月１日から令和11年９月30日までの期間

　免税事業者等である委託先は適格請求書を発行することができません。このため、本来、課税事業者である受託者は、その委託先に支払う委託料に係る消費税額について仕入税額控除を適用することができません（新消法30⑦）。

　ただし、経過措置により、免税事業者等である委託先に対する委託料であっても、令和８年10月１日から令和11年９月30日までの期間は、免税事業者等である委託先から区分記載請求書等の交付を受け、こ

れを保存して帳簿の記載を行えば、その仕入税額の 50％について仕入
税額控除を適用して納付税額を計算することができます（平成 28 年改正
法附則 53、インボイス Q & A 問 89、**[図表 2]** 参照）。

ハ　令和 11 年 10 月 1 日以降

　令和 11 年 10 月 1 日以降は経過措置がなくなるため、免税事業者等で
ある委託先からは適格請求書の交付を受けることができません。このた
め、課税事業者である受託者は、その委託先に支払う委託料に係る消費
税額について仕入税額控除を適用することができません（新消法 30 ⑦、
[図表 2] 参照）。

[図表 2] インボイス制度導入後の免税事業者との取引における仕入税額控除

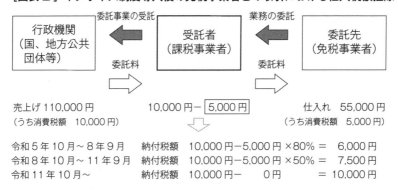

売上げ 110,000 円　　　　10,000 円－ 5,000 円　　　仕入れ　55,000 円
（うち消費税額　10,000 円）　　　　　　　　　　　（うち消費税額　5,000 円）

令和 5 年 10 月〜 8 年 9 月　　納付税額　10,000 円－5,000 円×80％ ＝　6,000 円
令和 8 年 10 月〜 11 年 9 月　　納付税額　10,000 円－5,000 円×50％ ＝　7,500 円
令和 11 年 10 月〜　　　　　　納付税額　10,000 円－　　0 円　　＝ 10,000 円

(2)　受託者における対応

①　影響額の把握と税負担増加の許容

　受託者が委託事業を行うために社員である事業者に委託することは一
般的であり、行政機関もこれを前提に委託をしています。

　しかし、その社員が例えば次のような者である場合は、免税事業者で
ある可能性が高いものと思われます。

・　個人開業医
・　診療所のみを経営する医療法人

- 社会福祉法人
- 介護事業者
- 障害福祉サービス事業者
- 保育事業者
- 給与所得者

　上記の委託先が多数を占める事業を行う本則課税の適用を受ける課税事業者は、インボイス制度導入により多額の税負担が生じるおそれがあります。

　そこで、まず、インボイス制度導入後、委託先との取引による税負担の影響を把握する必要があります。

　この場合の方法としては、前記Q19 **[図表1]** の適格請求書発行事業者の登録番号の提供を文書で依頼することが考えられます（83頁参照）。

　この結果、免税事業者である委託先との取引量が少なく影響が僅少である場合や受託者が設定している予算の範囲内の負担増である場合は、この影響額を許容して、あえて対応しないことも考えられます。

② **免税事業者等への対応**

イ　適格請求書発行事業者への登録要請

　課税事業者が、インボイスに対応するために、免税事業者に対し、課税事業者になるよう要請することはできます。

　ただし、委託事業の収入がわずかで、委託先にとって課税事業者になるメリットがない場合は、社員といえども登録は困難であると思われます。また、課税事業者であっても、課税売上げが1,000万円前後であれば、課税事業者と免税事業者を繰り返すことが多いことから、課税事業者に固定される適格請求書発行事業者への登録は困難であると思われます。

　なお、要請するにとどまらず、課税事業者にならなければ取引価格を引き下げる、それにも応じなければ取引を打ち切ることにするなどと一方的に通告することは、独占禁止法上又は下請法上、問題となるおそれ

があります。

ロ　委託契約の変更

　インボイス制度の実施後の免税事業者等との取引において、仕入税額控除ができないことを理由に、免税事業者等に対して取引価格の引下げを要請し、取引価格の再交渉において、仕入税額控除が制限される分（経過措置により仕入税額相当額の80％又は50％に制限される分。以下「控除対象外消費税額」といいます。）について、免税事業者等の仕入れや諸経費の支払に係る消費税の負担をも考慮した上で、双方納得の上で取引価格を設定すれば、結果的に取引価格を引き下げることができます。

　しかし、行政機関からの委託事業の契約には、剰余金が生じた場合はこれを返還することとする条項（以下「剰余金返還条項」といいます。）が定められていることが多く見られます。

　上記の控除対象外消費税額相当額を留保した場合、これが剰余金として取り扱われたときは剰余金返還条項により行政機関にその金額を返還しなければならないこととなり、結果として取引価格の引下げは意味をなさなくなります。

　そこで、控除対象外消費税額相当額を委託事業の支弁対象経費とする委託契約の変更を行政機関に要請することが考えられます。

　なお、委託先との再交渉が形式的なものにすぎず、取引上優越した地位にある事業者（委託事業の受託者）の都合のみで著しく低い価格を設定し、免税事業者が負担していた消費税額も払えないような価格を設定した場合には、優越的地位の濫用として独占禁止法上問題となりますから、注意する必要があります。

　したがって、免税事業者等との間で、取引価格等について再交渉する場合には、その事業の内容も踏まえて十分に協議を行い、委託事業の受託者の都合のみで低い価格を設定する等しないよう、注意する必要があります。

ハ　補助事業への転換

　委託事業ではなく補助金の交付事業として事業を行った場合、交付を受ける補助金は消費税の課税対象外となるため、その全額を委託先に委託料として支払ったとしても、委託先が適格請求書発行事業者であるかどうかにかかわらず、その委託事業については消費税を納付する必要がありません。

　したがって、委託事業から補助事業への転換を行政機関に要請することが考えられます。

　ただし、通常、補助事業は予算計上について議会の承認が必要になるため、予算編成の時期も考慮して、要請する必要があります。

ニ　会費の引上げ

　公益社団法人、一般社団法人やNPO法人において、委託事業が法人の主要な収入であるときは、社員に対して消費税の負担増加分相当額の会費（経費の負担）の引上げを要請することが考えられます。

　ただし、会費の引上げについては社員総会の決議が必要なため、社員に対して丁寧な説明が欠かせません。

ホ　委託事業の廃止

　受託者の経営を脅かし、場合によっては存続の危機に瀕するようなときは、委託事業の廃止を申し出ることもやむを得ないものと考えられます。

　もし、その委託事業が行政機関の施策上、不可欠なものであれば、行政機関が上記ロ又はハの対応をするものと考えられます。

③　**委託先からの適格請求書等の交付**

　本則課税の適用を受ける課税事業者が仕入税額控除の適用を受けるためには、適格請求書又は区分記載請求書等の交付を受けなければなりません。一方、適格請求書発行事業者が課税資産の譲渡等を行った場合、課税事業者からの求めに応じて適格請求書を交付する義務が課されています（新消法57の4①）。

　このため、受託者が仕入税額控除の適用を受けるためには、委託先か

ら適格請求書又は区分記載請求書等の交付を受ける必要があり、適格請求書発行事業者である委託先は適格請求書を交付する義務があります（新消法 30 ①⑦⑨一）。

　ただし、委託先が個人である場合では適格請求書等の交付が困難な場合があります。このような場合の交付する方法については、支払通知書によることができます。具体的な方法については **Q56** を参照してください。

参 考

Q43

　　平成 28 年改正法附則 34 ②、52、53

　　新消法 30 ①⑦⑨一、57 の 4 ①

　　インボイス Q & A 問 89

関連Q＆A：Q19 免税事業者等との取引における基本的な対応

　　　　　　Q20 独占禁止法等上の留意点

　　　　　　Q21 免税事業者等との取引における価格改定上の留意
　　　　　　　　点

　　　　　　Q56 支払通知書

Q44 行政機関からの委託による研修事業等を 行う法人における影響と対応

> **Q**　当法人は、ある国家資格の同業者を社員とする公益社団法人で、本則課税の適用を受ける課税事業者です。当法人は、行政機関から委託を受けて当該国家資格の登録者（社員以外の者を含みます。）を対象とした研修事業を実施しています。
>
> 　インボイス制度導入後、どのような影響があるでしょうか。
>
> **A**　研修事業の講師を法人外部の者に依頼し謝金を支払っている場合、その講師が免税事業者であるときは、多額の税負担が生ずる可能性が考えられます。

解 説

(1) 受託者における影響

① 令和5年9月30日までの取引

　免税事業者である外部講師であっても区分記載請求書等を発行することができるため、課税事業者はこれを保存して帳簿の記載を行えば、その講師に支払う謝金に係る消費税額の全額について仕入税額控除を適用して納付税額を計算することができます（平成28年改正法附則34②、[**図表1**] 参照)。

［図表１］現行の免税事業者との取引における仕入税額控除

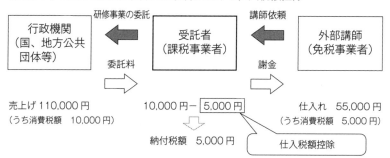

② インボイス制度導入後の取引

イ　令和５年10月１日から令和８年９月30日までの期間

　　免税事業者等である外部講師は適格請求書を発行することができません。このため、本来、課税事業者である受託者は、その講師に支払う謝金に係る消費税額について仕入税額控除を適用することができません（新消法30⑦）。

　　ただし、経過措置により、免税事業者等である外部講師に支払う謝金に係る消費税額であっても、令和５年10月１日から令和８年９月30日までの期間は、免税事業者等である外部講師から区分記載請求書等の交付を受け、これを保存して帳簿の記載を行えば、その仕入税額の80％について仕入税額控除を適用して納付税額を計算することができます（平成28年改正法附則52、インボイスＱ＆Ａ問89、**［図表２］**参照）。

ロ　令和８年10月１日から令和11年９月30日までの期間

　　免税事業者等である外部講師は適格請求書を発行することができません。このため、本来、課税事業者である受託者は、その講師に支払う謝金に係る消費税額について仕入税額控除を適用することができません（新消法30⑦）。

　　ただし、経過措置により、免税事業者等である外部講師に対する謝金であっても、令和８年10月１日から令和11年９月30日までの期間は、免税事業者等である外部講師から区分記載請求書等の交付を受け、

これを保存して帳簿の記載を行えば、その仕入税額の50％について仕入税額控除を適用して納付税額を計算することができます（平成28年改正法附則53、インボイスＱ＆Ａ問89、**［図表２］**参照）。

ハ　令和11年10月1日以降

　令和11年10月1日以降は経過措置がなくなるため、免税事業者等である外部講師からは適格請求書の交付を受けることができません。このため、課税事業者である受託者は、その外部講師に支払う謝金に係る消費税額について仕入税額控除を適用することができません（新消法30⑦、**［図表２］**参照）。

［図表２］インボイス制度導入後の免税事業者との取引における仕入税額控除

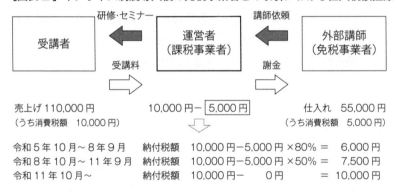

売上げ 110,000 円　　　　　10,000 円 − 5,000 円　　　　仕入れ 55,000 円
（うち消費税額　10,000 円）　　　　　　　　　　　　　（うち消費税額　5,000 円）

令和5年10月〜8年9月　　納付税額　10,000 円−5,000 円 ×80% ＝　　6,000 円
令和8年10月〜11年9月　　納付税額　10,000 円−5,000 円 ×50% ＝　　7,500 円
令和11年10月〜　　　　　納付税額　10,000 円−　　　0 円　　＝ 10,000 円

(2)　受託者における対応

①　影響額の把握と税負担増加の許容

　まず、インボイス制度導入後、外部講師との取引による税負担の影響を把握する必要があります。

　この場合の方法としては、前記Ｑ19 **［図表１］** の適格請求書発行事業者の登録番号の提供を文書で依頼することが考えられます（83頁参照）。ただし、外部講師のとの取引数が少ない場合は、個別に確認したほうが確実です。

　この結果、免税事業者である外部講師との取引量が少なく影響が僅少

である場合や運営者が設定している予算の範囲内の負担増である場合
は、この影響額を許容して、あえて対応しないことも考えられます。

②　免税事業者等への対応

イ　適格請求書発行事業者への登録要請

　課税事業者が、インボイスに対応するために、免税事業者に対し、課
税事業者になるよう要請することはできます。

　ただし、そもそも外部講師はその専門性が高いため、他に代えがたい
場合が多く、特に大学教授等の教職員や他の法人の役職員のような給与
所得者については課税事業者になることは困難であると思われます。

　一方、個人事業主である税理士、社会保険労務士等の事業者を顧客と
する士業者については、適格請求書発行事業者への登録の要請について
比較的理解してもらいやすいと考えられます。

　なお、要請するにとどまらず、課税事業者にならなければ取引価格を
引き下げる、それにも応じなければ取引を打ち切ることにするなどと一
方的に通告することは、独占禁止法上又は下請法上、問題となるおそれ
があります。

ロ　委託契約の変更

　インボイス制度の実施後の免税事業者等との取引において、仕入税額
控除ができないことを理由に、免税事業者等に対して取引価格の引下げ
を要請し、取引価格の再交渉において、仕入税額控除が制限される分
（経過措置により仕入税額相当額の80％又は50％に制限される分。以下
「控除対象外消費税額」といいます。）について、免税事業者等の仕入れ
や諸経費の支払に係る消費税の負担をも考慮した上で、双方納得の上で
取引価格を設定すれば、結果的に取引価格を引き下げることができま
す。

　しかし、行政機関からの委託事業の契約には、剰余金が生じた場合は
これを返還することとする条項（以下「剰余金返還条項」といいます。）
が定められていることが多く見られます。

　上記の控除対象外消費税額相当額を留保した場合、これが剰余金とし

て取り扱われたときは剰余金返還条項により行政機関にその金額を返還しなければならないこととなり、結果として取引価格の引下げは意味をなさなくなります。

そこで、控除対象外消費税額相当額を委託事業の支弁対象経費とする委託契約の変更を行政機関に要請することが考えられます。

なお、講師との再交渉が形式的なものにすぎず、取引上優越した地位にある事業者（委託事業の受託者）の都合のみで著しく低い価格を設定し、免税事業者が負担していた消費税額も払えないような価格を設定した場合には、優越的地位の濫用として独占禁止法上問題となりますから、注意する必要があります。

したがって、免税事業者等との間で、取引価格等について再交渉する場合には、その事業の内容も踏まえて十分に協議を行い、委託事業の受託者の都合のみで低い価格を設定する等しないよう、注意する必要があります。

ハ　補助事業への転換

委託事業ではなく補助金の交付事業として事業を行った場合、交付を受ける補助金は消費税の課税対象外となるため、その全額を委託先に委託料として支払ったとしても、委託先が適格請求書発行事業者であるかどうかにかかわらず、その委託事業については消費税を納付する必要がありません。

したがって、委託事業から補助事業への転換を行政機関に要請することが考えられます。

ただし、通常、補助事業は予算計上について議会の承認が必要になるため、予算編成の時期も考慮して、要請する必要があります。

ニ　会費の引上げ

公益社団法人、一般社団法人やNPO法人において、委託事業が法人の主要な収入であるときは、社員に対して消費税の負担の増加相当額の会費（経費の負担）の引上げを要請することが考えられます。

ただし、会費の引上げについては社員総会の決議が必要なため、社員

に対して丁寧な説明が欠かせません。

ホ　委託事業の廃止

　受託者の経営を脅かし、場合によっては存続の危機に瀕するようなときは、委託事業の廃止を申し出ることもやむ得ないものと考えられます。

　もし、その委託事業が行政機関の施策上、不可欠なものであれば、行政機関が上記ロ又はハの対応をするものと考えられます。

③　外部講師からの適格請求書等の交付

　本則課税の適用を受ける課税事業者が仕入税額控除の適用を受けるためには、適格請求書又は区分記載請求書等の交付を受けなければなりません。一方、適格請求書発行事業者が課税資産の譲渡等を行った場合、課税事業者からの求めに応じて適格請求書を交付する義務が課されています（新消法 57 の 4 ①）。

　このため、受託者が仕入税額控除の適用を受けるためには、外部講師から適格請求書又は区分記載請求書等の交付を受ける必要があり、適格請求書発行事業者である委託先は適格請求書を交付する義務があります（新消法 30 ①⑦⑨一）。

　ただし、外部講師が個人である場合では適格請求書等の交付が困難な場合があります。このような場合の交付する方法については、支払通知書によることができます。具体的な方法については **Q56** を参照してください。

◇◇

参　考

Q44

　　平成 28 年改正法附則 34 ②、52、53

　　新消法 30 ①⑦⑨一、57 の 4 ①

　　インボイス Q & A 問 89

　関連Q＆A：Q19 免税事業者等との取引における基本的な対応

Q20 独占禁止法等上の留意点

Q21 免税事業者等との取引における価格改定上の留意点

Q56 支払通知書

◇◇◇

公の施設の管理（指定管理者）

社会福祉法人　　公益法人　　NPO法人　　医療法人

Q45　地方公共団体のインボイス制度への対応

> **Q**　当法人は、一般財団法人で課税事業者です。当法人は、事業の関係上、市役所の庁舎の一部を使用し、施設利用料を支払っています。
>
> 　地方公共団体はインボイス制度導入に当たって、どのように対応するのでしょうか。
>
> ……………………………………………………………………………
>
> **A**　地方公共団体については、一般会計、特別会計にかかわらず、適格請求書発行事業者に登録するものと考えられます。

解説

(1)　地方公共団体の納税義務とインボイス制度

①　一般会計

　地方公共団体の一般会計に係る業務として行う事業については、課税売上げに対する消費税額と課税仕入れ等に対する消費税額を同額とみなすこととされているため、一般会計については消費税の申告義務がありません（消法60⑥）。

　しかし、一般会計が行う取引自体が非課税となっているわけではありません。

　現在でも、非課税・不課税・免税取引を除き、一般会計が徴収する料

金等には消費税が含まれており、一般会計から仕入れを行っている事業者は、その仕入れに係る消費税額を仕入税額控除することができます。

　一方、インボイス制度導入後は、一般会計が交付する請求書等がインボイスでなければ、一般会計から仕入れを行っている事業者は、その仕入れに係る消費税額について仕入税額控除を行うことができなくなります（令和4.6.20付総税都第44号別添3地方公共団体におけるインボイス対応Q＆A【未定稿】（以下「地方公共団体Q＆A」といいます。）Q10）。

② 特別会計

　地方公共団体が特別会計を設けて行う事業については、その特別会計ごとに一の法人が行う事業とみなして、消費税の規定を適用します（消法60①）。

　特別会計については、一般会計と異なり、課税売上げに対する消費税額と課税仕入れ等に対する消費税額を同額とみなす取扱いはありません。このため、他の法人と同様に、課税期間に係る基準期間における課税売上高が1,000万円以下で免税事業者になる場合や一般会計とみなされる場合を除き、特別会計は課税事業者になります（消法9①、60⑦、消令72①②）。

　したがって、課税事業者である特別会計については、既に消費税の申告義務があり、これは適格請求書発行事業者となった後も変わりません。

　他方、免税事業者である特別会計は、現在は消費税の申告義務がありませんが、インボイス対応すると課税事業者になるため、新たに消費税の申告義務が発生します。

　つまり、現在、免税事業者である特別会計だけが、適格請求書発行事業者に登録することにより、現在と課税関係が変わり、消費税の申告義務が新たに発生します（地方公共団体Q＆AQ4）。

(2)　地方公共団体のインボイス対応

① インボイス対応が必要な取引

　一般会計に区分される取引のうち、インボイス対応が必要な取引とし

ては、次のようなものがあります（地方公共団体Ｑ＆ＡＱ8）。

- ・　庁舎等のテナント料・施設使用料
- ・　庁舎等の有料駐車場の駐車料金
- ・　公立美術館・公園等の入場料等
- ・　広報誌等の広告掲載料
- ・　公共施設の命名権
- ・　公有財産の売却・貸付け
- ・　直営アンテナショップの売上

　特別会計に区分される取引のうち、インボイス対応が必要な取引としては、次のようなものがあります（地方公共団体Ｑ＆Ａ Q13、Q19）。

- ・　水道料金、電気料金、ガス料金
- ・　事業系ごみ処理手数料
- ・　地方公共団体が運営する交通の運賃
- ・　港湾施設利用料
- ・　卸売市場使用料
- ・　公立病院の自由診療
- ・　指定管理者制度による公の施設

②　インボイス対応

　各地方公共団体の会計における「（事業者としての）インボイス対応」とは、具体的には 適格請求書発行事業者の登録申請を行うことをいいます（地方公共団体Ｑ＆ＡＱ2）。

　インボイス制度の導入後において、地方公共団体の一般会計から課税仕入れを行う事業者については、同会計がインボイス制度に対応しない場合、その仕入れについて仕入税額控除を行うことができなくなり、消費税の負担が増加することとなります。

　したがって、一般会計においても、上記の負担の発生を防ぐ観点から、インボイス制度に対応することが総務省から求められています（令和 4.6.20 付総税都第 44 号）。

　また、現在免税事業者である特別会計は、インボイスに対応すること

で課税事業者となり、新たに消費税の申告義務が発生することにより、税負担や事務負担が発生します。しかし、公的機関である地方公共団体がインボイスに対応しないことにより、事業者に負担が生じることを踏まえると、原則としてインボイスに対応することが適切とされます（地方公共団体Q＆A Q20）。

◇◇◇

参　考

Q45

　　消法9①、60①⑥⑦

　　消令72①②

　　令和4.6.20付総税都第44号

　　地方公共団体Q＆A Q2、Q4、Q8、Q10、Q19、Q20

関連Q＆A：Q47 指定管理者における影響と対応（利用料預り）

　　　　　　　Q48 指定管理者における影響と対応（免税事業者・利用料金制）

◇◇◇

Q46 指定管理者制度の概要

Q 　地方公共団体の公の施設を民間法人が運営する指定管理者制度とは、どのようなものなのでしょうか。

A 　地方公共団体が条例の定めるところにより、法人その他の団体であって地方公共団体が指定するものに、その公の施設の管理を行わせる制度をいいます。

解説

(1) 指定管理者制度

　都道府県及び市町村（以下「地方公共団体」といいます。）は、住民の福祉を増進する目的をもってその利用に供するための施設を設けますが、これを「公の施設」といいます（地方自治法 1 の 3 ②、244）。

　地方公共団体は、公の施設の設置及びその管理に関する事項を条例で定め、公の施設の設置の目的を効果的に達成するため必要があると認めるときは、条例の定めるところにより、法人その他の団体であって地方公共団体が指定するもの（以下「指定管理者」といいます。）に、その公の施設の管理を行わせることができます（地方自治法 244 の 2 ①③）。

　これを「指定管理者制度」といいます。

　指定管理者の指定は期間を定めて行うものとされ、その指定をしようとするときは、あらかじめ、その地方公共団体の議会の議決を経なければならないことになっています（地方自治法 244 の 2 ⑤⑥）。

　なお、指定管理者が行う業務は、地方公共団体から管理権限の委任を受けた指定管理者の立場にある者として、設置条例や仕様書に基づいて行われます。

　ただし、その具体的な業務の範囲や委託料の支払等、管理業務の実施に当たっての詳細な事項については、両者の協議により定めることとさ

れており、これを明確にするため、協定書が作成されます。

(2)　利用料金制

　指定管理者制度において、地方公共団体が適当と認めるときは、指定管理者にその管理する公の施設の利用に係る料金（以下「利用料金」といいます。）をその指定管理者の収入として収受させることができます（地方自治法244の2⑧）。この場合における利用料金は、公益上必要があると認める場合を除くほか、条例の定めるところにより指定管理者が定めますが、あらかじめその利用料金について地方公共団体の承認を受けなければならないことになっています（地方自治法244の2⑨）。

　これを「利用料金制」といいます。

　この場合、指定管理者は、地方公共団体からの指定管理料と利用料金制における利用料金によって、公の施設の管理を行うことになります。

◇◇

参　考

Q46

　地方自治法1の3②、244、244の2①③⑤⑥⑧⑨

関連Q＆A：Q47 指定管理者における影響と対応（利用料預り）

　　　　　　　Q48 指定管理者における影響と対応（免税事業者・利用料金制）

　　　　　　　Q49 指定管理者における影響と対応（課税事業者）

◇◇

Q47 指定管理者における影響と対応 （利用料預り）

Q 　当法人は、市の公の施設である市民会館を指定管理者として管理している一般財団法人です。当法人は、指定管理者として協定に基づき市から指定管理料を収入し、会館の利用料について一時預かった後、そのまま市へ引き渡しています。インボイス制度導入により、指定管理者にはどのような影響があるでしょうか。

A 　会館の利用料についての適格請求書の交付は市が行うことになりますが、指定管理者は代理交付又は媒介者交付特例により、適格請求書を利用者に交付することになります。

解説

(1) 指定管理者における影響

　インボイス制度の導入後において、地方公共団体がその一般会計又は特別会計から課税仕入れを行う事業者については、これらの会計がインボイス制度に対応しない場合、その仕入れについて仕入税額控除を行うことができなくなり、消費税の負担額が増加することとなります。

　このため、上記の負担の発生を防ぐ観点から、地方公共団体は適格請求書発行事業者の登録が求められています（令和4.6.20 付総税都第 44 号、**Q45** 参照）。

　指定管理者制度において、公の施設の利用料が、指定管理者の収入ではなく、地方公共団体の収入となっている場合、その利用料に関する適格請求書の交付義務は地方公共団体にあります。

　この場合、指定管理者にはインボイス制度導入による税負担の影響はありません。しかし、地方公共団体の適格請求書を交付する事務につい

て対応する必要があります。

(2)　指定管理者における対応

　公の施設の利用者に、地方公共団体の適格請求書を交付することについては、地方公共団体が直接交付するほか、指定管理者を通じて次のいずれか方法により交付することができます（地方公共団体Ｑ＆Ａ Q19、**[図表1]** 参照）。

[図表1] 指定管理者制度による公の施設のインボイス交付（利用料預り）

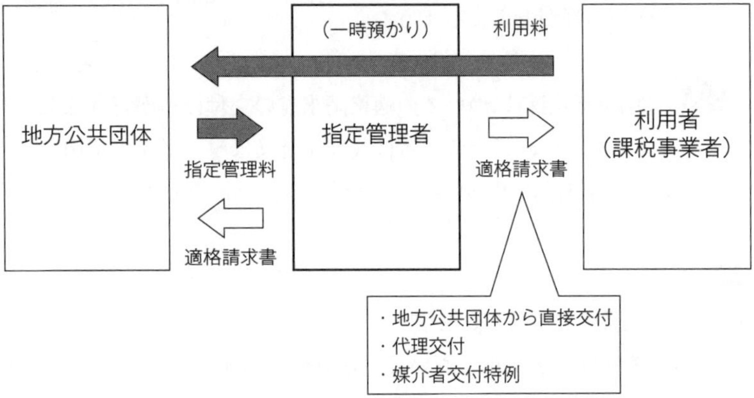

① 代理交付

　適格請求書発行事業者が課税資産の譲渡等を行った場合、課税事業者からの求めに応じて適格請求書を交付する義務が課されています（新消法57の4①）。

　指定管理者制度の場合、利用者に対して課税資産の譲渡等を行っているのは地方公共団体ですから、本来は地方公共団体が購入者に対して適格請求書を交付しなければなりません。このような場合、指定管理者が地方公共団体を代理して、地方公共団体の名称及び登録番号を記載した地方公共団体の適格請求書を、相手方に交付することも認められます（インボイスＱ＆Ａ問39）。

　これを「代理交付」といいます。この代理交付は、指定管理者が適格請求書発行事業者でなくても行うことができます。

　なお、地方公共団体の施設の利用料等の領収書等は、その様式が条例で定められていることが一般的です。したがって、インボイス制度導入までに、適格請求書の記載要件を満たした領収書等の様式が条例で定められることになります。

②　媒介者交付特例

イ　媒介者交付特例の方法

　指定管理者制度において、次の(i)及び(ii)の要件を満たすことにより、媒介又は取次ぎを行う者である指定管理者が、地方公共団体の課税資産の譲渡等について、自己の氏名又は名称及び登録番号を記載した適格請求書又は適格請求書に係る電磁的記録を、地方公共団体に代わって、利用者に交付し、又は提供することができます（以下「媒介者交付特例」といいます。）（新消令 70 の 12 ①、インボイス Q & A 問 39）。

(i)　地方公共団体及び指定管理者が適格請求書発行事業者であること。

(ii)　地方公共団体が指定管理者に、自己が適格請求書発行事業者の登録を受けている旨を取引前までに通知していること。

　　この場合、個々の取引の都度、地方公共団体が事前に登録番号を指定管理者等へ書面等により通知する方法のほか、例えば、地方公共団体と指定管理者との間の協定書等に地方公共団体の登録番号を記載する方法などがあります（インボイス通達 3-7）。

ロ　指定管理者の対応

(i)　交付した適格請求書の写し又は提供した電磁的記録を保存する（新消令 70 の 12 ①）。

　　媒介者交付特例により適格請求書の交付を行う指定管理者が、自らの課税資産の譲渡等に係る適格請求書の交付も併せて行う場合、自らの課税資産の譲渡等と公の施設の利用料等を一の適格請求書に記載しても差し支えありません。ただし、協定でこれらを区分することが定められている場合を除きます。

(ⅱ)　交付した適格請求書の写し又は提供した電磁的記録を速やかに地方
　　公共団体に交付又は提供する（新消令 70 の 12 ③、インボイス Q & A
　　問 39、Q27 ［図表 2 ］参照）。

　　この場合、地方公共団体に交付する適格請求書の写しについては、
　例えば、多数の利用者に対して日々適格請求書を交付する場合など
　で、コピーが大量になるなど、適格請求書の写しそのものを交付する
　ことが困難な場合には、適格請求書の写しと相互の関連が明確な、精
　算書等の書類等を交付することで差し支えありませんが、交付したそ
　の精算書等の写しを保存する必要があります（インボイス通達 3-8）。

　　なお、この精算書等の書類等には、適格請求書の記載事項のうち、
　「課税資産の譲渡等の税抜価額又は税込価額を税率ごとに区分して合
　計した金額及び適用税率」や「税率ごとに区分した消費税額等」な
　ど、地方公共団体の売上税額の計算に必要な一定事項を記載する必要
　があります。

◇◇

参　考

Q47

　新消法 57 の 4 ①

　新消令 70 の 12 ①③

　インボイス通達 3-7、3-8

　インボイス Q & A 問 39

　令和 4.6.20 付総税都第 44 号

　地方公共団体 Q&AQ19

関連Q＆A：Q27 媒介者交付特例

　　　　　　　Q45 地方公共団体のインボイス制度への対応

　　　　　　　Q46 指定管理者制度の概要

◇◇

Q48 指定管理者における影響と対応（免税事業者・利用料金制）

> **Q** 当法人は、市の公の施設である体育館を指定管理者として管理している NPO 法人で免税事業者です。この施設については利用料金制を採用しており、協定に基づき市から指定管理料と体育館の利用料を当法人の収入としています。
>
> インボイス制度導入により、指定管理者にはどのような影響があるでしょうか。
>
> ----
>
> **A** 利用料金制の場合は、指定管理者に適格請求書の交付義務があるので、適格請求書発行事業者への登録が求められる可能性があります。

解 説

(1) 指定管理者における影響

インボイス制度の導入後において、地方公共団体がその一般会計又は特別会計から課税仕入れを行う事業者については、これらの会計がインボイス制度に対応しない場合、その仕入れについて仕入税額控除を行うことができなくなり、消費税の負担額が増加することとなります。

このため、上記の負担の発生を防ぐ観点から、地方公共団体は適格請求書発行事業者の登録が求められています（令和 4.6.20 付総税都第 44 号、**Q45** 参照）。

指定管理者制度において、利用料金制を採用している場合は、指定管理者の名で施設の利用料等を徴収し、その利用料等の対価が指定管理者に帰属することになります。また、その利用料等に対する適格請求書は指定管理者が利用者に対して発行することとなり、地方公共団体には適格請求書の交付義務は発生しません（**[図表 1]** 参照）。

　したがって、適格請求書発行事業者の登録は指定管理者が判断することになります。

［図表 1］指定管理者制度による公の施設のインボイス交付（利用料金制）

⑵　指定管理者における対応（適格請求書発行事業者への登録要請）

　指定管理者制度においても協定等による定めがなければ、適格請求書発行事業者に登録するかどうかは指定管理者が判断することになります。

　しかし、同一の地方公共団体の公の施設で適格請求書の交付が受けられる場合と受けられない場合が混在することは、行政上望ましいものではありません。

　このため、地方公共団体から指定管理者に対して、インボイスに対応するために適格請求書発行事業者に登録するよう要請されることが考えられます。

　課税事業者の場合は、適格請求書発行事業者に登録することでほとんど影響はありません。

　一方、免税事業者にあっては、適格請求書発行事業者に登録することで新たに消費税を負担することになります。適格請求書発行事業者に登録する場合には、簡易課税制度の適用を選択するかどうかも検討すべきです。

　また、現行の協定上は適格請求書発行事業者に登録しないことが容認

されている場合であっても、新たな指定管理者の公募における応募要件に適格請求書発行事業者の登録が追加されることも考えられます。

Q48

　　令和 4.6.20 付総税都第 44 号

関連Q＆A： Q11 適格請求書等保存方式（インボイス方式）

　　　　　　　Q14 適格請求書発行事業者の登録手続（免税事業者）

　　　　　　　Q16 簡易課税制度の選択の特例

　　　　　　　Q45 地方公共団体のインボイス制度への対応

　　　　　　　Q46 指定管理者制度の概要

Q49 指定管理者における影響と対応 （課税事業者）

> **Q** 　当法人は、市の公の施設であるスポーツ施設と文化施設を指定管理者として管理している一般財団法人で、本則課税の適用を受ける課税事業者です。この施設については利用料金制を採用しており、協定に基づき市から支払われる指定管理料と体育館の利用料を当法人の収入としています。
>
> 　これらの施設の保守その他業務の一部を免税事業者である外注先に委託していますが、インボイス制度導入後、どのような影響があるでしょうか。
>
> **A** 　免税事業者に委託することで、税負担の増加が考えられます。

解説

(1) 免税事業者等との取引の影響

① 令和5年9月30日までの取引

　免税事業者である外注先であっても区分記載請求書等を発行することができるため、課税事業者はこれを保存して帳簿の記載を行えば、その外注先に支払う外注費に係る消費税額の全額について仕入税額控除を適用して納付税額を計算することができます（平成28年改正法附則34②、[**図表1**] 参照）。

［図表 1］現行の免税事業者との取引における仕入税額控除

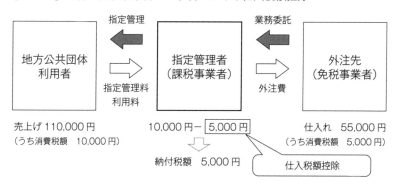

② インボイス制度導入後の取引

イ　令和 5 年 10 月 1 日から令和 8 年 9 月 30 日までの期間

　免税事業者等である外注先は適格請求書を発行することができません。このため、本来、課税事業者である指定管理者は、その外注先に支払う外注費に係る消費税額について仕入税額控除を適用することができません（新消法 30 ⑦）。

　ただし、経過措置により、免税事業者等である外注先に支払う委託費に係る消費税額であっても、令和 5 年 10 月 1 日から令和 8 年 9 月 30 日までの期間は、免税事業者等である外注先から区分記載請求書等の交付を受け、これを保存して帳簿の記載を行えば、その仕入税額の 80％について仕入税額控除を適用して納付税額を計算することができます（平成 28 年改正法附則 52、インボイス Q ＆ A 問 89、**［図表 2］**参照）。

ロ　令和 8 年 10 月 1 日から令和 11 年 9 月 30 日までの期間

　免税事業者等である外注先は適格請求書を発行することができません。このため、本来、課税事業者である指定管理者は、その外注先に支払う外注費に係る消費税額について仕入税額控除を適用することができません（新消法 30 ⑦）。

　ただし、経過措置により、免税事業者等である外注先に対する委託費であっても、令和 8 年 10 月 1 日から令和 11 年 9 月 30 日までの期間

は、免税事業者等である外注先から区分記載請求書等の交付を受け、これを保存して帳簿の記載を行えば、その仕入税額の50％について仕入税額控除を適用して納付税額を計算することができます（平成28年改正法附則53、インボイスＱ＆Ａ問89、**[図表2]**参照）。

ハ　令和11年10月1日以降

　令和11年10月1日以降は経過措置がなくなるため、免税事業者等である外注先からは適格請求書の交付を受けることができません。このため、課税事業者である指定管理者は、その外注先に支払う外注費に係る消費税額について仕入税額控除を適用することができません（新消法30⑦、**[図表2]**参照）。

[図表2] インボイス制度導入後の免税事業者との取引における仕入税額控除

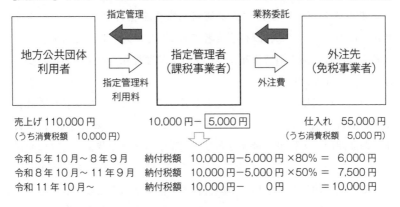

令和5年10月〜8年9月　　納付税額　10,000円−5,000円×80％＝　6,000円
令和8年10月〜11年9月　　納付税額　10,000円−5,000円×50％＝　7,500円
令和11年10月〜　　　　　納付税額　10,000円−　　0円　　　＝10,000円

(2)　指定管理者への対応

①　影響額の把握と税負担増加の許容

　まず、インボイス制度導入後、外注先の事業者との取引による税負担の影響を把握する必要があります。

　この場合の方法としては、前記**Q19 [図表1]**の適格請求書発行事業者の登録番号の提供を文書で依頼することが考えられます（83頁参照）。ただし、外注先との取引数が少ない場合は個別に確認したほうが

確実です。

　この結果、免税事業者との取引量が少なく影響が僅少である場合や、課税事業者が設定している予算の範囲内の負担増である場合は、この影響額を許容して、あえて対応しないことも考えられます。

② **免税事業者等への対応**

　指定管理者制度の利用料金制にあっては、その利用料金は条例によって定められ、あらかじめ地方公共団体の承認を受けなければならないため、たとえ免税事業者等の取引によって税負担が増加したとしても料金に転嫁することはできません（地方自治法 244 の 2 ⑥⑨）。

　したがって、指定管理者の対応については、次のようなものになると考えられます。

イ　適格請求書発行事業者への登録要請

　課税事業者が、インボイスに対応するために、免税事業者に対し、課税事業者になるよう要請することはできます。

　しかし、要請するにとどまらず、課税事業者にならなければ取引価格を引き下げるとか、それにも応じなければ取引を打ち切ることにするなどと一方的に通告することは、独占禁止法上又は下請法上、問題となるおそれがあります。

ロ　取引条件の見直し

　インボイス制度の実施後の免税事業者等との取引において、仕入税額控除ができないことを理由に、免税事業者等に対して取引価格の引下げを要請し、取引価格の再交渉において、仕入税額控除が制限される分（経過措置により仕入税額相当額の 80％ 又は 50％ に制限される分）について、免税事業者等の仕入れや諸経費の支払に係る消費税の負担をも考慮した上で、双方納得の上で取引価格を設定すれば、結果的に取引価格を引き下げることができます。

　ただし、再交渉が形式的なものにすぎず、取引上優越した地位にある事業者（買手）の都合のみで著しく低い価格を設定し、免税事業者が負担していた消費税額も払えないような価格を設定した場合には、優越的

地位の濫用として独占禁止法上問題となりますから、注意する必要があります。

　したがって、免税事業者等との間で、取引価格等について再交渉する場合には、その事業の内容も踏まえて十分に協議を行い、仕入側の事業者の都合のみで低い価格を設定する等しないよう、注意する必要があります。

ハ　取引の見直し

　事業者がどの事業者と取引するかは基本的に自由です。したがって、代替可能であれば、適格請求書発行事業者に取引を変更していくことや免税事業者等との取引の配分変更や総量の縮減を検討することも考えられます。

　ただし、例えば、取引上の地位が相手方に優越している事業者が、インボイス制度の実施を契機として、免税事業者である仕入先に対して、一方的に、免税事業者が負担していた消費税額も払えないような価格など著しく低い取引価格を設定し、不当に不利益を与えることとなる場合であって、これに応じない相手方との取引を停止するという場合には、独占禁止法上問題となるおそれがあります。

　また、課税事業者が法人税の納税義務者である場合は、免税事業者等との取引による仕入税額控除が制限される分（以下「控除対象外消費税額」といいます。）は、法人税の所得の金額の計算上、損金の額に算入されることから、実質的には控除対象外消費税額の全額が負担増となるわけではありません（法法22③）。

　したがって、これらのことも踏まえて取引を見直す必要があります。

参　考

　平成28年改正法附則34②、52、53

　新消法30⑦

　法法22③

地方自治法 244 の 2 ⑥⑨

インボイス Q & A 問 89

関連Q＆A： Q19 免税事業者等との取引における基本的な対応

Q20 独占禁止法等上の留意点

Q21 免税事業者等との取引における価格改定上の留意
点

Q45 地方公共団体のインボイス制度への対応

Q46 指定管理者制度の概要

Q50 任意組合（JV）による指定管理者における影響と対応

Q 当法人は、他の複数の法人と民法上の組合契約を締結して共同で市の公の施設であるスポーツ施設と文化施設を指定管理者として管理している一般財団法人で、本則課税の適用を受ける課税事業者です。

このような共同で事業を行う組合契約（以下「任意組合」といいます。）では、インボイス制度導入に当たって、どのような影響があるでしょうか。

A 構成員の全てが適格請求書発行事業者で一定の届出を行った場合、いずれかの構成員が任意組合の名で適格請求書を交付することができます。

そのほか、構成員に免税事業者がいる場合や構成員で費用の立替えがある場合は注意が必要です。

解説

(1) 任意組合（JV）としての適格請求書の交付

① 任意組合の特例

公の施設の指定管理者が、民法上の組合契約により複数の事業者で構成される共同体により運営される場合があります（民法667①）。

このような民法上の組合契約によって成立する組合が事業として行う課税資産の譲渡等については、その構成員は、適格請求書を交付することはできません。ただし、その構成員の全てが適格請求書発行事業者であり、民法第670条第3項に規定する業務執行者などの業務執行組合員が、納税地を所轄する税務署長に「任意組合等の構成員の全てが適格請求書発行事業者である旨の届出書」を提出した場合に限り、その構成員

は適格請求書を交付することができます（新消法 57 の 6 ①、新消令 70 の
14 ①②）。

　この場合、任意組合のいずれかの構成員が適格請求書を交付すること
ができ、その写しの保存は、適格請求書を交付した構成員が行うこととなります（インボイス Q & A 問 41）。

② 　任意組合が交付する適格請求書の記載事項

　①により交付する適格請求書に記載する「適格請求書発行事業者の氏名又は名称及び登録番号」は、原則として構成員全員のものを記載することとなりますが、次の事項（イ及びロ）を記載することも認められます（新消令 70 の 14 ⑤、インボイス Q & A 問 61）。

イ　その任意組合等の、いずれかの構成員の「氏名又は名称及び登録
　　番号」（一又は複数の構成員の「氏名又は名称及び登録番号」で差
　　し支えありません。）
ロ　その任意組合等の名称

③ 　任意組合の構成員が保存しなければならない請求書等

　任意組合の共同事業として課税仕入れを行った場合に、幹事法人が課税仕入れの名義人となっている等の事由により各構成員の持分に応じた適格請求書の交付を受けることができないときにおいて、幹事法人が仕入先から交付を受けた適格請求書のコピーに各構成員の出資金等の割合に応じた課税仕入れに係る対価の額の配分内容を記載したものは、その他の構成員における仕入税額控除のために保存が必要な請求書等に該当するものとして取り扱われますので、その保存をもって、仕入税額控除のための請求書等の保存要件を満たすことになります。

　また、任意組合の構成員に交付する適格請求書のコピーが大量となる等の事情により、立替払を行った幹事法人が、コピーを交付することが困難なときは、幹事法人が仕入先から交付を受けた適格請求書を保存し、精算書を交付することにより、幹事法人が作成した（立替えを受けた構成員の負担額が記載されている）精算書の保存をもって、仕入税額控除を行うことができます（インボイス通達 4-2）。

　この場合、幹事法人は、精算書に記載されている仕入れ（経費）について、仕入税額控除が可能なものか（すなわち、適格請求書発行事業者からの仕入れか、適格請求書発行事業者以外の者からの仕入れか）を明らかにし、また、適用税率ごとに区分するなど、各構成員が仕入税額控除を受けるに当たっての必要な事項を記載しておく必要があります。

　なお、仕入税額控除の要件として保存が必要な帳簿には、課税仕入れの相手方の氏名又は名称の記載が必要となりますし、適格請求書のコピーにより、その仕入れ（経費）が適格請求書発行事業者から受けたものか否かを確認できなくなるため、幹事法人と構成員の間で、課税仕入れの相手方の氏名又は名称及び登録番号を確認できるようにしておく必要があります。

　ただし、これらの事項について、別途、書面等で通知する場合のほか、継続的な取引に係る契約書等で、別途明らかにされている等の場合には、精算書において明らかにしていなくても差し支えありません（インボイスＱ＆Ａ問77）。

④　特例の廃止

　次の場合に該当することとなったときは、該当することとなった日以後の取引について、適格請求書を交付することができなくなります。

イ　適格請求書発行事業者でない新たな構成員を加入させた場合
ロ　その任意組合等の構成員のいずれかが適格請求書発行事業者でなくなった場合

　なお、これらの場合に該当することとなったときは、業務執行者が速やかに納税地を所轄する税務署長に「任意組合等の構成員が適格請求書発行事業者でなくなった旨等の届出書」を提出しなければなりません（新消法57の6②、インボイスＱ＆Ａ問41）。

(2)　免税事業者が任意組合にいる場合における対応

① 適格請求書発行事業者への登録

　地方公共団体との協定等により、各事業者が管理する施設ごとにそれ

ぞれの事業者の名で適格請求書の交付が必要な場合は、免税事業者も適格請求書発行事業者の登録が必要になります。

　また、構成員に免税事業者がいる場合は、上記(1)①の任意組合として適格請求書の交付ができないため、その免税事業者に適格請求書発行事業者の登録を要請することが考えられます。

②　収入配分の調整

　免税事業者が適格請求書発行事業者に登録しない場合で、任意組合の構成員である課税事業者が同じく構成員である免税事業者からの課税仕入れ等があるときは、仕入税額控除が制限される問題が生じます（**Q49**参照）。このような場合、組合契約を変更して収入の配分を調整することも考えられます。

(3)　立替金（預り金）における適格請求書の交付

①　適格請求書及び立替金精算書等

　任意組合等の構成員の事業者（A社）が、仕入先（C社）から立替払をした他の構成員である事業者（B社）宛に交付された適格請求書をB社からそのまま受領したとしても、これをもって、C社からA社に交付された適格請求書とすることはできません。

　この場合、立替払を行ったB社から、立替金精算書等の交付を受けるなどにより、経費の支払先であるC社から行った課税仕入れがA社のものであることが明らかにされている場合には、その適格請求書及び立替金精算書等の書類の保存をもって、A社は、C社からの課税仕入れに係る請求書等の保存要件を満たすこととなります（インボイス通達4-2）。

　また、この場合、立替払を行うB社が適格請求書発行事業者以外の事業者であっても、C社が適格請求書発行事業者であれば、仕入税額控除を行うことができます（インボイス通達4-2、インボイスQ＆A問78、**[図表1]**参照）。

　なお、立替払の内容が、請求書等の交付を受けることが困難であるな

どの理由により、一定の事項を記載した帳簿のみの保存で仕入税額控除が認められる課税仕入れに該当することが確認できた場合、A社は、一定の事項を記載した帳簿を保存することにより仕入税額控除を行うことができます（**Q11**参照）。この場合、適格請求書及び立替金精算書等の保存は不要となります。

[図表1] 立替金の取引図

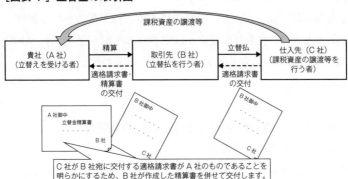

②　立替金精算書のみの保存

　A社を含む複数者分の経費を一括してB社が立替払している場合、原則として、B社はC社から受領した適格請求書をコピーし、経費の支払先であるC社から行った課税仕入れがA社及び各社のものであることを明らかにするために、B社が作成した精算書を添えるなどし、A社を含む立替えを受けた者に交付する必要があります。

　しかしながら、立替えを受けた者に交付する適格請求書のコピーが大量となるなどの事情により、立替払を行ったB社がコピーを交付することが困難なときは、B社がC社から交付を受けた適格請求書を保存し、立替金精算書を交付することにより、A社はB社が作成した（立替えを受けた者の負担額が記載されている）立替金精算書の保存をもって、仕入税額控除を行うことができます。

　ただし、この場合、立替払を行った取引先のB社は、その立替金が

仕入税額控除可能なものか（すなわち、適格請求書発行事業者からの仕入れか、適格請求書発行事業者以外の者からの仕入れか）を明らかにし、また、適用税率ごとに区分するなど、Ａ社が仕入税額控除を受けるに当たっての必要な事項を立替金精算書に記載しなければなりません。

　なお、仕入税額控除の要件として保存が必要な帳簿には、課税仕入れの相手方の氏名又は名称の記載が必要となりますし、適格請求書のコピーにより、その仕入れ（経費）が適格請求書発行事業者から受けたものか否かを確認できなくなるため、立替払を行ったＢ社とＡ社の間で、課税仕入れの相手方の氏名又は名称及び登録番号を確認できるようにしておく必要があります。

　ただし、これらの事項について、別途、書面等で通知する場合のほか、継続的な取引に係る契約書等で、別途明らかにされているなどの場合には、精算書において明らかにしていなくても差し支えありません（インボイス通達 4-2、インボイス Q & A 問 78）。

参考

Q50

　新消法 57 の 6 ①②

　新消令 70 の 14 ①②⑤

　民法 667 ①、670 ③

　インボイス通達 4-2

　インボイス Q & A 問 41、問 61、問 77、問 78

関連Q＆A：Q14 適格請求書発行事業者の登録手続（免税事業者）

　　　　　　Q16 簡易課税制度の選択の特例

　　　　　　Q46 指定管理者制度の概要

　　　　　　Q49 指定管理者における影響と対応（課税事業者）

　　　　　　Q57 立替金精算書（事業者間）

第13節

シルバー人材センター

公益法人

Q51 シルバー人材センターにおける
影響と対応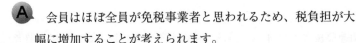

Q 　当法人は、○市に主たる事務所を置く公益社団法人のシルバー人材センターで、本則課税の適用を受ける課税事業者です。

　当法人の会員は、その者の希望に応じた就業を臨時的かつ短期的なもの又はその他の軽易な業務として行う定年退職者その他の高年齢退職者で登録した者です。

　当法人は、受注した業務を会員に請け負わせ、その対価として配分金を支払っています。

　インボイス制度導入により、当法人はどのような影響を受けるでしょうか。

A 　会員はほぼ全員が免税事業者と思われるため、税負担が大幅に増加することが考えられます。

解説

(1) シルバー人材センター等の概要

① シルバー人材センター

　シルバー人材センターとは、定年退職者その他の高年齢退職者の希望

に応じた就業で、臨時的かつ短期的なもの又はその他の軽易な業務に係るものの機会を確保し、及びこれらの者に対して組織的に提供することにより、その就業を援助して、これらの者の能力の積極的な活用を図ることができるようにして、高年齢者の福祉の増進に資することを目的とする一般社団法人又は一般財団法人（公益社団法人又は公益財団法人を含みます。以下「高年齢者就業援助法人」といいます。）です。具体的には、**[図表１]** に掲げる業務に関し、次に掲げる基準に適合すると認められるものとして、原則、市町村（特別区を含みます。）の区域において都道府県知事に指定されたものをいいます（高年齢者等の雇用の安定等に関する法律（以下「高年齢者雇用安定法」といいます。）37 ①、38 ① ②、**[図表２]** 参照）。

・　職員、業務の方法その他の事項についての業務の実施に関する計画が適正なものであり、かつ、その計画を確実に遂行するに足りる経理的及び技術的な基礎を有すると認められること。
・　上記のほか、業務の運営が適正かつ確実に行われ、高年齢者の福祉の増進に資すると認められること。

[図表１] シルバー人材センターの業務

イ	臨時的かつ短期的な就業（雇用によるものを除きます。）又はその他の軽易な業務に係る就業（雇用によるものを除きます。）を希望する高年齢退職者のために、これらの就業の機会を確保し、及び組織的に提供すること。
ロ	臨時的かつ短期的な雇用による就業又はその他の軽易な業務に係る就業（雇用によるものに限ります。）を希望する高年齢退職者のために、職業紹介事業を行うこと（厚生労働大臣に届け出て行う有料の職業紹介事業を含みます。）。
ハ	高年齢退職者に対し、臨時的かつ短期的な就業及びその他の軽易な業務に係る就業に必要な知識及び技能の付与を目的とした講習を行うこと。
ニ	イ〜ハに掲げるもののほか、高年齢退職者のための臨時的かつ短期的な就業及びその他の軽易な業務に係る就業に関し必要な業務を行うこと。

②　シルバー人材センター連合

　シルバー人材センター連合とは、その会員に二以上のシルバー人材

センターを有する高年齢者就業援助法人であって、[**図表１**] に掲げる業務に関して上記①に掲げる基準に適合すると認められるもので、原則、都道府県の区域ごとに都道府県知事が指定した法人をいいます（高年齢者雇用安定法 44 ①、45、[**図表 2**] 参照）。

③　全国シルバー人材センター事業協会

　全国シルバー人材センター事業協会は、厚生労働大臣の指定を受けたシルバー人材センター及びシルバー人材センター連合の健全な発展を図るとともに、定年退職者その他の高年齢退職者の能力の積極的な活用を促進することにより、高年齢者の福祉の増進に資することを目的とする公益社団法人です（高年齢者雇用安定法 46、[**図表２**] 参照）。

④　シルバー人材センターと会員の関係

　シルバー人材センター（シルバー人材センター連合を含みます。以下同じ。）は、上記① [**図表１**] のイの業務に基づき、シルバー人材センターが発注者と契約した仕事を高年齢者であるその会員に請負又は委任とします。

　会員はシルバー人材センターに対する請負又は委任の役務の提供の対価として、シルバー人材センターから配分金を受け取ります（[**図表２**] 参照）。

[図表２] シルバー人材センター等の関係図

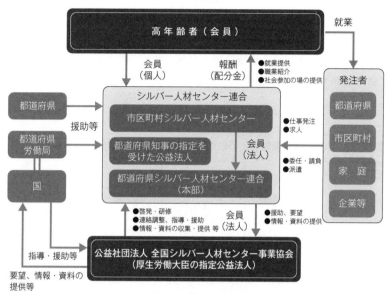

出典：公益社団法人全国シルバー人材センター事業協会 HP

⑵　シルバー人材センターにおける影響と対応

①　シルバー人材センターにおける影響

イ　会員と免税事業者

　上記⑴④のとおり、シルバー人材センターの各会員は、シルバー人材センターからシルバー人材センターが受注した業務を下請けとして請負又は委任を受けて役務の提供を行い、その役務の提供の対価すなわち課税資産の譲渡等の対価として配分金の支払を受けることから、給与所得者ではなく消費税法上の個人事業者に該当します。

　一方、各会員の行う業務は、臨時的かつ短期的な就業又はその他の軽易な業務に係る就業であるため、年間の課税売上高が1,000万円を超えることはほとんどないものと考えられ、ほぼ全員が免税事業者に該当することになります。

ロ　令和5年9月30日までの取引

　免税事業者である会員であっても区分記載請求書等を発行することができるため、課税事業者はこれを保存して帳簿の記載を行えば、その会員に支払う配分金に係る消費税額の全額について仕入税額控除を適用して納付税額を計算することができます（平成28年改正法附則34②、**[図表3]** 参照）。

[図表3] 現行の免税事業者との取引における仕入税額控除

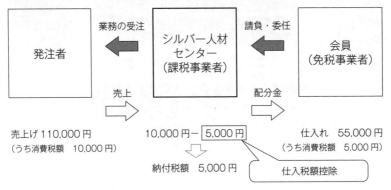

② インボイス制度導入後の取引

イ　令和5年10月1日から令和8年9月30日までの期間

　免税事業者等である会員は適格請求書を発行することができません。このため、本来、課税事業者であるシルバー人材センターは、その会員に支払う配分金に係る消費税額について仕入税額控除を適用することができません（新消法30⑦）。

　ただし、経過措置により、免税事業者等である会員に支払う配分金に係る消費税額であっても、令和5年10月1日から令和8年9月30日までの期間は、免税事業者等である会員から区分記載請求書等の交付を受け、これを保存して帳簿の記載を行えば、その仕入税額の80％について仕入税額控除を適用して納付税額を計算することができます（平成28年改正法附則52、インボイスQ&A問89、**[図表4]** 参照）。

ロ　令和 8 年 10 月 1 日から令和 11 年 9 月 30 日までの期間

　免税事業者等である会員は適格請求書を発行することができません。このため、本来、課税事業者であるシルバー人材センターは、その会員に支払う配分金に係る消費税額について仕入税額控除を適用することができません（新消法 30 ⑦）。

　ただし、経過措置により、免税事業者等である会員に対する配分金であっても、令和 8 年 10 月 1 日から令和 11 年 9 月 30 日までの期間は、免税事業者等である会員から区分記載請求書等の交付を受け、これを保存して帳簿の記載を行えば、その仕入税額の 50％について仕入税額控除を適用して納付税額を計算することができます（平成 28 年改正法附則 53、インボイス Q ＆ A 問 89、**[図表 4]** 参照）。

ハ　令和 11 年 10 月 1 日以降

　令和 11 年 10 月 1 日以降は経過措置がなくなるため、免税事業者等である会員からは適格請求書の交付を受けることができません。このため、課税事業者であるシルバー人材センターは、その会員に支払う配分金に係る消費税額について仕入税額控除を適用することができません（新消法 30 ⑦、**[図表 4]** 参照）。

[図表 4] インボイス制度導入後の免税事業者との取引における仕入税額控除

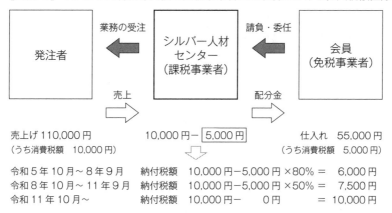

③　シルバー人材センターにおける対応

　本則課税の適用を受ける課税事業者であるシルバー人材センターにおいては、課税仕入れ等の大部分が会員への配分金の支払となるため、インボイス制度導入による税負担の増加は、これを放置すると法人の存続基盤を危うくするほどの問題です。しかし、その事業の形態上、シルバー人材センターとして対応できる範囲は限られます。

イ　適格請求書発行事業者への登録要請の適否

　課税事業者が、インボイスに対応するために、免税事業者に対し、課税事業者になるよう要請することはできます。

　ただし、会員はほぼ全員が免税事業者であり、課税事業者になるメリットは全くないことから、登録は困難であると思われます。

ロ　取引条件の見直し

　インボイス制度の実施後の免税事業者等との取引において、仕入税額控除ができないことを理由に、免税事業者である会員に対して取引価格の引下げを要請し、取引価格の再交渉において、仕入税額控除が制限される分（経過措置により仕入税額相当額の80％又は50％に制限される分）について、会員の仕入れや諸経費の支払に係る消費税の負担をも考慮した上で、双方納得の上で取引価格を設定すれば、結果的に取引価格を引き下げることができます。

　現実的にはこの対応にならざるを得ませんが、再交渉が形式的なものにすぎず、取引上優越した地位にある事業者（買手）の都合のみで著しく低い価格を設定し、免税事業者が負担していた消費税額も払えないような価格を設定した場合には、優越的地位の濫用として独占禁止法上問題となりますから、注意する必要があります。

　したがって、会員との間で、取引価格等について再交渉する場合には、その事業の内容も踏まえて十分に協議を行い、仕入側の事業者の都合のみで低い価格を設定する等しないよう、注意する必要があります。

ハ　特定費用準備資金の活用

　公益社団法人又は公益財団法人において、将来の特定の活動の実施の

ために特別に支出する費用に係る支出に充てるために特定費用準備資金
を保有することが認められています（公益社団法人及び公益財団法人の認
定等に関する法律施行規則 18）。

　このため、公益目的事業の収支が黒字である場合には、上記イ若しく
は口の対応を整えるまで、又は法令改正等により影響が緩和されるま
で、インボイス制度導入後の消費税の負担増加の支出に充てるため特定
費用準備資金に積み立てて、これに対応することが考えられます（公益
社団法人及び公益財団法人の認定等に関する法律 5 ⑥）。

参　考

Q51

　平成 28 年改正法附則 34 ②、52、53

　新消法 30 ⑦

　高年齢者雇用安定法 37 ①、38 ①②、44 ①、45、46

　インボイス Q & A 問 89

関連Q＆A：Q19 免税事業者等との取引における基本的な対応

　　　　　　Q20 独占禁止法等上の留意点

　　　　　　Q21 免税事業者等との取引における価格改定上の留意
　　　　　　点

第14節

本部・支部

公益法人　　NPO法人

Q52　法人内の本部・支部における影響と対応

> **Q**　当法人は、同業者を社員とする一般社団法人で課税事業者です。当法人は県内に10の支部があり、各支部で行う事業のために本部から交付金を支出し、それぞれの事業に係る収入及び費用は支部で支払い、支部の名義で領収書の授受・発行及び記帳をし、支部で収支報告を行っています。
>
> 　当法人の決算書や消費税の申告には、支部の収支は含めていません。
>
> 　インボイス制度導入後も、現行の取扱いで問題はないでしょうか。
>
> ....
>
> **A**　支部の取引先が適格請求書の交付請求をする場合は、法人の登録番号を記載した適格請求書を交付する必要があります。
>
> 　この場合、支部の収支を本部と合算して消費税の申告を行う必要があります。

解説

(1)　本部と支部の関係

　会員制の法人において、その事業が広域で実施され、又はその事業の特性から、各地に支部を置く場合が多くみられます。

この場合、本部と支部の収支関係は、通常は次のいずれかの形態になるものと考えられます。

① 本部と支部の合算

各支部において収入及び支出の事務を行い、記帳を行っている場合であっても、最終的に決算書、法人税、消費税等の申告は、本部と各支部を合算して処理を行います。

公益社団法人及び公益財団法人においては、公益認定に当たって、支部の事業、経理は本部と一体のものとして、公益目的事業比率、遊休財産額の見込みなどを計算するとともに、各事業年度に係る計算書類は法人全体のものを作成して提出しなければならないため、この運営形態になります（公益社団法人及び公益財団法人の認定等に関する法律4、5八・九、公益法人制度等に関するよくある質問（FAQ）問Ⅲ-1-①）。

② 支部を別法人として処理

支部は人格のない社団等として、本部からの交付金や支部独自の会費により本部とは独立して運営、経理を行い、本部の決算書、法人税、消費税等の申告に含めないで処理します。

③ 支部を別経理、申告のみ合算

②と同様に運営を行いますが、法人税又は消費税の申告のみ、本部と支部を合算して処理します。

(2)　本部・支部における影響と対応

① 適格請求書の交付

イ　登録番号の構成

法人番号を有する課税事業者の登録番号の構成は、次のとおりです（インボイス通達2-3、インボイスＱ＆Ａ問19）。

「Ｔ」（ローマ字）＋法人番号（数字13桁）

（登録番号の記載例）
・　T1234567890123
・　T-1234567890123

※　請求書等への表記に当たり、半角・全角は問いません。

ロ　支部による適格請求書の交付の適否

　上記イのとおり、適格請求書発行事業者の登録番号は、一の法人に1つだけで、複数の登録番号が付されることはありません。

　したがって、支部の事業において、参加料や広告料等の受取先から適格請求書の交付を求められた場合、これに応えるときは、支部であっても、その法人の登録番号を記載した適格請求書の交付をすることになります。

　また、交付した適格請求書の写し及び提供した適格請求書に係る電磁的記録の保存義務があります（新消法57の4⑥）。

　この適格請求書の写しや電磁的記録については、交付した日又は提供した日の属する課税期間の末日の翌日から2月を経過した日から7年間、納税地（本部）又はその取引に係る事務所、事業所その他これらに準ずるもの（支部）の所在地に保存しなければなりません（新消令70の13①）。

②　申告単位と支部の合算

　消費税の申告も、事業者を単位として行うこととされています（消法42、45）。

　上記①のとおり、支部が適格請求書の交付をする場合は、法人の登録番号を記載して、法人の名で行う必要があります。

　このため、従来、上記(1)②のように別法人として支部を運営していた場合でも、法人の適格請求書の交付することになる場合は、支部もその法人の一部となるので、本部に合算して消費税の申告を行わなければならないことになります。

　この場合は、単に適格請求書の交付に係る取引ではなく、支部における収入及び支出のすべての取引を本部に合算して申告する必要があります。

参　考

Q52

　　消法 42、45

　　新消法 57 の 4 ⑥

　　新消令 70 の 13 ①

　　インボイス通達 2-3

　　インボイス Q & A 問 19

　　公益社団法人及び公益財団法人の認定等に関する法律 4、5 八・九

　　公益法人制度等に関するよくある質問（FAQ）問Ⅲ-1-①

　関連Q＆A：Q 8　申告単位

Q53 他法人に支部がある場合における影響と対応

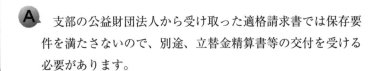

Q 　当法人は、検査事業を行う公益財団法人で、本則課税の適用を受ける課税事業者です。当法人は、自ら検査事業を行うほか、その普及啓発のために他の県にある公益財団法人を支部として活動を行っています。

　支部の活動で必要な経費は、支部の公益財団法人に経費を立て替えてもらっています。

　この場合、経費の支払先である交付される適格請求書には立替払をした支部の公益財団法人の名称が記載されますが、支部の公益財団法人からこの適格請求書を受領し、保存しておけば、仕入税額控除のための請求書等の保存要件を満たすこととなりますか。

A 　支部の公益財団法人から受け取った適格請求書では保存要件を満たさないので、別途、立替金精算書等の交付を受ける必要があります。

解説

(1) 本部と支部の関係

　全国や広域で事業を行う法人が、その事業の目的を達成するため、各地に支部を置くことがあります。その設置については、自ら建物等を所有又は賃借して支部を設けるほか、その地域で事業を行う他の法人をもって支部（例：○○協会△△県支部）とする場合があります。

　この場合、その支部の運営形態は、支部を置く法人（以下「本部法人」といいます。）と支部となる法人（以下「支部法人」といいます。）との契約によりますが、通常は次のいずらかの形態になるものと考えら

れます。

① 支部法人の施設の賃貸借による運営

　本部法人が支部法人の施設の一部を賃借し、本部の事業に関する運営は本部法人の職員又は支部法人の職員が出向して行います。

　この場合、本部法人の事業に関する収入及び支部法人の職員の出向負担金を含む支出は全て本部法人に帰属し、支部法人は本部法人から受け取る賃借料が支部法人の課税売上げになります（[**図表１**] 参照）。

[図表１] 支部法人の施設の賃貸借による運営

② 支部法人への業務委託

　本部法人が支部法人にその事業の運営を委託し、その対価として委託料を支部法人に支払います。

　この場合、支部法人が受け取る委託料は支部法人の課税売上げになり、支部法人が委託を受けた事業のための支出も支部法人に帰属します。

　本部法人は、支部法人に支払った委託料が課税仕入れになります（[**図表２**] 参照）。

[図表２] 支部法人への業務委託

③　支部法人への事務委託

　本部法人が支部法人にその事業の事務を委託し、支部法人は本部法人の事業に関する収入を一時的に預かって送金し、経費は立て替えて支払い、後日精算します。本部法人は支部法人に事務委託の手数料を支払います。この場合、本部の事業に関する収入及び支出は本部法人に帰属し、本部法人から支部法人に支払われる事務委託手数料が支部法人の課税売上げになり、本部法人の課税仕入れとなります（**[図表3]** 参照）。

[図表3] 支部法人への事務委託

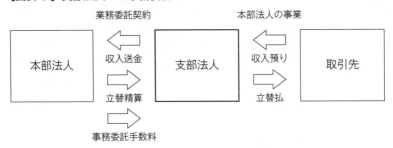

(2)　立替金（預り金）における適格請求書の交付

①　適格請求書及び立替金精算書等

　インボイス制度導入後は、上記(1)③の場合のように本部法人が、取引先から立替払をした支部法人宛に交付された適格請求書を取引先からそのまま受領したとしても、これをもって、取引先から本部法人に交付された適格請求書とすることはできません。

　この場合、立替払を行った支部法人から、立替金精算書等の交付を受けるなどにより、経費の支払先である取引先から行った課税仕入れが本部法人のものであることが明らかにされている場合には、その適格請求書及び立替金精算書等の書類の保存をもって、本部法人は、取引先からの課税仕入れに係る請求書等の保存要件を満たすこととなります（インボイス通達4-2)。

　また、この場合、立替払を行う支部法人が適格請求書発行事業者以外の事業者であっても、取引先が適格請求書発行事業者であれば、仕入税額控除を行うことができます（インボイス通達4-2、インボイスＱ＆Ａ問78、**[図表４]** 参照）。

　なお、立替払の内容が、請求書等の交付を受けることが困難であるなどの理由により、一定の事項を記載した帳簿のみの保存で仕入税額控除が認められる課税仕入れに該当することが確認できた場合、本部法人は、一定の事項を記載した帳簿を保存することにより仕入税額控除を行うことができます（**Q11** 参照）。この場合、適格請求書及び立替金精算書等の保存は不要となります。

[図表４] 立替金の取引図

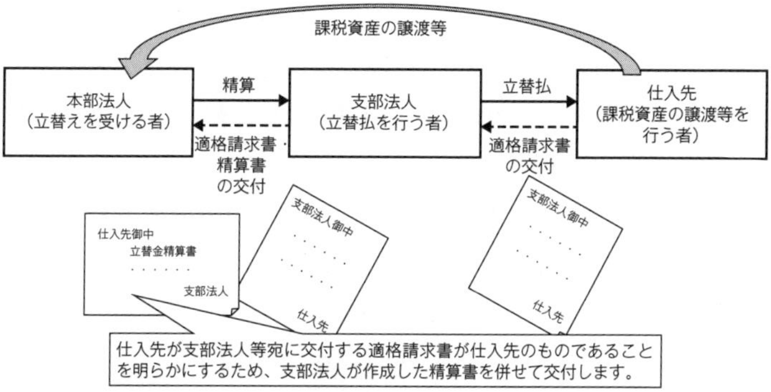

②　立替金精算書のみの保存

　本部法人を含む複数者分の経費を一括して支部法人が立替払している場合、原則として、支部法人は取引先から受領した適格請求書をコピーし、経費の取引先である仕入先から行った課税仕入れが本部法人及び各社のものであることを明らかにするために、支部法人が作成した精算書を添えるなどして、本部法人を含む立替えを受けた者に交付する必要があります。

　しかしながら、立替えを受けた者に交付する適格請求書のコピーが大

量となるなどの事情により、立替払を行った支部法人がコピーを交付することが困難なときは、支部法人が取引先から交付を受けた適格請求書を保存し、立替金精算書を交付することにより、本部法人は支部法人が作成した（立替えを受けた者の負担額が記載されている）立替金精算書の保存をもって、仕入税額控除を行うことができます。

　ただし、この場合、立替払を行った支部法人は、その立替金が仕入税額控除可能なものか（すなわち、適格請求書発行事業者からの仕入れか、適格請求書発行事業者以外の者からの仕入れか）を明らかにし、また、適用税率ごとに区分するなど、本部法人が仕入税額控除を受けるに当たっての必要な事項を立替金精算書に記載しなければなりません。

　なお、仕入税額控除の要件として保存が必要な帳簿には、課税仕入れの相手方の氏名又は名称の記載が必要となりますし、適格請求書のコピーにより、その仕入れ（経費）が適格請求書発行事業者から受けたものか否かを確認できなくなるため、立替払を行った支部法人と本部法人の間で、課税仕入れの相手方の氏名又は名称及び登録番号を確認できるようにしておく必要があります。

　ただし、これらの事項について、別途、書面等で通知する場合のほか、継続的な取引に係る契約書等で、別途明らかにされているなどの場合には、精算書において明らかにしていなくても差し支えありません（インボイス通達4-2、インボイスＱ＆Ａ問78）。

参　考

Q53
　　インボイス通達4-2
　　インボイスＱ＆Ａ問78
関連Q＆Ａ：Q11 適格請求書等保存方式（インボイス方式）
　　　　　　　Q57 立替金精算書（事業者間）

第15節

上部団体・下部団体

社会福祉法人　公益法人　NPO法人

Q54　上部団体の委託事業における影響と対応

> **Q**　当法人は、県内のある資格者の同業者を会員（社員）と
> する公益社団法人で免税事業者です。当法人の会員は同様
> の全国組織である公益社団法人の会員でもあり、その役員
> には各都道府県の同様の公益社団法人・一般社団法人の役
> 員が選任されています。
>
> 　当法人は、全国組織である公益社団法人から委託を受け
> て会員登録、情報提供等の事務を行い、委託料を受け取っ
> ています。
>
> 　インボイス制度導入後は、どのような影響があるでしょ
> うか。
>
> **A**　全国組織である公益社団法人に免税事業者である法人への
> 委託事業がある場合、税負担が増加することが考えられま
> す。これに伴い、貴法人は適格請求書発行事業者への登録要
> 請等があることが考えられます。

解 説

(1)　上部団体と下部団体の関係

　都道府県や市区町村等の単位を事業範囲又は会員の加入要件として設

立された法人（以下「下部団体」といいます。）と同種の事業目的を持つ全国、都道府県又は地域を単位として設立された法人（以下「上部団体」といいます。）には次のような関係がある場合があります。

- 会員が上部団体・下部団体双方の会員である。
- 下部団体の役員が上部団体の役員を兼務する。
- 下部団体が上部団体の会員である。
- 下部団体が上部団体の支部となっている。

　このような関係のある上部団体と下部団体の間では、交付金・納付金による資金移動や事業の委託が行われていることが一般的です。

(2)　上部団体における影響と対応

①　上部団体における影響

イ　令和5年9月30日までの取引

　免税事業者である下部団体であっても区分記載請求書等を発行することができるため、課税事業者はこれを保存して帳簿の記載を行えば、その下部団体に支払う委託料に係る消費税額の全額について仕入税額控除を適用して納付税額を計算することができます（平成28年改正法附則34②、[図表1]参照）。

[図表1]　現行の免税事業者との取引における仕入税額控除

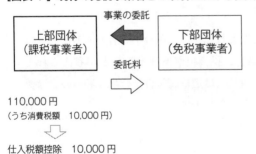

ロ　インボイス制度導入後の取引

(ⅰ)　令和 5 年 10 月 1 日から令和 8 年 9 月 30 日までの期間

　　免税事業者等である下部団体は適格請求書を発行することができません。このため、本来、課税事業者である上部団体は、その下部団体に支払う委託料に係る消費税額について仕入税額控除を適用することができません（新消法 30 ⑦）。

　　ただし、経過措置により、免税事業者等である下部団体に支払う委託料に係る消費税額であっても、令和 5 年 10 月 1 日から令和 8 年 9 月 30 日までの期間は、免税事業者等である下部団体から区分記載請求書等の交付を受け、これを保存して帳簿の記載を行えば、その仕入税額の 80％について仕入税額控除を適用して納付税額を計算することができます（平成 28 年改正法附則 52、インボイス Q & A 問 89、**[図表 2]** 参照）。

(ⅱ)　令和 8 年 10 月 1 日から令和 11 年 9 月 30 日までの期間

　　免税事業者等である下部団体は適格請求書を発行することができません。このため、本来、課税事業者である上部団体は、その下部団体に支払う委託料に係る消費税額について仕入税額控除を適用することができません（新消法 30 ⑦）。

　　ただし、経過措置により、免税事業者等である下部団体に対する委託料であっても、令和 8 年 10 月 1 日から令和 11 年 9 月 30 日までの期間は、免税事業者等である下部団体から区分記載請求書等の交付を受け、これを保存して帳簿の記載を行えば、その仕入税額の 50％について仕入税額控除を適用して納付税額を計算することができます（平成 28 年改正法附則 53、インボイス Q & A 問 89、**[図表 2]** 参照）。

(ⅲ)　令和 11 年 10 月 1 日以降

　　令和 11 年 10 月 1 日以降は経過措置がなくなるため、免税事業者等である下部団体からは適格請求書の交付を受けることができません。このため、課税事業者である上部団体は、その下部団体に支払う委託料に係る消費税額について仕入税額控除を適用することができません

（新消法30⑦、[**図表2**] 参照）。

[図表2] インボイス制度導入後の免税事業者との取引における仕入税額控除

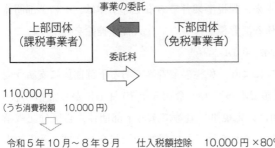

事業の委託

上部団体
（課税事業者）

下部団体
（免税事業者）

委託料

110,000 円
（うち消費税額　10,000 円）

令和5年10月～8年9月	仕入税額控除	10,000円×80% ＝ 8,000円
令和8年10月～11年9月	仕入税額控除	10,000円×50% ＝ 5,000円
令和11年10月～	仕入税額控除	＝　　0円

②　上部団体における対応

イ　適格請求書発行事業者への登録要請

　課税事業者が、インボイスに対応するために、免税事業者に対し、課税事業者になるよう要請することはできます。

　ただし、委託事業の収入がわずかで、下部団体にとって課税事業者になるメリットがない場合は、下部団体といえども登録は困難であると思われます。また、課税事業者であっても、課税売上げが1,000万円前後であれば、課税事業者と免税事業者を繰り返すことが多いことから、課税事業者に固定される適格請求書発行事業者への登録は困難であると思われます。

ロ　委託契約の変更

　インボイス制度の実施後の免税事業者等との取引において、仕入税額控除ができないことを理由に、免税事業者等に対して取引価格の引下げを要請し、取引価格の再交渉において、仕入税額控除が制限される分（経過措置により仕入税額相当額の80%又は50%に制限される分）について、免税事業者等の仕入れや諸経費の支払に係る消費税の負担をも考慮した上で、双方納得の上で取引価格を設定すれば、結果的に取引価格

を引き下げることができます。

⑶　下部団体における影響と対応

①　適格請求書発行事業者への登録

　上部団体からの委託事業による収入が下部団体の運営に欠かせないものであり、取引の見直しにより、収益の大幅な減少が予想されるときは、適格請求書発行事業者に登録することもやむを得ないものと考えられます。

　この場合、免税事業者であった下部団体は、適格請求書発行事業者に登録することで課税事業者になるため、新たに消費税を負担することになります。

　また、免税事業者等である下部団体が、適格請求書発行事業者に登録して課税事業者となった場合には、簡易課税制度の適用を検討する必要があります。

②　取引条件の見直し

　課税事業者である上部団体が、インボイス制度の実施後の免税事業者等との取引において、仕入税額控除ができないことを理由に取引価格の引下げを要請してきた場合、下部団体の経営上、収支に対する影響が許容できる範囲内であれば、取引価格の引下げに応ずることができます。ただし、今後、経過措置による仕入税額控除の制限が税額相当額の50％縮減され、ついで経過措置が廃止された時には、さらなる取引価格の引下げが要請されることになります。

　この場合、会員に対して消費税の負担増加分相当額の会費（経費の負担）の引上げを要請することが考えられます。

　ただし、会費の引上げについては社員総会等の決議が必要なため、会員に対して丁寧な説明が欠かせません。

参　考

Q54

　平成 28 年改正法附則 34 ②、52、53

　新消法 30 ⑦

　インボイス Q ＆ A 問 89

関連Q＆A：Q14 適格請求書発行事業者の登録手続（免税事業者）

　　　　　　Q16 簡易課税制度の選択の特例

　　　　　　Q18 インボイス制度導入による免税事業者等との取引
　　　　　　　　 への影響

　　　　　　Q21 免税事業者等との取引における価格改定上の留意
　　　　　　　　 点

　　　　　　Q55 上部団体の主催事業における影響と対応

Q55　上部団体の主催事業における影響と対応

> **Q** 　当法人は、県内のある資格者の同業者を会員（社員）と
> する公益社団法人です。
> 　令和 6 年 2 月に、当法人の上部団体の設立 50 周年記念大
> 会を当法人の所在する県内で開催する予定で、その準備・
> 運営を当法人が支援します。
> 　同大会の開催に要する経費は、上部団体が負担し支払い
> ますが、分科会の講師謝金その他の一部の経費については、
> 当法人名儀で立替払をし、後日、上部団体と精算すること
> になっています。
> 　精算に当たっては、当法人名儀の請求書、領収書を上部
> 団体に引き渡して行いますが、問題はないでしょうか。
>
> --
>
> **A** 　上部団体が下部団体から受け取った適格請求書では保存要
> 件を満たさないので、別途、立替金精算書等の交付を受ける
> 必要があります。

【解説】

(1)　上部団体と下部団体の関係

　前問 **Q54** の(1)を参照してください（267 頁参照）。

(2)　立替金（預り金）における適格請求書の交付

①　適格請求書及び立替金精算書等

　インボイス制度導入後は前記 **Q53**(1)③（264 頁）の場合のように上
部団体が、仕入先から立替払をした下部団体宛に交付された適格請求書
を下部団体からそのまま受領したとしても、これをもって、仕入先から
上部団体に交付された適格請求書とすることはできません。

　この場合、立替払を行った下部団体から、立替金精算書等の交付を受けるなどにより、経費の支払先である仕入先から行った課税仕入れが上部団体のものであることが明らかにされている場合には、その適格請求書及び立替金精算書等の書類の保存をもって、上部団体は、仕入先からの課税仕入れに係る請求書等の保存要件を満たすこととなります（インボイス通達4-2）。

　また、この場合、立替払を行う下部団体が適格請求書発行事業者以外の事業者であっても、仕入先が適格請求書発行事業者であれば、仕入税額控除を行うことができます（インボイス通達4-2、インボイスＱ＆Ａ問78、［**図表1**］参照）。

　なお、立替払の内容が、請求書等の交付を受けることが困難であるなどの理由により、一定の事項を記載した帳簿のみの保存で仕入税額控除が認められる課税仕入れに該当することが確認できた場合、上部団体は、一定の事項を記載した帳簿を保存することにより仕入税額控除を行うことができます（**Q11**参照）。この場合、適格請求書及び立替金精算書等の保存は不要となります。

［図表1］立替金の取引図

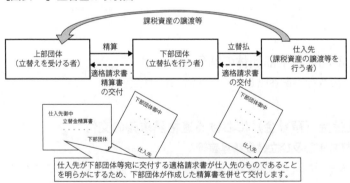

②　立替金精算書のみの保存

　上部団体を含む複数者分の経費を一括して下部団体が立替払している

場合、原則として、下部団体は仕入先から受領した適格請求書をコピーし、経費の支払先である仕入先から行った課税仕入れが上部団体及び各社のものであることを明らかにするために、下部団体が作成した精算書を添えるなどして、上部団体を含む立替えを受けた者に交付する必要があります。

　しかしながら、立替えを受けた者に交付する適格請求書のコピーが大量となるなどの事情により、立替払を行った下部団体がコピーを交付することが困難なときは、下部団体が仕入先から交付を受けた適格請求書を保存し、立替金精算書を交付することにより、上部団体は下部団体が作成した（立替えを受けた者の負担額が記載されている）立替金精算書の保存をもって、仕入税額控除を行うことができます。

　ただし、この場合、立替払を行った下部団体は、その立替金が仕入税額控除可能なものか（すなわち、適格請求書発行事業者からの仕入れか、適格請求書発行事業者以外の者からの仕入れか）を明らかにし、また、適用税率ごとに区分するなど、上部団体が仕入税額控除を受けるに当たっての必要な事項を立替金精算書に記載しなければなりません。

　なお、仕入税額控除の要件として保存が必要な帳簿には、課税仕入れの相手方の氏名又は名称の記載が必要となりますし、適格請求書のコピーにより、その仕入れ（経費）が適格請求書発行事業者から受けたものか否かを確認できなくなるため、立替払を行った下部団体と上部団体の間で、課税仕入れの相手方の氏名又は名称及び登録番号を確認できるようにしておく必要があります。

　ただし、これらの事項について、別途、書面等で通知する場合のほか、継続的な取引に係る契約書等で、別途明らかにされているなどの場合には、精算書において明らかにしていなくても差し支えありません（インボイス通達 4-2、インボイス Q & A 問 78）。

参考

Q55

インボイス通達 4-2

インボイス Q & A 問 78

関連Q&A：Q11 適格請求書等保存方式（インボイス方式）

Q53 他法人に支部がある場合における影響と対応

Q54 上部団体の委託事業における影響と対応

Q57 立替金精算書（事業者間）

適格請求書の交付

Q56　支払通知書

Q　当法人は、一般社団法人で本則課税の適用を受ける課税事業者です。当法人が行う事業では、多数の者に業務を委託しています。

委託先には個人も多くいますが、インボイス制度導入後は、適格請求書又は区分記載請求書等の交付を受けなければならないのでしょうか。

A　双方の合意により、適格請求書又は区分記載請求書等の交付に代えて、仕入明細書としての支払通知書を委託元の課税事業者から交付し、確認する方法によることができます。

解説

(1)　仕入税額控除の適用を受けるための請求書等

①　仕入明細書等

　本則課税の適用を受ける課税事業者が仕入税額控除の適用を受けるためには、適格請求書又は区分記載請求書等の交付を受けなければなりません。一方、適格請求書発行事業者が課税資産の譲渡等を行った場合、課税事業者からの求めに応じて適格請求書を交付する義務が課されています（新消法57の4①）。

　このため、委託元の課税事業者が仕入税額控除の適用を受けるために
は、委託先から適格請求書又は区分記載請求書等の交付を受ける必要が
あり、適格請求書発行事業者である委託先の課税事業者は適格請求書を
交付する義務があります（新消法30①⑦⑨一、**[図表1]**参照）。

[図表1] 委託元と委託先の例示

事業の内容	委託元	委託先
研修事業等	研修事業の運営者	外部講師
健診事業等	健診機関等	外注先（医療関係者等）
行政機関からの委託事業	委託事業の受託法人	受託法人の社員
行政機関からの委託研修事業	委託研修事業の受託法人	受託法人の社員・外部講師

　しかし、多数の委託を行い、かつ、委託先が個人や小規模な法人であ
る場合、個別にこれらの請求書を作成・交付してもらうことは事務的に
煩雑で、かつ、非効率なものとなってしまいます。

　仕入税額控除の適用を受けるための請求書等には、適格請求書又は区
分記載請求書等以外に、事業者がその行った課税仕入れにつき作成する
仕入明細書、仕入計算書その他これらに類する書類（以下「仕入明細書
等」といいます。）で所定の事項が記載されているものが認められてい
ます（新消法30⑨三、**[図表2]**参照）。

　ただし、この仕入明細書等は、これらの事項につき、その課税仕入れ
の相手方の確認を受けたものに限ります（新消法30⑨三、インボイス通
達4-6）。

　そこで、委託元の課税事業者において、仕入明細書等の記載事項を満
たした支払通知書を作成し、これについての委託先の確認を受けて保存
することで仕入税額控除の適用を受けることができます。

②　相手方の確認

　仕入税額控除の適用を受けるための請求書等に該当する仕入明細書等
は、相手方の確認を受けたものに限られます（新消法30⑨三、インボイ

[図表２] 仕入明細書等の記載事項

適格請求書	区分記載請求書等 （免税事業者等からの仕入れについて 経過措置の適用を受ける場合）
①　書類の作成者の氏名又は名称 ②　課税仕入れの相手方の氏名又は名称及び登録番号 ③　課税仕入れを行った年月日 ④　課税仕入れに係る資産又は役務の内容（課税仕入れが他の者から受けた軽減対象資産の譲渡等に係るものである場合には、資産の内容及び軽減対象資産の譲渡等に係るものである旨） ⑤　税率ごとに合計した課税仕入れに係る支払対価の額及び適用税率 ⑥　税率ごとに区分した消費税額等	①　書類の作成者の氏名又は名称 ②　課税仕入れの相手方の氏名又は名称 ③　課税仕入れを行った年月日 ④　課税仕入れに係る資産又は役務の内容（課税仕入れが他の者から受けた軽減対象資産の譲渡等に係るものである場合には、資産の内容及び軽減対象資産の譲渡等に係るものである旨） ⑤　税率ごとに合計した課税仕入れに係る支払対価の額

ス通達4-6)。この相手方の確認を受ける方法としては、例えば、次のような方法があります（インボイスＱ＆Ａ問70)。

イ　仕入明細書等の記載内容を、通信回線等を通じて相手方の端末機に出力し、確認の通信を受けた上で、自己の端末機から出力したもの

ロ　仕入明細書等に記載すべき事項に係る電磁的記録につきインターネットや電子メールなどを通じて課税仕入れの相手方へ提供し、相手方から確認の通知等を受けたもの

ハ　仕入明細書等の写しを相手方に交付し、又は仕入明細書等の記載内容に係る電磁的記録を相手方に提供した後、一定期間内に誤りのある旨の連絡がない場合には記載内容のとおり確認があったものとする基本契約等を締結した場合におけるその一定期間を経たもの

　なお、ハについては、次のように、仕入明細書等の記載事項が相手方に示され、その内容が確認されている実態にあることが明らかであれば、相手方の確認を受けたものとなります（インボイスＱ＆Ａ問70)。

・　仕入明細書等に「送付後一定期間内に誤りのある旨の連絡がない

場合には記載内容のとおり確認があったものとする」旨の通知文書等を添付して相手方に送付し、又は提供し、了承を得る。

・　仕入明細書等又は仕入明細書等の記載内容に係る電磁的記録に「送付後一定期間内に誤りのある旨の連絡がない場合には記載内容のとおり確認があったものとする」といった文言を記載し、又は記録し、相手方の了承を得る。

(2)　支払通知書の記載例

　委託元の課税事業者において作成し、委託先に確認を受ける支払通知書の記載例は [図表３] のとおりです。

[図表３] 支払通知書の記載例

支　払　通　知　書
（令和５年10月分）

令和５年10月31日

　〇〇　〇〇　様　（注1）
登録番号　T12345678901（注2）

公益財団法人●●協会（注3）

支払金額合計		203,572 円		
月	日	事業名	内容	金額（税抜）
10	3	××講座	講師料	100,000
10	3	××講座	交通費	2,000
10	10	〇〇委員会	業務委託料	100,000
10	10	〇〇委員会	交通費	2,000
合計		報酬額	消費税額	源泉徴収税額
10%対象		204,000	20,400	20,828

※　送付後一定期間内に誤りのある旨の連絡がない場合には記載内容のとおり確認があったものとさせていただきます。（注4）

（注1）委託先の氏名又は名称を記載します。
（注2）委託先の登録番号を記載します。ただし、免税事業者等である場合は記載しません。
（注3）委託元の課税事業者の名称を記載します。
（注4）課税仕入れの相手方（外部の講師）の確認を受けたことを示す文言になります。

Q56

　新消法 30 ①⑦⑨一・三、57 の 4 ①

　インボイス通達 4-6

　インボイス Q & A 問 70

関連Q&A：Q33 研修事業運営者における影響と対応（課税事業者）

　　　　　　Q35 健診機関等における影響と対応（課税事業者）

　　　　　　Q43 同業者団体（医師会等）が行う行政機関からの委
　　　　　　　　 託事業における影響と対応

　　　　　　Q44 行政機関からの委託による研修事業等を行う法人
　　　　　　　　 における影響と対応

　　　　　　Q59 通勤手当、旅費等

Q57　立替金精算書（事業者間）

> **Q**　当法人は、会館の所有を目的として設立された一般社団法人です。テナントが個別に使用する水道光熱費等は、メーター等により検針した金額を当法人が電力会社等に立替払し、その後、テナントからその立て替えた金額を徴収して精算しています。
>
> 　現在は家賃の請求書に精算額を記載して交付していますが、インボイス制度導入後も、同様の方法で問題ないでしょうか。
>
> ⋯⋯⋯⋯⋯⋯⋯⋯⋯⋯⋯⋯⋯⋯⋯⋯⋯⋯⋯⋯⋯⋯⋯⋯⋯⋯⋯⋯⋯⋯⋯
>
> **A**　インボイス制度導入後は、原則として電力会社等の適格請求書の写しと貴法人が作成した立替金精算書をテナントに交付する必要があります。

解説

(1)　テナントの仕入税額控除のための必要書類

　テナントが、水道光熱費等の立替払をした会館の管理法人宛に電力会社等から交付された適格請求書をそのまま受領したとしても、これをもって、電力会社等からテナントに交付された適格請求書とすることはできません。

　この場合には、会館の管理法人から立替金精算書等の交付を受けるなどにより、経費の支払先である電力会社等から行った課税仕入れがテナントのものであることを明らかにし、その適格請求書及び立替金精算書等の書類の保存をもって、テナントは、電力会社等からの課税仕入れに係る請求書等の保存要件を満たすこととなります（インボイス通達4-2、インボイスＱ＆Ａ問78、**[図表１]** 参照）。

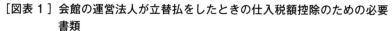

［図表１］会館の運営法人が立替払をしたときの仕入税額控除のための必要書類

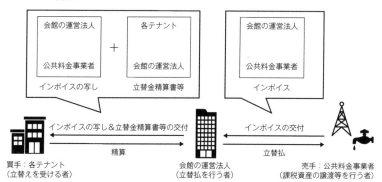

（出典：「週刊税務通信」No.3706（2022 年 6 月 6 日）の図（一部加工））

(2)　テナントで必要とされる書類の組合せ記載例

　電力会社等から交付される適格請求書には、次の事項を記載する必要があります（新消法 57 の 4 ①、**［図表２］**参照）。

①　適格請求書発行事業者の氏名又は名称及び登録番号

②　課税資産の譲渡等を行った年月日

③　課税資産の譲渡等に係る資産又は役務の内容（課税資産の譲渡等が軽減対象資産の譲渡等である場合には、資産の内容及び軽減対象資産の譲渡等である旨）

④　課税資産の譲渡等の税抜価額又は税込価額を税率ごとに区分して合計した金額及び適用税率

⑤　税率ごとに区分した消費税額等

⑥　書類の交付を受ける事業者の氏名又は名称

　立替金精算書については特に様式が定められていないので、既存の様式に必要な事項の記載を行って差し支えありません。

　なお、立替えを受けた者に交付する適格請求書のコピーが大量となるなどの事情により、立替払を行った会館の管理法人がコピーを交付することが困難なときは、会館の管理法人が電力会社等から交付を受けた適

格請求書を保存し、立替金精算書を交付することにより、テナントは会館の管理法人が作成した（立替えを受けた者の負担額が記載されている）立替金精算書の保存をもって、仕入税額控除を行うことができます。

　ただし、この場合、立替払を行った会館の管理法人は、その立替金が仕入税額控除可能なものか（すなわち、適格請求書発行事業者からの仕入れか、適格請求書発行事業者以外の者からの仕入れか）を明らかにし、また、適用税率ごとに区分するなど、テナントが仕入税額控除を受けるに当たっての必要な事項を立替金精算書に記載しなければなりません（インボイスＱ＆Ａ問78、**［図表２］**参照）。

［図表２］テナントで必要とされる書類の組合せ記載例

一般社団法人○○会館　御中

No.4598572
発行日 2023/11/20　← 必要事項②

電力料金領収実績票

¥620,000-　← 必要事項④⑤
（うち消費税相当額 10%¥56,364）

但し　使用期間中の電気料金として　← 必要事項③　①

必要事項⑥を満たしていない

ご契約者情報
お客様番号　XXXX-XXX-XXXXX
ご契約住所　東京都千代田区○丁目○番○号
ご契約名義　株式会社○○ビル管理
使用期間　2023/10/16～11/15

登録番号 T12345…　株式会社△△電力
〒XXXX-XXXX 東京都中央区△丁目△番△号
Tel:03-XXXX-XXXX

どのような記載項目があれば各書類を管理しやすいのか、当時者間で確認しておくのが望ましい。

＋

株式会社××　御中

一般社団法人○○会館
発行日　2023/11/30

請求書（立替金精算書等）

メーター等で按分することも可能

内容	床面積	金額（税込）	消費税 10%	備考
電力料金	○× ㎡	¥33,000	¥3,000	2023/10/16～11/15
水道料金	○× ㎡	¥35,200	¥3,200	2023/10/16～11/15
⋮				

※株式会社△△電力（登録番号 T12345…）への支払額の内訳として…

インボイスの写しの交付が困難な事情がある場合は、立替金精算書等のみの交付も可。ただし、立替金精算書等には各テナントが仕入税額控除を受けるための事項の記載が必要となる。

（出典：「週刊税務通信」No.3706（2022年6月6日）の図（一部加工））

参　考

Q57

新消法 57 の 4 ①

インボイス通達 4-2

インボイス Q & A 問 78

「週刊税務通信」No.3706（2022 年 6 月 6 日）

関連Q＆A： Q37 建物等の貸主における影響と対応（課税事業者）

Q50 任意組合（JV）による指定管理者における影響と対応

Q53 他法人に支部がある場合における影響と対応

Q55 上部団体の主催事業における影響と対応

Q58 立替金精算書（従業員）

> **Q**　当法人は、情報関係の会社を会員とする一般社団法人で、本則課税の適用を受ける課税事業者です。当法人では従業員のテレワークを推奨しており、テレワークに必要な機器、用具については従業員が購入し、後日、領収書をもって精算しています。
>
> 　インボイス制度導入後、従業員宛の領収書を精算に用いた場合は、これを適格請求書とすることができるでしょうか。
>
> **A**　従業員宛の領収書は、雇用主である法人としての適格請求書の要件を満たさないので、従業員からその領収書と立替金精算書の交付を受ける必要があります。

解説

(1)　法人の仕入税額控除のための必要書類

　雇用主である法人が、立替払をした従業員宛に仕入先から交付された適格請求書をそのまま受領したとしても、これをもって、仕入先からその法人に交付された適格請求書とすることはできません。

　この場合には、従業員から立替金精算書等の交付を受けるなどにより、経費の支払先である仕入先から行った課税仕入れがその法人のものであることを明らかにし、その適格請求書及び立替金精算書等の書類の保存をもって、その法人は、仕入先からの課税仕入れに係る請求書等の保存要件を満たすこととなります（インボイス通達 4-2、インボイス Q ＆ A 問 78、[**図表 1**] 参照）。

［図表 1］雇用主の仕入税額控除のための必要書類

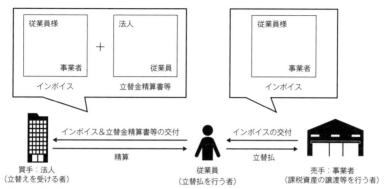

（出典：「週刊税務通信」No.3704（2022 年 5 月 23 日）の図（一部加工））

(2)　雇用主で必要とされる書類の組合せ記載例

　売手である事業者から交付される適格請求書には、次の事項を記載する必要があります（新消法 57 の 4 ①、［図表 2］参照）。

① 　適格請求書発行事業者の氏名又は名称及び登録番号

② 　課税資産の譲渡等を行った年月日

③ 　課税資産の譲渡等に係る資産又は役務の内容（課税資産の譲渡等が軽減対象資産の譲渡等である場合には、資産の内容及び軽減対象資産の譲渡等である旨）

④ 課税資産の譲渡等の税抜価額又は税込価額を税率ごとに区分して合計した金額及び適用税率

⑤ 　税率ごとに区分した消費税額等

⑥ 　書類の交付を受ける事業者の氏名又は名称

　立替金精算書については特に様式が定められていないので、既存の様式に必要な事項の記載を行って差し支えありません。

［図表２］雇用主で必要とされる書類の組合せ記載例

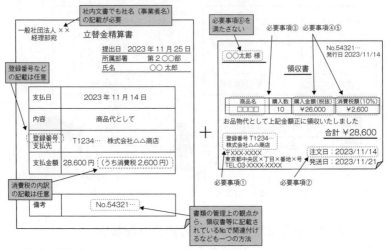

（出典：「週刊税務通信」No.3704（2022 年 5 月 23 日）の図（一部加工））

参　考

Q58

新消法 57 の 4 ①

インボイス通達 4-2

インボイス Q & A 問 78

「週刊税務通信」No.3704（2022 年 5 月 23 日）

Q59 通勤手当、旅費等

Q 　当法人は、同業者を会員（社員）とする公益社団法人で、本則課税の適用を受ける課税事業者です。

　当法人では、次のような費用を支払っています。

① 　常勤の常務理事及び職員の通勤手当

② 　非常勤の理事及び監事の理事会への出席その他業務執行のため当法人に出勤する場合の旅費

③ 　役員又は職員が業務上必要な出張をする際に、規程に基づき支給する旅費

④ 　当法人の会員が研修会の講師をする場合の謝金及び旅費

⑤ 　当法人の委員会に委員である会員が出席した場合の旅費

　これらの費用については、現在、領収書等を受け取っていません。

　インボイス制度導入後も、同様の取扱いで差し支えないでしょうか。

　①～③については、現行どおり、適格請求書の交付を受ける必要はありません。

　④については、謝金及び旅費について、適格請求書の交付を受ける必要があります。

　⑤については、業務として委託を受けていると判断される場合を除き、適格請求書の交付を受ける必要はないと考えられます。

解説

(1)　通勤手当

①　帳簿のみの保存

　役員又は従業員（以下「従業員等」といいます。）で通勤する者に支給する通勤手当のうち、通勤に通常必要と認められる部分の金額については、課税仕入れに係る支払対価の額として取り扱われます（消基通 11-2-1、11-2-2）。この金額については、一定の事項を記載した帳簿のみの保存で仕入税額控除が認められます（新消法 30 ⑦、新消令 49 ① 一二、新消規 15 の 4 三、インボイス通達 4-10）。

　なお、帳簿のみの保存で仕入税額控除が認められる「通勤者につき通常必要と認められる部分」については、通勤に通常必要と認められるものであればよく、所得税法施行令第 20 条の 2 において規定される非課税とされる通勤手当の金額を超えているかどうかは問いません（インボイス Q & A 問 86）。

　このため、ご質問の①、②はいずれも従業員等の通勤手当に該当し、一定の事項を記載した帳簿のみの保存で仕入税額控除が認められます。

②　帳簿の記載事項

　①の場合の一定の帳簿の記載事項に関しては、通常必要な記載事項に加え、次の事項の記載が必要となります（インボイス Q & A 問 88）。

・　帳簿のみの保存で仕入税額控除が認められるいずれかの仕入れに該当する旨
　　この場合は「通勤手当」又は「出張旅費等」と記載します。

　なお、課税仕入れに該当する通勤手当を支払った場合のその出張旅費等を受領した従業員等の住所又は所在地の記載は必要ありません。

(2)　出張旅費、宿泊費、日当等

①　帳簿のみの保存

　従業員等に支給する出張旅費、宿泊費、日当等のうち、その旅行に通常必要であると認められる部分の金額については、課税仕入れに係る支

払対価の額に該当するものとして取り扱われます（消基通 11-2-1）。この金額については、一定の事項を記載した帳簿のみの保存で仕入税額控除が認められます（新消法 30 ⑦、新消令 49 ①一ニ、新消規 15 の 4 二、インボイス通達 4-9）。

　なお、帳簿のみの保存で仕入税額控除が認められる「その旅行に通常必要であると認められる部分」については、次の所得税基本通達 9-3 に基づき判定しますので、所得税が非課税となる範囲内で、帳簿のみの保存で仕入税額控除が認められることになります。

所得税基本通達 9-3

（非課税とされる旅費の範囲）

9-3　法第 9 条第 1 項第 4 号の規定により非課税とされる金品は、同号に規定する旅行をした者に対して使用者等からその旅行に必要な運賃、宿泊料、移転料等の支出に充てるものとして支給される金品のうち、その旅行の目的、目的地、行路若しくは期間の長短、宿泊の要否、旅行者の職務内容及び地位等からみて、その旅行に通常必要とされる費用の支出に充てられると認められる範囲内の金品をいうのであるが、当該範囲内の金品に該当するかどうかの判定に当たっては、次に掲げる事項を勘案するものとする。

⑴　その支給額が、その支給をする使用者等の役員及び使用人の全てを通じて適正なバランスが保たれている基準によって計算されたものであるかどうか。

⑵　その支給額が、その支給をする使用者等と同業種、同規模の他の使用者等が一般的に支給している金額に照らして相当と認められるものであるかどうか。

---

②　帳簿の記載事項

　①の場合の一定の帳簿の記載事項に関しては、通常必要な記載事項に加え、次の事項の記載が必要となります（インボイス Q & A 問 88）。

・　帳簿のみの保存で仕入税額控除が認められるいずれかの仕入れに該当する旨

　この場合は「出張旅費等」と記載します。

　なお、課税仕入れに該当する出張旅費等を支払った場合のその出張旅費等を受領した従業員等の住所又は所在地の記載は必要ありません。

(3)　謝金・旅費

①　課税仕入れ

　報酬又は料金等の性質を有するものは、謝礼、賞金、研究費、取材費、材料費、車賃、記念品代、酒こう料等の名義で支払うものであっても、全て源泉徴収の対象になります（所基通204-2）。

　したがって、講師に対する謝金は、事業者に対する報酬又は料金等に該当し、課税仕入れに該当します。

　この場合、旅費、日当、宿泊費などの名目で支払われるものも、たとえ実費相当額であっても源泉徴収の対象となる報酬・料金に含まれます（所基通204-2）。

②　適格請求書の交付

イ　支払通知書

　本則課税の適用を受ける課税事業者が仕入税額控除の適用を受けるためには、適格請求書又は区分記載請求書等の交付を受けなければなりません。一方、適格請求書発行事業者が課税資産の譲渡等を行った場合、課税事業者からの求めに応じて適格請求書を交付する義務が課されています（新消法57の4①）。

　このため、法人が仕入税額控除の適用を受けるには、講師から適格請求書又は区分記載請求書等の交付を受ける必要があり、適格請求書発行事業者である講師は適格請求書を交付する義務があります（新消法30①⑦⑨一）。

　しかし、会員である講師に個別にこれらの請求書を作成・交付してもらうことは事務的に煩雑で、かつ、非効率なものとなってしまいます。

　仕入税額控除の適用を受けるための請求書等には、適格請求書又は区分記載請求書等以外に、事業者がその行った課税仕入れにつき作成する

仕入明細書、仕入計算書その他これらに類する書類（以下「仕入明細書等」といいます。）で所定の事項が記載されているものが認められています（新消法 30 ⑨三、**[図表 1]** 参照）。

　ただし、この仕入明細書等は、これらの事項につき、その課税仕入れの相手方の確認を受けたものに限ります（新消法 30 ⑨三、インボイス通達 4-6）。

　そこで、謝金の支払者において、仕入明細書等の記載事項を満たした支払通知書を作成し、これについて講師の確認を受けて保存することで仕入税額控除の適用を受けることができます。

[図表 1]　仕入明細書等の記載事項

適格請求書	区分記載請求書等 （免税事業者等からの仕入れについて 経過措置の適用を受ける場合）
①　書類の作成者の氏名又は名称 ②　課税仕入れの相手方の氏名又は名称及び登録番号 ③　課税仕入れを行った年月日 ④　課税仕入れに係る資産又は役務の内容（課税仕入れが他の者から受けた軽減対象資産の譲渡等に係るものである場合には、資産の内容及び軽減対象資産の譲渡等に係るものである旨） ⑤　税率ごとに合計した課税仕入れに係る支払対価の額及び適用税率 ⑥　税率ごとに区分した消費税額等	①　書類の作成者の氏名又は名称 ②　課税仕入れの相手方の氏名又は名称 ③　課税仕入れを行った年月日 ④　課税仕入れに係る資産又は役務の内容（課税仕入れが他の者から受けた軽減対象資産の譲渡等に係るものである場合には、資産の内容及び軽減対象資産の譲渡等に係るものである旨） ⑤　税率ごとに合計した課税仕入れに係る支払対価の額

ロ　相手方の確認

　仕入税額控除の適用を受けるための請求書等に該当する仕入明細書等は、相手方の確認を受けたものに限られます（新消法 30 ⑨三、インボイス通達 4-6）。この相手方の確認を受ける方法としては、例えば、次のような方法があります（インボイス Q & A 問 70）。

（ⅰ）仕入明細書等の記載内容を、通信回線等を通じて相手方の端末機

に出力し、確認の通信を受けた上で、自己の端末機から出力したもの

(ii)　仕入明細書等に記載すべき事項に係る電磁的記録につきインターネットや電子メールなどを通じて課税仕入れの相手方へ提供し、相手方から確認の通知等を受けたもの

(iii)　仕入明細書等の写しを相手方に交付し、又は仕入明細書等の記載内容に係る電磁的記録を相手方に提供した後、一定期間内に誤りのある旨の連絡がない場合には記載内容のとおり確認があったものとする基本契約等を締結した場合におけるその一定期間を経たもの

　なお、(iii)については、次のように仕入明細書等の記載事項が相手方に示され、その内容が確認されている実態にあることが明らかであれば、相手方の確認を受けたものとなります（インボイスＱ＆Ａ問70）。

・　仕入明細書等に「送付後一定期間内に誤りのある旨の連絡がない場合には記載内容のとおり確認があったものとする」旨の通知文書等を添付して相手方に送付し、又は提供し、了承を得る。

・　仕入明細書等又は仕入明細書等の記載内容に係る電磁的記録に「送付後一定期間内に誤りのある旨の連絡がない場合には記載内容のとおり確認があったものとする」といった文言を記載し、又は記録し、相手方の了承を得る。

ハ　支払通知書の記載例

　支払通知書の記載例については、**Q56**を参照してください。

(4)　委員の旅費等

①　非常勤役員等の出勤のための費用

　給与所得を有する者で常には出勤を要しない次に掲げるようなものに対し、その勤務する場所に出勤するために行う旅行に必要な運賃、宿泊料等の支出に充てるものとして支給される金品（以下「出張旅費等」といいます。）で、社会通念上合理的な理由があると認められる場合に支給されるものについては、その支給される金品のうちその出勤のために

直接必要であると認められる部分に限り、所得税法第 9 条第 1 項第 4 号（出張旅費等）に掲げる金品に準じて所得税を課税しなくて差し支えないものとされています（所基通 9-5）。

イ　国、地方公共団体の議員、委員、顧問又は参与
ロ　会社その他の団体の役員、顧問、相談役又は参与

② 委員の位置付けと適格請求書等の交付の可否

イ　出張旅費等の位置付け

上記①イの者に対する出張旅費等は、地方自治法の規定に基づき、条例で定めるところにより、職務を行うため要する費用の弁償として支払われるものであり、民間の法人における委員等に対するものとは異なるものです（地方自治法 203 の 2 ③⑤）。

一方、上記①ロの者に対する出張旅費等は、その勤務する場所に出勤するために行う旅行に必要な運賃等に充てられるものであることから、通勤手当と同様のものと認められます。

しかし、これらの者の出勤状況は一般の常勤者の出勤日数に比して著しく少ないことが多く通勤とは言い難いことや、これらの者の住所が遠隔地でその出勤に要する旅費等が多額に上ることもあることから、通常の通勤手当と同様に扱うことは実情に即さないと考えられます。そこで、出張旅費等のうち、その出勤のために直接必要であると認められる部分に限って、所得税が非課税とされる旅費に準じた取扱いとなっています。

ロ　非常勤役員等の位置付け

上記①ロの者は、例として示されており、非常勤の医師や大学等の非常勤講師もこれに含まれるものとして取り扱われます。

これを踏まえれば、法人の会員である委員についても同様に取り扱われるものと考えられます。

ハ　日当・一律支給

出張旅費等のうち、所得税が非課税とされる旅費に準じるものは、その支給される金品のうち、その出勤のために直接必要であると認められ

る部分に限ります。したがって、次のようなものは当該旅費に該当せ
ず、給与等として所得税が課税されることになります。

・　出張旅費等のうちの日当が出勤のために直接必要であると認めら
　　れる部分を超えるもの
・　実際の出勤のために必要な旅費相当額と関係なく、一律同額が支
　　給される金品
・　WEB 会議等で出勤しない場合にも支給される金品

二　適格請求書の交付の可否

　委員に支払われる出張旅費等でその出勤のために直接必要であると認め
られる部分は、所得税が非課税とされる旅費となるため、消費税にお
いては課税仕入れになります。

　この場合、従業員等に支給する出張旅費、宿泊費、日当等と同様に取
り扱われることになるので、出勤に通常必要と認められる部分の金額に
ついては、一定の事項を記載した帳簿のみの保存で仕入税額控除が認め
られます（新消法 30 ⑦、新消令 49 ①一ニ、新消規 15 の 4 三、インボイス
通達 4-10）。

　したがって、法人は委員から適格請求書の交付を受ける必要はありま
せん。

　一方、上記ハに該当するものは、給与等として課税されるため、消費
税については課税外の支出となりますから、適格請求書の交付の対象外
となります。

ホ　業務委託

　法人の会員に契約により業務を委託するため、上記の出張旅費等とは
別に業務委託費を支払う場合は、上記(3)の講師に対する謝金・旅費と同
様に課税仕入れになります。

　したがって、法人が仕入税額控除を受けるためには、委員から適格請
求書（免税事業者等である場合は区分記載請求書等）の交付を受ける必
要があります（新消法 57 の 4 ①）。

　この場合も、上記(3)②の支払通知書による交付方法を適用できます。

参　考

Q59

　新消法 30 ①⑦⑨一・三、57 の 4 ①

　地方自治法 203 の 2 ③⑤

　新消令 49 ①一

　所令 20 の 2

　新消規 15 の 4 二・三

　消基通 11-2-1、11-2-2

　インボイス通達 4-6、4-9、4-10

　所基通 9-3、9-5、204-2

　インボイス Q & A 問 70、問 86、問 88

　『源泉所得税現物給与をめぐる税務（平成 27 年版)』（冨永賢一著、大蔵財務協会）

　『実例問答式役員と使用人の給与・賞与・退職金の税務（平成 31 年版)』（若林孝三ほか共編、大蔵財務協会）

　「DHC 所得税務釈義 1」（武田昌輔ほか監修、第一法規）

　関連Q＆A：Q56 支払通知書

Q60 令和5年10月1日（施行日）をまたぐ 取引に係る交付義務

Q 当法人は、所有する建物でイベントホールと研修室の席貸しを行っている一般財団法人で、本則課税の適用を受ける課税事業者です。

当法人は次のような取引を行っていますが、これらにおける適格請求書の交付の取扱いはどうなるのでしょうか。

① 令和4年10月に事前予約を受けて、令和5年10月にイベントホールと研修室を貸し出します。この事前予約時に使用料を前受けしています。

② 建物の附属設備について、令和4年12月1日から令和5年11月30日まで保守契約を締結しています。保守契約に係る保守料金は、契約日の令和4年11月1日に全額を前払いしていますが、保守料金は月額で定められており、中途で解約した場合は未経過分が返金されます。

また、当法人は、既に適格請求書発行事業者に登録し、領収書等を適格請求書の要件に対応させる改訂を行いました。これにより、インボイス制度導入前に、登録番号を記載した領収書等を発行することができます。

③ この場合、インボイス制度導入前に、登録番号を記載した領収書等を発行しても問題ないでしょうか。

A ①については、使用料の前受時には適格請求書を交付する義務はありませんが、貸出時に交付を求められた場合は交付義務があります。

②については、令和5年10月1日以降の保守料金に係る適格請求書の交付を求めることができます。

③については、登録番号を記載して差し支えありません。

解 説

(1)　適格請求書の交付義務

①　インボイス制度導入後の役務提供

　席貸しのような施設の貸与や鉄道の乗車券、ホテルの宿泊等のような事前予約を行う際には、代金の決済（前払い）が行われることがあります。

　この場合、令和5年10月1日以後の施設の貸与や乗車、宿泊等について、同日前の事前予約による代金の決済が行われたとしても、その時点では役務の提供は行われていません。

　適格請求書の交付義務は、課税資産の譲渡等を行った場合とされています（新消法57の4）。

　したがって、ご質問の①については、令和5年9月30日以前には役務の提供がないため、代金の決済を行っている場合でも、適格請求書の交付する義務はなく、また、適格請求書の交付を求めることもできません。

　一方、令和5年10月1日以後に事前予約を受けた施設の貸与や乗車、宿泊等が行われた場合、インボイス制度導入後の役務の提供となるので、適格請求書の交付を求められれば、これを交付する義務があります。

②　継続した役務提供

　保守契約のような継続した役務の提供について、令和5年10月1日以後の期間を含む期間の契約を締結し、その保守料金等の役務の提供の対価は月額で定められている場合があります。

　この場合、その契約期間の保守料金等を契約時に一括して支払ったとしても、課税資産の譲渡等は現実に役務の提供を完了した時となります。

　適格請求書の交付義務は、課税資産の譲渡等を行った場合とされています（新消法57の4）。

　したがって、ご質問の②については、インボイス制度前の令和5年9月30日以前の役務の提供が完了しているものについては、適格請求書の交付する義務はなく、また、適格請求書の交付を求めることもできま

せん。

　一方、令和5年10月1日以後に役務の提供が完了するものについて
は、インボイス制度導入後の役務の提供となるので、適格請求書の交付
を求められれば、これを交付する義務があります。

(2)　令和5年9月30日以前の請求書への登録番号の記載

　適格請求書等保存方式が開始される前（令和5年9月30日以前）に
登録番号が通知された場合、区分記載請求書等に登録番号を記載して
も、区分記載請求書等の記載事項が記載されていれば、取引の相手方
は、区分記載請求書等保存方式の間（令和元年10月1日から令和5年
9月30日まで）における仕入税額控除の要件である区分記載請求書等
を保存することができるので、区分記載請求書等に登録番号を記載して
も差し支えありません。

　また、適格請求書の発行に対応したレジシステム等の改修を行い、適
格請求書の記載事項を満たした請求書等を発行する場合にも、その請求
書等は、区分記載請求書等として必要な記載事項を満たしていますの
で、区分記載請求書等保存方式の間に交付しても問題ありません。

　なお、区分記載請求書等の記載事項のうち、税率ごとに区分して合計
した税込価額については、適格請求書の記載事項である課税資産の譲渡
等の税抜価額を税率ごとに区分して合計した金額及び税率ごとに区分し
た消費税額等を記載することとして差し支えありません（インボイスQ
＆A問62）。

◇◇

参　考

Q60

　新消法57の4

　インボイスQ＆A問62

◇◇

第4章

非営利法人における
インボイス制度と
電子帳簿保存法対応

第**1**節

電子帳簿保存法

Q61　電子帳簿保存法の概要

Q　電子帳簿保存法とは、どのようなものなのでしょうか。

A　電子計算機を使用して作成している国税関係帳簿書類について一定の要件の下での電磁的記録等による保存等、取引の相手先から受け取った請求書等及び自己が作成したこれらの写し等の国税関係書類のスキャン文書による保存、及び電子取引により授受した取引情報の電磁的記録による保存のルールを定めています。

解説

(1)　電子帳簿保存法の全体像

　電子計算機を使用して作成する国税関係帳簿書類の保存方法等の特例に関する法律（以下「電帳法」といいます。）は、納税者の国税関係帳簿書類の保存に係る負担の軽減等を図るために、その電磁的記録等による保存等を容認することについて、納税者における国税関係帳簿書類の保存という行為が申告納税制度の基礎をなすものであることに鑑み、適正公平な課税の確保に必要な一定の要件に従った形で、電磁的記録等の保存等を行うルールを定めています（電帳法一問一答【電子計算機を使用して作成する帳簿書類関係（以下「帳簿書類関係」といいます。）】問1、[**図表1**]参照）。

① 電子帳簿

　国税関係帳簿書類のうち電子計算機を使用して作成している国税関係帳簿書類については、一定の要件の下で、電磁的記録等（電磁的記録又は電子計算機出力マイクロフィルム（以下「COM」といいます。））による保存等（国税関係帳簿の場合には備付け及び保存をいいます。以下同じ。）が認められます（電帳法4①②、5、電帳法一問一答【帳簿書類関係】問1、[図表1～3] 参照）。

② 電子取引により授受した取引情報の電磁的記録

　法人税の保存義務者がいわゆる EDI 取引やインターネットを通じた取引等の電子取引を行った場合には、電子取引により授受した取引情報（注文書、領収書等に通常記載される事項）を電磁的記録により保存しなければなりません（電帳法7、電帳法一問一答【帳簿書類関係】問1、[図表2・3] 参照）。

[図表1] 帳簿書類等の保存

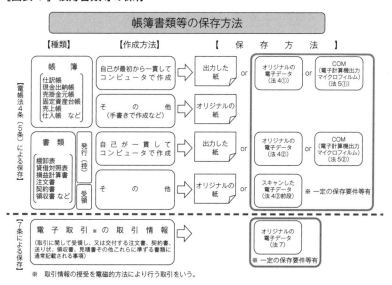

③　スキャン文書による保存

　取引の相手先から受け取った請求書等及び自己が作成したこれらの写し等の国税関係書類（決算関係書類を除きます。）について、書面による保存に代えて、一定の要件の下で、スキャン文書による保存が認められます（電帳法4③、電帳法一問一答【帳簿書類関係】問1、**[図表1〜3]**参照）。

[図表2]　国税関係帳簿又は国税関係書類の保存方法の可否

		紙　保　存		電子データ・COM保存 （一貫して電子作成）		スキャナ保存 （紙→スキャナ）	
帳簿		○	原則 所法148・ 法法126等	◎	特例 電帳法4① 最低限の要件：電子計算機処理システムの概要書等の備付け等	×	―
書類	受領	○	原則 所法148・ 法法126等	―		◎	特例（要件充足） 電帳法4③前段 真実性・可視性の要件：タイムスタンプ等
						△	特例（要件不充足・紙原本の保存なし） 電帳法4③後段
	発行 （控）	○	原則 所法148・ 法法126等	◎	特例 電帳法4② 最低限の要件：電子計算機処理システムの概要書等の備付け等	◎	特例（要件充足） 電帳法4③前段 真実性・可視性の要件：タイムスタンプ等
						△	特例（要件不充足・紙原本の保存なし） 電帳法4③後段

○：所得税法、法人税法等で保存が義務付けられているもの
◎：電子帳簿保存法での保存が可能なもの
△：電子帳簿保存法で保存が義務付けられているもの
×：保存が認められないもの

［図表3］帳簿書類の形態別保存の可否一覧（法人税関係）

区分	形態		保存年数 1年目	2年目	3年目	4年目	5年目	6年目	7年目	備考
帳簿		紙	○	○	○	○	○	○	○	電子帳簿保存法4①
	電磁的記録	COM	○	○	○	○	○	○	○	電子帳簿保存法5①③（※令和4年1月1日より前に備付けを開始したもの又は同日において現に4①の承認を受けているものであって、5③により保存が行われるものについては税務署長の承認が必要）
	マイクロフィルム	撮影	×	×	×	○	○	○	○	法人税法施行規則第59条第3項等に規定する保存の方法（平成24年財務省告示第26号）等
	スキャナ文書	速やかに入力	○	○	○	ー	ー	ー	ー	電子帳簿保存法第7条・データにより保存しなければならない
		業務サイクル後速やかに入力	○	○	○	ー	ー	ー	ー	
		適時に入力	○	○	○	ー	ー	ー	ー	
書類　契約書・請求書・領収書など	相手方発行分	紙	○	○	○	○	○	○	○	電子帳簿保存法4②
		電子的取引のデータ	○	○	○	○	○	○	○	電子帳簿保存法5②③（※令和4年1月1日より前に保存が行われたもの又は同日において現に4②の承認を受けているものであって、5③により保存が行われるものについては税務署長の承認が必要）
	電磁的記録	COM	×	×	×	△	△	△	△	法人税法施行規則第59条第3項等に規定する保存の方法（平成24年財務省告示第26号）等
	マイクロフィルム	撮影	○	○	○	○	○	○	○	電子帳簿保存法第7条・データにより保存しなければならない
	スキャナ文書	速やかに入力	△	△	△	△	△	△	△	
		業務サイクル後速やかに入力	○	○	○	○	○	○	○	
		適時に入力	○	○	○	○	○	○	○	
	自己発行分（写し）	紙	○	○	○	○	○	○	○	電子帳簿保存法4②
	電磁的記録	COM	×	×	×	△	△	△	△	電子帳簿保存法5②③（※令和4年1月1日より前に保存が行われたもの又は同日において現に4②の承認を受けているものであって、5③により保存が行われるものについては税務署長の承認が必要）
	マイクロフィルム	撮影	○	○	○	○	○	○	○	法人税法施行規則第59条第3項等に規定する保存の方法（平成24年財務省告示第26号）等
	スキャナ文書	速やかに入力	△	△	△	△	△	△	△	電子帳簿保存法第7条・データにより保存しなければならない
		業務サイクル後速やかに入力	○	○	○	○	○	○	○	
		適時に入力	○	○	○	○	○	○	○	
棚卸表損益計算書貸借対照表など		紙	○	○	○	○	○	○	○	電子帳簿保存法4②
	電磁的記録	COM	×	×	×	○	○	○	○	電子帳簿保存法5②③（※令和4年1月1日より前に保存が行われたもの又は同日において現に4②の承認を受けているものであって、5③により保存が行われるものについては税務署長の承認が必要）
	マイクロフィルム	撮影	×	×	×	○	○	○	○	法人税法施行規則第59条第3項等に規定する保存の方法（平成24年財務省告示第26号）等
	スキャナ文書	速やかに入力	×	×	×	×	×	×	×	
		業務サイクル後速やかに入力	×	×	×	×	×	×	×	
		適時に入力	×	×	×	×	×	×	×	

(注) 表中の「○」、「△」、「×」、「ー」は以下のことを示す。
「○」は該当の帳簿又は書類の全てについて該当の形態で保存ができること。
「△」は該当の書類のうち資金や物の流れに直結・連動する書類（契約書、領収書等）について該当の形態で保存ができるもの、（※定型約款のあるもの）、検収書等）について該当の形態で保存ができること。
「×」は該当の書類のうち資金や物の流れに直結・連動しない書類（見積書、注文書、注文書、定例計算書...）について該当の形態での保存ができないこと。
「ー」は該当の帳簿又は書類につき該当の形態での保存ができないこと。

(2)　電磁的記録

　「電磁的記録」とは、情報（データ）それ自体あるいは記録に用いられる媒体のことではなく、一定の媒体上にて使用し得る（一定の順序によって読み出すことができる）情報が記録・保存された状態にあるものをいいます（電帳法2三、電帳法取扱通達4-1、電帳法一問一答【帳簿書類関係】問2）。

　具体的には、情報がハードディスク、コンパクトディスク、DVD、磁気テープ、クラウド（ストレージ）サービス等に記録・保存された状態にあるものをいいます。

◇◇◇

　参　考

　Q61

　　電帳法2三、4①〜③、5、7

　　電帳法取扱通達4-1

　　電帳法一問一答【帳簿書類関係】問1、問2

　関連Q&A：Q62 電子帳簿による保存

　　　　　　　　Q63 電子取引の制度

　　　　　　　　Q66 スキャナ保存制度の概要

◇◇◇

Q62　電子帳簿による保存

> **Q**　市販の会計ソフトを使って経理処理や申告書の作成など
> を行っている場合には、国税関係帳簿書類の電磁的記録等
> による保存等は認められますか。
>
> **A**　市販の会計ソフトを使用し、ディスプレイやシステムの概
> 要書等を備え付けること等の法令で定められた要件を満たし
> ている場合には、紙による保存等に代えて、電磁的記録等に
> よる保存等を行うことが認められます（電帳法一問一答【帳
> 簿書類関係】問 3 ）。

解説

(1)　電子帳簿の要件

　電磁的記録等による国税関係帳簿書類の保存等に当たっては、電子計
算機処理システムの概要書等の備付け等の要件を満たす必要があります
（電帳規 2 、3 ）。

　国税関係帳簿と国税関係書類では、それらの保存等を行う場合の要件
の内容が異なります。さらに、国税関係帳簿については、令和 3 年度税
制改正において過少申告加算税の軽減措置の対象となる信頼性の高い帳
簿である優良な電子帳簿（電帳規 5 ）とそれ以外の帳簿（電帳規 2 、3 ）
とに区分されたことにより、それぞれ要件が異なっています（電帳法取
扱通達 4-1、電帳法一問一答【帳簿書類関係】問 7 、**[図表 1]** 参照）。

［図表１］電磁的記録等による保存等の要件の概要【電子保存等及びCOM保存等】

要件	電子保存等（注1）（第2条）			COM保存等（注2）（第3条）		
	優良帳簿（第5条）	優良以外の帳簿	書類	優良帳簿（第5条）	優良以外の帳簿	書類
電子計算機処理システムの概要書等の備付け（規2②一）	○	○	○	○	○	○
見読可能装置の備付け等（規2②二）	○（※7）	○（※7）	○（※7）	○（※7）	○（※7）	（※1）
ダウンロードの求めに応じること（規2②三）	△※2	○※3	△※4	△※2	○※3	△※5
COMの作成過程等に関する書類の備付け（規3①一）				○	○	○
COMの見読可能装置の備付け等（規3①二）				○（※7）	○（※7）	○（※7）
電磁的記録の訂正・削除・追加の事実及び内容を確認することができる電子計算機処理システムの使用（規5⑤一イ、二イ）	○			○		
帳簿間での記録事項の相互関連性の確保（規5⑤一ロ、二イ）	○			○		
検索機能の確保（規5⑤一ハ、二イ）	△※2			△※2		（※1）
索引簿の備付け（規5⑤二ハ）				○		
COMへのインデックスの出力（規5⑤一二）				○		
当初3年間における電磁的記録の並行保存又はCOMの記録事項の検索機能の確保（規5⑤二ホ）				○※6		

（注）　1　「電子保存等」とは、①帳簿の電磁的記録による備付け及び保存又は②書類の電磁的記録による保存をいう。

　　　　2　「COM保存等」とは、①帳簿の電磁的記録による備付け及びCOMによる保存又は②書類のCOMによる保存をいう。

　　　　3　※1　当初3年間の電磁的記録の並行保存を行う場合の要件である。

　　　　　　※2　「ダウンロードの求め」に応じる場合には、検索機能のうち、範囲を指定して条件を設定できる機能及び二以上の任意の記録項目を組み合わせて条件を設定できる機能は不要となる。

　　　　　　※3　優良帳簿の要件を全て満たしている場合には「ダウンロードの求めに応じること」の要件は不要となる。

　　　　　　※4　検索機能の確保に相当する要件を満たしている場合には「ダウンロードの求めに応じること」の要件は不要となる。

※ 5　索引簿の備付け、COM へのインデックスの出力及び当初 3 年間における電磁的記録の並行保存又は COM の記録事項の検索機能の確保に相当する要件を全て満たしている場合には「ダウンロードの求めに応じること」の要件は不要となる。
※ 6　検索機能については、ダウンロードの求めに応じれば、検索機能のうち、範囲を指定して条件を設定できる機能及び二以上の任意の記録項目を組み合わせて条件を設定できる機能は不要となる。
※ 7　ディスプレイやプリンタ等の性能や設置台数等は、要件とされていない。
4　「優良帳簿」については、一定の場合に、あらかじめ、適用届出書を所轄税務署長等に提出したうえで、過少申告加算税の軽減措置の適用を受けることができる。

(2)　電子帳簿・書類の作成時期等

①　電子帳簿

　国税関係帳簿に係る電子計算機処理を会計事務所や記帳代行業者に委託することは認められますが、作成に当たっては、書面であるか電磁的記録であるかにかかわらず、課税期間中に記帳せず当該期間終了後にまとめて記帳することを委託する方法は、認められません（電帳法取扱通達 4-3）。

　また、保存場所についても、各税法で定められているため、記帳代行業者の所在地にすることは認められません（電帳法一問一答【帳簿書類関係】問 20）。

②　書類

　保存義務者によって作成している書類がまちまちであることから、一概にいうことはできませんが、一般的には、次に掲げる書類の区分に応じ、それぞれ次に掲げる時点の電磁的記録が保存すべきものになると考えられます（電帳法一問一答【帳簿書類関係】問 23）。

イ　請求書等の相手方に交付する書類

　実際に相手方に交付した時点における電磁的記録

　例えば、見積内容の変更の都度、相手方に見積書を交付した場合には、交付した全ての見積書に係る電磁的記録を保存する必要があります。

ロ　その他の書類

　その書類の性質に応じ、その書類の作成を了したと認められる時点における電磁的記録

Q62

　電帳規 2、3、5

　電帳法取扱通達 4-1、4-3

　電帳法一問一答【帳簿書類関係】問 3、問 7、問 20、問 23

電子取引

Q63　電子取引の制度

Q　電子取引の制度は、どのような内容となっているのでしょうか。

A　所得税（源泉徴収に係る所得税を除きます。）及び法人税の保存義務者が取引情報（注文書、領収書等に通常記載される事項）を電磁的方式により授受する取引（電子取引）を行った場合には、その取引情報を電磁的記録により保存しなければならないという制度です。

解　説

(1)　制度の趣旨

　所得税法及び法人税法では、取引に関して相手方から受け取った注文書、領収書等や相手方に交付したこれらの書類の写しの保存義務が定められています。

　このうち、同様の取引情報を電子取引により授受した場合には、その取引情報に係る電磁的記録を一定の方法により保存しなければならないこととするものです（電帳法7、電帳法一問一答【電子取引関係】問1）。

(2)　電子取引の意義

　「電子取引」とは、取引情報の授受を電磁的方式により行う取引をいいます（電帳法2五）。

　なお、この「取引情報」とは、取引に関して受領し、又は交付する注文書、契約書、送り状、領収書、見積書その他これらに準ずる書類に通常記載される事項をいいます。

　具体的には、いわゆるEDI取引、インターネット等による取引、電子メールにより取引情報を授受する取引（添付ファイルによる場合を含みます。）、インターネット上にサイトを設け、当該サイトを通じて取引情報を授受する取引等をいいます（電帳法一問一答【電子取引関係】問2）。

◇◇

参　考

Q63

　　電帳法2五、7

　　電帳法一問一答【電子取引関係】問1、問2

　関連Q＆A：Q64 電子インボイスとデジタルインボイス

　　　　　　　　Q65 電子取引の例と電子データ保存

◇◇

Q64　電子インボイスとデジタルインボイス

> **Q**　電子インボイスとは、どのようなものをいうのでしょうか。また、これはデジタルインボイスとは違うのでしょうか。
>
> **A**　「電子インボイス」とは、適格請求書等として必要な一定の事項を満たすデータ（電磁的記録）をいいます。
> 　一方、「デジタルインボイス」は、標準化され構造化された電子インボイスのことをいいます。

解説

(1)　電子インボイス

　「電子インボイス」とは、適格請求書等として必要な次の事項を満たすデータ（電磁的記録）をいいます（新消法57の4①⑤、インボイスQ＆A問53）。

イ　電磁的記録を提供する適格請求書発行事業者の氏名又は名称及び登録番号

ロ　課税資産の譲渡等を行った年月日

ハ　課税資産の譲渡等に係る資産又は役務の内容（課税資産の譲渡等が軽減対象資産の譲渡等である場合には、資産の内容及び軽減対象資産の譲渡等である旨）

ニ　課税資産の譲渡等の税抜価額又は税込価額を税率ごとに区分して合計した金額及び適用税率

ホ　税率ごとに区分した消費税額等

ヘ　電磁的記録の提供を受ける事業者の氏名又は名称

⑵　デジタルインボイス

　適格請求書等保存方式の開始に際し、社会的コストの最小化を図るために、日本国内で活動する事業者が共通的に利用できるデジタルインボイス・システムの構築を目指し、デジタルインボイスの標準仕様を策定・実証し、普及促進させることを目的として、令和2年6月に「電子インボイス推進協議会」（英語名称：E-Invoice Promotion Association、令和4年6月「デジタルインボイス推進協議会」に改称）が設立されました。

　また、令和2年12月に閣議決定された「デジタル・ガバメント推進計画」により、国によるデジタルインボイスの推進方針が決定されました。

　さらに、令和3年9月にデジタル庁が発足、日本における Peppol Authority（Peppol ネットワークの管理者）としての活動を開始しました。

　現在、官民連携のもと、グローバルな標準仕様である「Peppol（ペポル）」をベースとしたわが国における「デジタルインボイス」の標準仕様の普及・定着の取組を行い、事業者のバックオフィス業務のデジタル完結の実現を目指しています。

　デジタルインボイスの利活用等は、請求から支払、さらにはその後のプロセスである入金消込といった会計・税務の業務についても、エンド・トゥ・エンドでデジタルデータがつながり、事業者のバックオフィス業務全体が効率化するだけではなく、その結果としての新しい価値やベネフィットも期待できます。さらに、請求に係るプロセスのデジタル化により、その前のプロセスである契約・受発注といったプロセスのデジタル化も促され、「取引全体のデジタル化」が進むことも期待されます（[**図表1**]参照）。

［図表１］取引全体のデジタル化

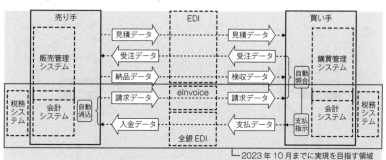

（出典：デジタルインボイス推進協議会）

　Peppol（Pan European Public Procurement Online）とは、請求書（インボイス）などの電子文書をネットワーク上でやり取りするための「文書仕様」「運用ルール」「ネットワーク」のグローバルな標準仕様であり、Open Peppol（ベルギーの国際的非営利組織）がその管理等を行っています。現在、欧州各国のみならず、オーストラリア、ニュージーランドやシンガポールなどの欧州域外の国も含め30か国以上で利用が進んでいます。

　Peppolは、「4コーナーモデル」と呼ばれるアーキテクチャを採用しています。ユーザー（送り手（C1））は、自らのアクセスポイント（C2）を通じ、Peppolネットワークに接続し、受け手のアクセスポイント（C3）にインボイスデータを送信し、それが受け手（C4）に届くという仕組みです。Peppolユーザーは、アクセスポイントを経て、ネットワークに接続することで、Peppolネットワークに参加する全てのユーザーとデジタルインボイスをやり取りすることができます。この仕組みは、例えば、メーラー（アプリケーション）からインターネットプロバイダーを介して相手先に届くという電子メールの仕組に似ています（**［図表２］**参照）。

［図表2］Peppol

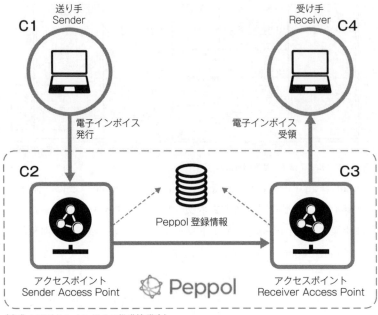

（出典：デジタルインボイス推進協議会）

　「JP PINT」は、Peppol ネットワークでやり取りされるデジタルイン
ボイスの日本の標準仕様です。Peppol 対応サービスの提供が可能とな
るよう、今後、必要な更新等が行われていくことになります。

参考

Q64

　新消法57の4①⑤

　インボイスQ&A問53

関連Q&A：Q68 適格請求書に係る電磁的記録による提供と写しの
　　　　　　　保存

Q65　電子取引の例と電子データ保存 ////////////

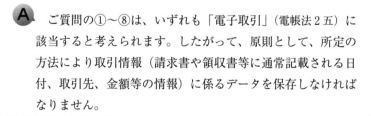

　当法人は、以下のような方法により仕入や経費の精算を行っています。

　これらのデータは書面等に出力して保存していれば必要ありませんか。

① 電子メールにより請求書や領収書等のデータ（PDF ファイル等）を受領

② インターネットのホームページからダウンロードした請求書や領収書等のデータ（PDF ファイル等）又はホームページ上に表示される請求書や領収書等のスクリーンショットを利用

③ 電子請求書や電子領収書の授受に係るクラウドサービスを利用

④ クレジットカードの利用明細データ、交通系 IC カードによる支払データを利用

⑤ スマートフォンアプリによる決済データ等を活用したクラウドサービスを利用

⑥ 特定の取引に係る EDI システムを利用

⑦ ペーパーレス化された FAX 機能を持つ複合機を利用

⑧ 請求書や領収書等のデータを DVD 等の記録媒体を介して受領

　ご質問の①〜⑧は、いずれも「電子取引」（電帳法 2 五）に該当すると考えられます。したがって、原則として、所定の方法により取引情報（請求書や領収書等に通常記載される日付、取引先、金額等の情報）に係るデータを保存しなければなりません。

解説

(1)　電子取引の例と保存

①　電子メール

　電子メールにより受領した請求書や領収書等のデータ（PDF ファイル等）は、一般的に受領者側におけるデータの訂正削除が可能と考えますので、受領したデータに電帳法規則第4条第1項第1号のタイムスタンプの付与が行われていない場合には、受領者側でタイムスタンプを付与すること又は同項第4号に定める事務処理規程に基づき、適切にデータを管理することが必要です。また、対象となるデータは検索できる状態で保存することが必要ですので、当該データが添付された電子メールについて、当該メールソフト上で閲覧できるだけでは十分とはいえません（電帳法一問一答【電子取引関係】問4）。

　なお、取引情報とは、取引に関して受領し、又は交付する注文書、領収書等に通常記載される事項をいうことから、電子メールにおいて授受される情報の全てが取引情報に該当するものではありません（電帳法2五）。したがって、そのような取引情報の含まれていない電子メールを保存する必要はありません（電帳法一問一答【電子取引関係】問5）。

②　ホームページからのダウンロード等

　インターネットのホームページからダウンロードした請求書や領収書等のデータ（PDF ファイル等）又はホームページ上に表示される請求書や領収書等のスクリーンショットを利用して受領したものは、一般的に受領者側におけるデータの訂正削除が可能と考えますので、受領したデータに電帳法規則第4条第1項第1号のタイムスタンプの付与が行われていない場合には、受領者側でタイムスタンプを付与すること又は同項第4号に定める事務処理規程に基づき、適切にデータを管理することが必要です（電帳法一問一答【電子取引関係】問4）。

③　電子請求書や電子領収書の授受に係るクラウドサービス

　電子請求書や電子領収書の授受に係るクラウドサービスを利用する場合は、取引情報（請求書や領収書等に通常記載される日付、取引先、金

額等の情報）に係るデータについて、訂正削除の記録が残るシステム又は訂正削除ができないシステムを利用して授受及び保存をしていれば、電子取引の保存に係る要件を満たすと考えられます。他方、例えば、クラウド上で一時的に保存されたデータをダウンロードして保存するようなシステムの場合には、①②と同様の点に留意する必要があります（電帳法一問一答【電子取引関係】問4、問6）。

④　クレジットカードの利用明細データ等

　法人税の保存義務者が、その事業に関連するクレジットカードの利用明細データ、交通系 IC カードによる支払データを受領した場合のように、個々の取引を集約した取引書類のデータを授受したときには、クレジットカードの利用明細データ自体も電子取引の取引情報に該当することから、その電磁的記録の保存が必要です。

　また、その利用明細データに含まれている個々の取引についても、請求書・領収書等データ（取引情報）を電磁的に授受している場合には、クレジットカードの利用明細データ等とは別途、その保存が必要となります（電帳法一問一答【電子取引関係】問4）。

⑤　スマートフォンアプリによる決済データ等

　いわゆるスマホアプリによる決済を行い、この際にアプリ提供事業者から電磁的方式により利用明細等を受領する行為は、電子取引に該当します。そのため、当該利用明細等に係る取引データについて保存する必要があります（電帳法一問一答【電子取引関係】問7）。

　また、その利用明細データに含まれている個々の取引についても、請求書・領収書等データ（取引情報）を電磁的に授受している場合には、その利用明細データ等とは別途、その保存が必要となります（電帳法一問一答【電子取引関係】問4）。

⑥　特定の取引に係る EDI システム

　特定の取引に係る EDI システムを利用する場合は、取引情報（請求書や領収書等に通常記載される日付、取引先、金額等の情報）に係るデータについて、訂正削除の記録が残るシステム又は訂正削除ができな

いシステムを利用して授受及び保存をしていれば、電子取引の保存に係る要件を満たすと考えられます。他方、例えば、クラウド上で一時的に保存されたデータをダウンロードして保存するようなシステムの場合には、①②と同様の点に留意する必要があります（電帳法一問一答【電子取引関係】問4）。

　なお、インターネットバンキングを利用した振込等もEDIシステムを利用した電子取引に該当しますので、上記と同様の保存が必要になります（電帳法一問一答【電子取引関係】問9）。

⑦　ペーパーレス化されたFAX機能を持つ複合機

　ペーパーレス化されたFAX機能を持つ複合機を利用して受領したものは、一般的に受領者側におけるデータの訂正削除が可能と考えますので、受領したデータに電帳法規則第4条第1項第1号のタイムスタンプの付与が行われていない場合には、受領者側でタイムスタンプを付与すること又は同項第4号に定める事務処理規程に基づき、適切にデータを管理することが必要です（電帳法一問一答【電子取引関係】問4）。

⑧　DVD等の記録媒体

　請求書や領収書等のデータをDVD等の記録媒体を介して受領したものは、一般的に受領者側におけるデータの訂正削除が可能と考えますので、受領したデータに電帳法規則第4条第1項第1号のタイムスタンプの付与が行われていない場合には、受領者側でタイムスタンプを付与すること又は同項第4号に定める事務処理規程に基づき、適切にデータを管理することが必要です（電帳法一問一答【電子取引関係】問4）。

(2)　電子データの保存

①　保存要件

　電子取引の取引情報に係る電磁的記録の保存等に当たっては、真実性や可視性を確保するための要件を満たす必要があります（電帳規2②一イ・二・⑥六・七、4①、電帳法一問一答【電子取引関係】問14、[図表1]参照）。

［図表 1］　電子取引の取引情報に係る電磁的記録の保存等を行う場合の要件の概要

要　　件
①　電子計算機処理システムの概要を記載した書類の備付け（自社開発のプログラムを使用する場合に限ります。）（電帳規2②一イ・⑥七、4①）
②　見読可能装置の備付け等（電帳規2②二、4①） 　※　ディスプレイやプリンタ等の性能や設置台数等は、要件とされていません（電帳法一問一答【電子取引関係】問16）。
③　検索機能の確保（電帳規⑥六、4①） 　※　現在使用しているシステムにより検索できなくても差し支えありません（電帳法一問一答【電子取引関係】問20）。 　※　保存されている電磁的記録は、原則として一課税期間を通じて検索をすることができる必要があります（電帳法一問一答【電子取引関係】問21）。
④　次のいずれかの措置を行う（電帳規4①） 　一　タイムスタンプが付された後の授受 　二　速やかに（又はその業務の処理に係る通常の期間を経過した後、速やかに）タイムスタンプを付します。 　※　括弧書の取扱いは、取引情報の授受から当該記録事項にタイムスタンプを付すまでの各事務の処理に関する規程を定めている場合に限ります。 　三　データの訂正削除を行った場合にその記録が残るシステム又は訂正削除ができないシステムを利用して、授受及び保存を行います。 　四　訂正削除の防止に関する事務処理規程の備付け

②　電磁的記録の保存方法

　電子メールにより取引情報を授受する取引（添付ファイルによる場合を含みます。）を行った場合についても電子取引に該当するため（電帳法2五）、その取引情報に係る電磁的記録の保存が必要となります（電帳法7）。具体的に、この電磁的記録の保存とは、電子メール本文に取引情報が記載されている場合は当該電子メールを、電子メールの添付ファイルにより取引情報（領収書等）が授受された場合は当該添付ファイルを、それぞれ、ハードディスク、コンパクトディスク、DVD、磁気テープ、クラウド（ストレージ）サービス等に記録・保存する状態にすることをいいます（電帳法一問一答【電子取引関係】問3）。

　なお、記憶媒体の種類にかかわらず保存要件は同じであり、外部記憶媒体に限った要件はありません（電帳法一問一答【電子取引関係】問19）。

　また、クラウドサービスを利用する場合や、サーバを海外に置いている場合であっても、保存場所において電磁的記録をディスプレイの画面及び書面に、電帳法規則第 2 条第 2 項第 2 号に規定する状態で速やかに出力することができるときは、当該電磁的記録は保存場所に保存等がされているものとして取り扱われます（電帳法一問一答【電子取引関係】問 24）。

(3)　電子取引の取扱いにおける法人税と消費税の違い

①　法人税における電子取引の取扱い

イ　令和 5 年 12 月 31 日までの期間

　令和 3 年度の税制改正により、電帳法において、所得税（源泉徴収に係る所得税を除きます。）及び法人税の保存義務者については、令和 4 年 1 月 1 日以後行う電子取引に係る電磁的記録を書面やマイクロフィルムに出力してその電磁的記録の保存に代えられる措置が廃止されましたので、全ての電子取引の取引情報に係る電磁的記録を一定の要件の下、保存しなければならないこととされました。ただし、令和 4 年 1 月 1 日から令和 5 年 12 月 31 日までの間に電子取引を行う場合には、授受した電子データについて要件に従って保存をすることができないことについて、納税地等の所轄税務署長がやむを得ない事情があると認め、かつ、保存義務者が税務調査等の際に、税務職員からの求めに応じ、その電子データを整然とした形式及び明瞭な状態で出力した書面の提示又は提出をすることができる場合には、その保存要件にかかわらず電子データの保存が可能となり、また、その電子データの保存に代えてその電子データを出力することにより作成した書面による保存をすることも認められます（以下「宥恕措置」といいます。）（インボイス Q ＆ A 問 69）。なお、この取扱いを受けるに当たり、税務署への事前申請等の手続は必要ありません。

ロ　令和 6 年 1 月 1 日以降

　令和 6 年 1 月 1 日以後に行う電子取引の取引情報については、宥恕措

置がなくなるため、上記(2)の要件に従った電子データの保存が必要になります。

②　消費税における電子取引の取扱い

　令和 5 年 10 月以降は、「電子取引」を行った場合に仕入税額控除の適用を受けるためには、軽減税率の対象品目である旨や税率ごとに合計した対価の額など適格請求書等として必要な事項を満たすデータ（電子インボイス）の保存が必要となります。

　このため、電子取引の取引情報に係る電磁的記録を出力した書面等については、保存書類（国税関係書類以外の書類）として取り扱わないこととされます。

　しかし、消費税法上は、電子インボイスを整然とした形式及び明瞭な状態で出力した書面を保存した場合でも、仕入税額控除の適用を受けることができます（電帳法一問一答【電子取引関係】問 4 ）。

　したがって、法人税の申告義務がなく、消費税の申告義務のみがある非営利法人は、電子インボイスを整然とした形式及び明瞭な状態で出力した書面を保存していれば問題ないことになります。

参　考

Q65

　電帳法 2 五、7

　電帳規 2 ②一イ・二・⑥六・七、4 ①

　電帳法一問一答【電子取引関係】問 3 ～問 7 、問 9 、問 14 、問 16 、問 19 ～問 21 、問 24

　インボイス Q & A 問 69

関連Q＆A：Q70 提供を受けた適格請求書に係る電磁的記録の保存方法

　　　　　　　Q71 書面と電磁的記録を合わせた仕入明細書

スキャナ保存

Q66 スキャナ保存制度の概要

> **Q** スキャナ保存制度は、どのような内容となっていますか。
>
> **A** スキャナ保存制度は、取引の相手先から受け取った請求書
> 等及び自己が作成したこれらの写し等の国税関係書類（決算
> 関係書類を除きます。）について、一定の要件の下で、書面に
> よる保存に代えて、スキャン文書による保存が認められる制
> 度です（電帳法4③、電帳法一問一答【スキャナ保存関係】問1）。

解説

(1) スキャナ保存の範囲

① 書類の範囲

国税に関する法律の規定により保存をしなければならないこととされ
ている書類（国税関係書類）のうち、電帳法規則第2条第4項に規定す
る書類を除く全ての書類が対象となります。

なお、スキャナ保存により電磁的記録の保存をもって国税関係書類の
保存に代える日前に作成又は受領した重要書類については、所轄税務署
長等に適用届出書を提出したときは、一定の要件の下、スキャナ保存を
することができます（電帳法一問一答【スキャナ保存関係】問2、**[図表1]**
参照）。

［図表１］国税関係帳簿書類のスキャナ保存の区分

帳　　簿	仕訳帳 総勘定元帳 一定の取引に関して作成されたその他の帳簿			
計算、整理 又は 決算関係書類	棚卸表 貸借対照表・損益計算書 計算、整理又は決算に関して作成されたその他の書類			スキャナ保存対象外

書類の名称・内容	書類の性格	書類の重要度（注）	スキャナ保存対象
・誓約書 ・領収書 　及び恒久的施設との間の内部取引に関して外国法人等が作成する書類のうちこれらに相当するもの 　並びにこれらの写し	一連の取引過程における開始時点と終了時点の取引内容を明らかにする書類で、取引の中間過程で作成される書類の真実性を補完する書類	資金や物の流れに直結・連動する書類のうち特に重要な書類	速やかに入力・業務サイクル後速やかに入力
・預り証 ・借用証書 ・預金通帳 ・小切手 ・約束手形 ・有価証券受渡計算書 ・社債申込書 ・契約の申込書 　（定型的約款無し） ・請求書 ・納品書 ・送り状 ・輸出証明書 　及び恒久的施設との間の内部取引に関して外国法人等が作成する書類のうちこれらに相当するもの 　並びにこれら（納品書を除きます。）の写し	一連の取引の中間過程で作成される書類で、所得金額の計算と直結・連動する書類	資金や物の流れに直結・連動する書類	
・検収書 ・入庫報告書 ・貨物受領証 ・見積書 ・注文書 ・契約の申込書 　（定型的約款有り） 　並びにこれらの写し及び納品書の写し	資金の流れや物の流れに直結・連動しない書類	重要度：低　資金や物の流れに直結・連動しない書類	適時に入力

（注）　重要度が低以外のものがいわゆる重要書類（法第4条第3項に規定する国税関係書類のうち、規則第2条第7項に規定する国税庁長官が定める書類以外の書類）、重要度が低のものが一般書類（規則第2条第7項に規定する国税庁長官が定める書類）です。

②　書類の破棄

　令和4年1月1日以後に保存を行う国税関係書類については、次の場合を除いて、スキャナで読み取り、折れ曲がり等がないか等の最低限の同等確認を行った後であれば、国税関係書類の書面（紙）は即時に廃棄することとして差し支えありません（電帳法一問一答【スキャナ保存関係】問3、問29）。

・　入力期間を経過した場合（折れ曲がりなどのスキャンミスが判明し、再度読み取りを行うこととなったようなケースを除く。）

・　備え付けられているプリンタの最大出力より大きい書類を読み取った場合

　なお、印紙税の納税義務は課税文書を作成したときに成立するものであることから、スキャナ保存される国税関係書類の書面（紙）についても、印紙税の課税文書であれば収入印紙を貼付しなければなりませんが、収入印紙を貼付した後にスキャナで読み取って最低限の同等確認を行った後であれば、収入印紙が貼付された当該書面（紙）を即時に廃棄しても差し支えありません。

　ただし、印紙税の過誤納があった場合の過誤納還付申請については、当該過誤納となった事実を証するため必要な文書（原本）の提示が必要であり、スキャナデータ（又はスキャナデータを出力した文書）に基づいて印紙税の過誤納還付を受けることはできません。

(2)　スキャナの範囲

　「スキャナ」とは、書面（紙）の国税関係書類を電磁的記録に変換する入力装置をいい、いわゆる「スキャナ」や「複合機」として販売されている機器が該当することになります。

　また、例えば、スマートフォンやデジタルカメラ等についても、上記の入力装置に該当すれば、「スキャナ」に含まれることになります（電帳法取扱通達4-16、電帳法一問一答【スキャナ保存関係】問5）。

　また、スキャナが私物か否かについて、法令上の制約はありません

し、受領者等以外の者がスマートフォンやデジタルカメラ等を使用して読み取りを行うことは可能です（電帳法一問一答【スキャナ保存関係】問6、問7）。

(3)　消費税の仕入税額控除

スキャナ保存は電帳法第4条第3項において「国税関係書類に記載されている事項を……電磁的記録に記録する場合には」とされており、その「国税関係書類」とは「国税に関する法律の規定により保存をしなければならないこととされている書類」をいうものとされています（電帳法2二）。

消費税の仕入税額控除については、その適用を受けようとする事業者は、消費税法施行令第50条第1項により「請求書等を整理し……保存しなければならない」こととされていることから、当該請求書等は「国税関係書類」に該当し、電帳法第4条第3項によるスキャナ保存をすることができます。

したがって、消費税の仕入税額控除の適用に当たり、電帳法第4条第3項前段のスキャナ保存の要件を満たし国税関係書類に係る電磁的記録を保存している場合には、その基となった書面（紙）を保存していない場合であっても消費税法第30条第7項に規定する請求書等が保存されていることとなりますから、スキャン文書の保存により消費税の仕入税額控除は認められます（電帳法一問一答【スキャナ保存関係】問4）。

参　考

Q66

電帳法2二、4③

消法50⑦

電帳規2④

電帳法取扱通達4-16

電帳法一問一答【スキャナ保存関係】問1〜問7、問29
関連Q&A：Q67 スキャナ保存の要件

◇◇

Q67　スキャナ保存の要件

> **Q**　スキャナ保存を行おうと考えていますが、どのような要件を満たさなければならないのでしょうか。
>
> ------
>
> **A**　国税関係書類のスキャナ保存に当たっては、真実性や可視性を確保するための要件を満たす必要があります。

解説

(1)　スキャナ保存の適用要件

　国税関係書類のスキャナ保存に当たっては、真実性や可視性を確保するための要件を満たす必要があります（電帳規2、電帳法一問一答【スキャナ保存関係】問10、[**図表1**]参照）。

[図表1]　国税関係書類のスキャナ保存の適用要件

要　　件	重要書類 （注1）	一般書類 （注2）	過去分重要書類 （注3）
入力期間の制限（書類の受領等後又は業務の処理に係る通常の期間を経過した後、速やかに入力）（規2⑥一イ、ロ）	○		
一定水準以上の解像度（200dpi以上）による読み取り（規2⑥二イ(1)）	○	○	○
カラー画像による読み取り（赤・緑・青それぞれ256階調（約1677万色）以上）（規2⑥二イ(2)）	○	※1	○
タイムスタンプの付与（規2⑥二ロ）	○※2	○※3	○※3
解像度及び階調情報の保存（規2⑥二ハ(1)）	○	○	○
大きさ情報の保存（規2⑥二ハ(2)）	○※4		○
ヴァージョン管理（訂正又は削除の事実及び内容の確認等）（規2⑥二ニ）	○	○	○
入力者等情報の確認（規2⑥三）	○	○	○

スキャン文書と帳簿との相互関連性の保持（規2⑥四）	○	○	○
見読可能装置（14インチ以上のカラーディスプレイ、4ポイント文字の認識等）の備付け（規2⑥五）	○※7	※1	○※7
整然・明瞭出力（規2⑥五イ～ニ）	○	○	○
電子計算機処理システムの開発関係書類等の備付け（規2⑥七、同2②一）	○	○	○
検索機能の確保（規2⑥六）	○	○	○
その他			※5、※6

(注)　1　決算関係書類以外の国税関係書類（一般書類を除く）をいう。
　　　2　資金や物の流れに直結・連動しない書類として規則第2条第7項に規定する国税庁長官が定めるものをいう。
　　　3　スキャナ保存制度により国税関係書類に係る電磁的記録の保存をもって当該国税関係書類の保存に代えている保存義務者であって、その当該国税関係書類の保存に代える日前に作成又は受領した重要書類をいう。
　　　4　※1　一般書類の場合、カラー画像ではなくグレースケールでの保存可。
　　　　　※2　入力事項を規則第2条第6項第1号イ又はロに掲げる方法により当該国税関係書類に係る記録事項を入力したことを確認することができる場合には、その確認をもってタイムスタンプの付与に代えることができる。
　　　　　※3　当該国税関係書類に係る記録事項を入力したことを確認することができる場合には、タイムスタンプの付与に代えることができる。
　　　　　※4　受領者等が読み取る場合、A4以下の書類の大きさに関する情報は保存不要。
　　　　　※5　過去分重要書類については当該電磁的記録の保存に併せて、当該電磁的記録の作成及び保存に関する事務の手続を明らかにした書類（当該事務の責任者が定められているものに限られます。）の備付けが必要。
　　　　　※6　過去分重要書類については所轄税務署長等宛に適用届出書の提出が必要。
　　　　　※7　ディスプレイやプリンタ等の性能や設置台数等は、要件とされていない。

(2)　入力期間

　スキャナ保存は、書類の受領等後又は業務の処理に係る通常の期間を経過した後、速やかに入力することとされています（電帳規2⑥一・二、5⑤一）。

　その業務の処理に係る通常の期間とは、事務処理後データの入出力を行うまでの通常の業務サイクルの期間をいい、最長2か月の業務サイクルであれば、通常の期間として取り扱われます（電帳法取扱通達4-18、電帳法一問一答【スキャナ保存関係】問11）。

　したがって、最長では、国税関係書類の受領等から2か月とおおむね7営業日以内に入力すれば、速やかに行ったことになります（電帳法一問一答【スキャナ保存関係】問23）。

　また、おおむね 7 営業日以内に入力できない特別な事由がある場合に、そのおおむね 7 営業日以内に入力することができない事由が解消した後直ちに入力したときには、速やかに入力したものとして取り扱われます（電帳法一問一答【スキャナ保存関係】問 22）。

　なお、この入力期間内に、単にスキャニング作業を終えていればよいのではなく、スキャニングした国税関係書類に係る電磁的記録の記録事項にタイムスタンプが付された状態又はその後の当該電磁的記録の記録事項に係る訂正又は削除の履歴等を確認することができるシステム（訂正又は削除を行うことができないシステムを含みます。）に格納した状態にする必要があります（電帳法一問一答【スキャナ保存関係】問 21）。

参　考

Q67

　電帳規 2、6 一・二、5 ⑤ 一

　電帳法取扱通達 4-18

　電帳法一問一答【スキャナ保存関係】問 10、問 11、問 21～問 23

第4節

インボイス制度における具体的対応

Q68 適格請求書に係る電磁的記録による提供と写しの保存

Q　当法人は、書類に代えて、インターネットを利用して電子メールで請求書に係る電磁的記録を提供していますが、この請求書データを適格請求書とすることができますか。

　適格請求書とすることができる場合、この電磁的記録には、どのような内容を記録する必要がありますか。

　また、提供した電磁的記録については、どのような方法で保存すればよいですか。

A　適格請求書の交付に代えて、適格請求書に係る電磁的記録を提供できます。この場合、提供する電磁的記録は適格請求書の記載事項と同じ内容の記録である必要があります。

　また、提供した電磁的記録は一定の措置を講じて電磁的記録のまま又は紙に印刷して保存する必要があります。

解説

(1)　適格請求書に係る電磁的記録による提供

①　電磁的記録による提供の可否

　適格請求書発行事業者は、国内において課税資産の譲渡等を行った場合に、相手方（課税事業者に限ります。）から求められたときは、適格請求書を交付する必要があります。

　しかし、その交付に代えて、適格請求書に係る電磁的記録を提供することができます（新消法57の4①⑤、インボイスQ&A問28）。

　したがって、請求書データに適格請求書の記載事項と同様の次の事項を記録して提供することにより、適格請求書の交付に代えることができます（インボイスQ&A問53）。

> イ　電磁的記録を提供する適格請求書発行事業者の氏名又は名称及び登録番号
> ロ　課税資産の譲渡等を行った年月日
> ハ　課税資産の譲渡等に係る資産又は役務の内容（課税資産の譲渡等が軽減対象資産の譲渡等である場合には、資産の内容及び軽減対象資産の譲渡等である旨）
> ニ　課税資産の譲渡等の税抜価額又は税込価額を税率ごとに区分して合計した金額及び適用税率
> ホ　税率ごとに区分した消費税額等
> ヘ　電磁的記録の提供を受ける事業者の氏名又は名称

②　電磁的記録による提供方法

　電磁的記録による提供方法としては、光ディスク、磁気テープ等の記録用の媒体による提供のほか、例えば、次の方法があります（インボイス通達3-2）。

> イ　EDI取引[(注)]における電子データの提供
> ロ　電子メールによる電子データの提供
> ハ　インターネット上にサイトを設け、そのサイトを通じた電子データの提供日

（注）　EDI（Electronic Data Interchange）取引とは、異なる企業・組織間で商取引に関連するデータを、通信回線を介してコンピュータ間で交換する取引等をいいます。

(2)　適格請求書に係る電磁的記録を提供した場合の保存方法

①　保存方法

　適格請求書の交付に代えて適格請求書に係る電磁的記録を相手方に提供した場合、提供した電磁的記録を一定の措置を講じて電磁的記録のまま又は紙に印刷して、その提供した日の属する課税期間の末日の翌日から2月を経過した日から7年間、納税地又はその取引に係る事務所、事業所その他これらに準ずるものの所在地に保存しなければなりません（新消法57の4⑥、新消令70の13①、新消規26の8）。

②　電磁的記録に講ずる一定の措置

　電磁的記録をそのまま保存しようとするときには、**［図表1］**①～④の措置を講じる必要があります（新消規26の8①、インボイスQ＆A問67）。

［図表1］電磁的記録を保存する際に講ずべき一定の措置

		講ずべき措置
①		次のイ～ニのいずれかの措置を行うこと
	イ	適格請求書に係る電磁的記録を提供する前にタイムスタンプを付し、その電磁的記録を提供すること（電帳規4①一）
	ロ	次に掲げる方法のいずれかにより、タイムスタンプを付すとともに、その電磁的記録の保存を行う者又はその者を直接監督する者に関する情報を確認することができるようにしておくこと（電帳規4①二） ・適格請求書に係る電磁的記録の提供後、速やかにタイムスタンプを付すこと ・適格請求書に係る電磁的記録の提供からタイムスタンプを付すまでの各事務の処理に関する規程を定めている場合において、その業務の処理に係る通常の期間を経過した後、速やかにタイムスタンプを付すこと
	ハ	適格請求書に係る電磁的記録の記録事項について、次のいずれかの要件を満たす電子計算機処理システムを使用して適格請求書に係る電磁的記録の提供及びその電磁的記録を保存すること（電帳規4①三） ・訂正又は削除を行った場合には、その事実及び内容を確認することができること ・訂正又は削除することができないこと

	二	適格請求書に係る電磁的記録の記録事項について正当な理由がない訂正及び削除の防止に関する事務処理の規程を定め、当該規程に沿った運用を行い、当該電磁的記録の保存に併せて当該規程の備付けを行うこと（電帳規4①四）
②		適格請求書に係る電磁的記録の保存等に併せて、システム概要書の備付けを行うこと（電帳規2②一、4①）
③		適格請求書に係る電磁的記録の保存等をする場所に、その電磁的記録の電子計算機処理の用に供することができる電子計算機、プログラム、ディスプレイ及びプリンタ並びにこれらの操作説明書を備え付け、その電磁的記録をディスプレイの画面及び書面に、整然とした形式及び明瞭な状態で、速やかに出力できるようにしておくこと（電帳規2②二、4①）
④		適格請求書に係る電磁的記録について、次の要件を満たす検索機能を確保しておくこと（電帳規2⑥六、4①） ⅰ 取引年月日その他の日付、取引金額及び取引先を検索条件として設定できること ⅱ 日付又は金額に係る記録項目については、その範囲を指定して条件を設定することができること ⅲ 二以上の任意の記録項目を組み合わせて条件を設定できること （注）　国税に関する法律の規定による電磁的記録の提示又は提出の要求に応じることができるようにしているときはⅱ及びⅲの要件が不要となり、その判定期間に係る基準期間における売上高が1,000万円以下の事業者が国税に関する法律の規定による電磁的記録の提示又は提出の要求に応じることができるようにしているときは検索機能の全てが不要となります。

③　紙に印刷して保存

　適格請求書に係る電磁的記録を紙に印刷して保存しようとするときには、整然とした形式及び明瞭な状態で出力する必要があります（新消規26の8②）。

〜〜

参　考

Q68

　新消法57の4①⑤⑥

　新消令70の13①

　新消規26の8

　　電帳規 2 ②一・二・⑥六、4 ①一〜四

　　インボイス通達 3-2

　　インボイス Q & A 問 28、問 53、問 67

　関連Q＆A：Q69 書面と電磁的記録による適格請求書の交付

◇◇

Q69 書面と電磁的記録による適格請求書の交付

Q　当法人は EDI 取引を行っており、受発注や納品などの日々の取引については、取引先と電磁的記録を交換することにより行っています。ただし、請求書については、月まとめで書面により取引先に交付しています。

　請求書を適格請求書とするために、請求書には、以下のように登録番号等の記載を行い、日々の取引の明細については、電磁的記録である請求明細（税率ごとに分けて作成します。）を参照しようと考えています。

　このような場合であっても、適格請求書を交付したことになりますか。

（注） EDI（Electronic Data Interchange）取引とは、異なる企業・組織間で商取引に関連するデータを、通信回線を介してコンピュータ間で交換する取引等をいいます。

○　請求書（書面で交付）　　　　　　　　○　請求明細（電磁的記録で提供）

請求書

㈱○○御中　　　　　　XX 年 11 月 1 日
XX 年 10 月分
（10/1 ～ 10/31）
ご請求金額　109,200 円（税込）

合計	109,200 円（消費税 9,200 円）
10%対象	66,000 円（消費税 6,000 円）
8%対象	43,200 円（消費税 3,200 円）

一般財団法人　△△協会
登録番号　T1234567890123

一般財団法人　請求明細
△△協会　　（8%対象分）
XX 年 10 月分（10/1 ～ 10/31）

日付	品名	金額（税込）
10/1	牛肉	5,400 円

一般財団法人　請求明細
△△協会　　（10%対象分）
XX 年 10 月分（10/1 ～ 10/31）

日付	品名	金額（税込）
10/1	キッチンペーパー	2,200 円
10/2	割り箸	1,100 円
⋮	⋮	⋮

課税資産の譲渡等の内容（軽減税率の対象である旨を含みます。）を含む請求明細に係る電磁的記録を提供した上で、それ以外の記載事項のある月まとめの請求書を交付することで、これら全体により、適格請求書の記載事項を満たすことになります。

解 説

(1)　適格請求書の記載事項

　適格請求書とは、次の事項が記載された請求書、納品書等の書類をいいます（新消法57の4①）。

　この適格請求書は、一の書類のみで全ての記載事項を満たす必要はなく、書類相互（書類と電磁的記録）の関連が明確であり、適格請求書の交付対象となる取引内容を正確に認識できる方法で交付されていれば、複数の書類や、書類と電磁的記録の全体により、適格請求書の記載事項を満たすことになります（インボイスQ＆A問59）。

① 　適格請求書発行事業者又は電磁的記録を提供する適格請求書発行事業者の氏名又は名称及び登録番号
② 　課税資産の譲渡等を行った年月日
③ 　課税資産の譲渡等に係る資産又は役務の内容（課税資産の譲渡等が軽減対象資産の譲渡等である場合には、資産の内容及び軽減対象資産の譲渡等である旨）
④ 課税資産の譲渡等の税抜価額又は税込価額を税率ごとに区分して合計した金額及び適用税率
⑤ 　税率ごとに区分した消費税額等
⑥ 　書類の交付又は電磁的記録の提供を受ける事業者の氏名又は名称

　したがって、ご質問の場合、課税資産の譲渡等の内容（軽減税率の対象である旨を含みます。）を含む請求明細に係る電磁的記録を提供した上で、それ以外の記載事項のある月まとめの請求書を交付することで、

これら全体により、適格請求書の記載事項を満たすことになります。

　なお、請求明細に係る電磁的記録については、提供した適格請求書に係る電磁的記録と同様の措置等を行い、保存する必要があります。提供した適格請求書に係る電磁的記録の保存方法については、**Q68** を参照ください。

参　考

Q69

　新消法 57 の 4 ①

　インボイス Q & A 問 59

関連Q＆A：Q68 適格請求書に係る電磁的記録による提供と写しの
　　　　　　　保存

Q70 提供を受けた適格請求書に係る電磁的記録の保存方法

> **Q**　当法人は、取引先から電子データにより請求書の提供を受けました。これを出力して保存することでも、仕入税額控除の要件を満たしますか。
>
> 　なお、提供を受けた請求書データは、適格請求書の記載事項を満たしています。
>
> **A**　ご質問の請求書の電子データのように、適格請求書に係る電磁的記録による提供を受けた場合であっても、電磁的記録を整然とした形式及び明瞭な状態で出力した書面として保存することで、仕入税額控除の適用に係る請求書等の保存要件を満たします。

解説

(1) 令和5年9月30日までの取扱い

　消費税の仕入税額控除の適用に当たっては、必要な事項が記載された帳簿及び請求書等（書面）の保存が必要です。

　しかし、取引金額が3万円未満の場合や、3万円以上でも「電子取引」のようにデータのみが提供されるなど、書面での請求書等の交付を受けなかったことにやむを得ない理由がある場合には、帳簿のみを保存することにより仕入税額控除の適用を受けることができます（電帳法一問一答【電子取引関係】問4）。

(2) 令和5年10月1日以降の取扱い

　令和5年10月以降は、帳簿のみの保存で仕入税額控除の適用を受けることができるのは、法令に規定された取引に限られることとなりま

す。

　したがって、「電子取引」を行った場合に仕入税額控除の適用を受けるためには、軽減税率の対象品目である旨や税率ごとに合計した対価の額など適格請求書等として必要な事項を満たすデータ（電子インボイス）の保存が必要となります。

　なお、電子取引の取引情報に係る電磁的記録を出力した書面等については、保存書類（国税関係書類以外の書類）として取り扱わないこととされます。

　しかし、消費税法上、電子インボイスを整然とした形式及び明瞭な状態で出力した書面として保存した場合には、仕入税額控除の適用を受けることができます（新消規 15 の 5 ②、電帳法一問一答【電子取引関係】問 4）。

参　考

Q70

　新消規 15 の 5 ②

　電帳法一問一答【電子取引関係】問 4

　関連Ｑ＆Ａ：Q65 電子取引の例と電子データ保存

Q71　書面と電磁的記録を合わせた仕入明細書

Q　当法人は EDI 取引を行っており、取引先と電磁的記録を交換することにより、日々の受発注などを行っています。また、決済に当たっては、取引先から請求書が交付されず、当社から取引先に、月まとめで支払通知書を書面で交付しています（いわゆる請求レス取引）。

　支払通知書には相手方の登録番号等の記載を行いますが、日々の取引の明細については、取引先から提供される電磁的記録である取引明細（税率ごとに分けて作成されています。）を参照しようと考えています。

　このような場合、相手方の確認を受けた上で、書面の支払通知書と取引明細の電磁的記録を合わせて保存することで、仕入税額控除の要件である仕入明細書の保存があることとなりますか。

（注）　EDI（Electronic Data Interchange）取引とは、異なる企業・組織間で商取引に関連するデータを、通信回線を介してコンピュータ間で交換する取引等をいいます。

○　支払通知書（書面で交付）

XX 年 12 月 15 日

支払通知書

△△商事㈱御中
登録番号 T1234567890123

XX 年 11 月分（11/1 ～ 11/30）
109,200 円（税込）

合計	109,200 円（消費税 9,200 円）
10%対象	66,000 円（消費税 6,000 円）
8%対象	43,200 円（消費税 3,200 円）

一般財団法人　△△協会

○　取引明細（電磁的記録で提供）

一般財団法人　取引明細
△△協会　　（8%対象分）
　　XX 年 11 月分（11/1 ～ 11/30）

一般財団法人　取引明細
△△協会　　（10%対象分）
　　XX 年 11 月分（11/1 ～ 11/30）

日付	品名	金額（税込）
11/1	キッチンペーパー	2,200 円
11/2	割り箸	1,100 円
⋮	⋮	⋮

課税資産の譲渡等の内容（軽減税率の対象である旨を含みます。）を記録した取引明細に係る電磁的記録と書面で作成する支払通知書の全体により、請求書等の記載事項を満たすため、書面で作成した支払通知書と取引明細に係る電磁的記録を合わせて保存することで、仕入税額控除のための請求書等の保存要件を満たすこととなります。

解 説

(1)　仕入明細書の記載事項

　相手方から確認を受けた仕入明細書を仕入税額控除の要件として保存すべき請求書等とするには、次の事項が記載されていることが必要です（新消法30⑨三、新消令49④、インボイスQ＆A問72）。

　また、保存すべき請求書等には、仕入明細書に係る電磁的記録も含まれます（新消令49⑤）。

①　仕入明細書の作成者の氏名又は名称
②　課税仕入れの相手方の氏名又は名称及び登録番号
③　課税仕入れを行った年月日
④　課税仕入れに係る資産又は役務の内容（課税仕入れが他の者から受けた軽減対象資産の譲渡等に係るものである場合には、資産の内容及び軽減対象資産の譲渡等に係るものである旨）
⑤　税率ごとに合計した課税仕入れに係る支払対価の額及び適用税率
⑥　税率ごとに区分した消費税額等

　この保存が必要な請求書等の記載事項は、一の書類だけで記載事項を満たす必要はなく、複数の書類や、書類と電磁的記録について、これらの書類（書類と電磁的記録）相互の関連が明確であり、適格請求書の交付対象となる取引内容を正確に認識できる方法で交付されていれば、その複数の書類や電磁的記録の全体により適格請求書の記載事項を満たすことができます。

　したがって、ご質問の場合、課税資産の譲渡等の内容（軽減税率の対象である旨を含みます。）を記録した取引明細に係る電磁的記録と書面で作成する支払通知書の全体により、請求書等の記載事項を満たすため、書面で作成した支払通知書と取引明細に係る電磁的記録を合わせて保存することで、仕入税額控除のための請求書等の保存要件を満たすこととなります。

　取引明細に係る電磁的記録の保存方法は、提供を受けた適格請求書に係る電磁的記録の保存方法と同様となります（新消令50①、新消規15の5）。

　提供を受けた適格請求書に係る電磁的記録の保存方法については、**Q70**を参照ください。

参　考

Q71

　　新消法30⑨三

　　新消令49④⑤、50①

　　新消規15の5

　　インボイスQ＆A問72

関連Q＆A：Q70 提供を受けた適格請求書に係る電磁的記録の保存
　　　　　　　方法

索　引 （五十音順）

索　引

〈著者紹介〉

田中　正明（たなか　まさあき）

1960 年、兵庫県生まれ。

1992 年、税理士試験合格。

1993 年、税理士登録。

1998 年、神戸にて税理士事務所開業。

2010 年、行政書士登録。

現在、TKC 近畿兵庫会会員。

【主な著書】

『〔改訂新版〕新しい社会福祉法人制度の運営実務　－平成 29 年施行社会福祉法対応版－』

『〔改訂第三版〕社会福祉法人の会計実務』（共著）

『公益法人の会計と税務』（以上、TKC 出版）

『Q&A でわかる社会福祉法人の税務』

『介護事業のここが知りたい運営と経理の実務』（共著）（以上、税務研究会出版局）

非営利法人の消費税インボイス制度 Q&A
―事業ごとの影響と対応―

令和4年11月20日　初版第一刷印刷		（著者承認検印省略）
令和4年11月30日　初版第一刷発行		

ⓒ著　者　　田　中　正　明
発行所　　税 務 研 究 会 出 版 局
週刊「税 務 通 信」発行所
　　　「経 営 財 務」
代表者　　山　根　　　毅
郵便番号100-0005
東京都千代田区丸の内1-8-2 鉄鋼ビルディング

https://www.zeiken.co.jp